国家社会科学基金重点项目“我国自然资源资本化市场建设的政策体系构建研究”(15AZD062)。

国家社科基金丛书
GUOJIA SHEKE JIJIN CONGSHU

我国自然资源资本化市场建设的政策体系构建研究

Understanding China's Market-based Policy System for Natural Resources Capitalization

严立冬　邓远建　屈志光　著

人民出版社

目　录

导　论

党的十九大报告指出:“人与自然是生命共同体,人类必须尊重自然、顺应自然、保护自然”①。习近平总书记提出的“绿水青山就是金山银山”理念揭示了人与自然、经济发展与资源持续利用之间的辩证关系和内在规律。自然资源是可持续发展的生态基础,“绿水青山”“金山银山”分别体现了自然资源的资源属性和资本属性,本书研究关于自然资源资本化市场建设政策支持研究则是践行“两山”理念、推进生态文明建设的理论分析与实践总结。研究我国自然资源资本化市场建设的政策支持,不仅有利于推进自然资源资本化市场建设进程,而且对于确立经济社会高质量发展方式有着重要的理论指导意义,对加快生态文明建设步伐,建设资源节约型、环境友好型、生态和谐型社会具有积极的引领和示范作用。

第一节　研究背景及意义

一、研究背景

(一) 全球性资源危机仍在蔓延

我们正面临着一场全球危机。2019 年底一场突如其来的新冠肺炎疫情

① 《中国共产党第十九次全国代表大会文件汇编》,人民出版社 2017 年版,第 8 页。

造成了全球恐慌。此次新型冠状病毒来势凶猛，迅速蔓延，不仅出现动物传人、人传人的现象，还通过空气、实物接触传染，对国家、个人造成了各种各样的影响。然而，到目前为止病毒来源依然不能确定，零号病人还没有找到。从主流的学术观点来看，病毒在动物身上变异，最后造成了人感染人的悲剧；也有观点认为，人类粗暴干涉自然，改变基因组序列，很可能造成了疾病暴发。事实上，人与自然是辩证统一的关系，马克思认为人是自然界的一部分，并且受到自然的影响和制约，自然界为人类提供物质。正如恩格斯所说："人本身是自然界的产物，人是在自己所处的环境中并且和这个环境一起发展起来的。"①但是人类也拥有改造自然的能力，既能够通过遵循自然规律，坚持绿色可持续发展，为人类自身创造更好的生存和发展条件，也能因失去对自然的敬畏之心，违背自然规律，破坏自然生态系统的稳态。对生态资本价值的认可本身就是尊重自然的体现，通过践行绿色发展理念，充分理解认识人类和自然界之间的关系，合理开发利用自然资源，使人与自然和谐共处。

归根结底，自然生态提供的产品与服务是人类现代经济社会活动的基础，也是财富的重要组成。在全球范围内，大自然每年提供约 125 万亿美元的产品和服务。但是，2022 年的地球过载日（Earth Overshoot Day，也称生态负债日）已经提前到了 7 月 28 日，这就代表着人类在该日已经耗尽 2022 年度的地球永续资源，在 2022 年剩余的时间里，都将以透支的方式消耗地球资源。而且，生物多样性消逝的速度也触目惊心。2018 年 3 月，生物多样性和生态系统服务政府间科学政策平台（IPBES）发布的《土地退化和恢复评估报告》（LDRA）指出，地球上只有四分之一的土地基本上没有受到人类活动的影响，到 2050 年，这一比例预计会下降到仅仅十分之一；其中，湿地受影响最大，在近代已经损失了 87%。另据《地球生命力报告 2018》显示，1970 年至 2014 年间物种种群规模总体下降了 60%，而当前物种灭绝的速率是本底率（即来自

---

① 《马克思恩格斯选集》第 3 卷，人民出版社 1995 年版，第 374—375 页。

人类的压力未成为决定性因素之前)的100到1000倍;其他类似指标也纷纷勾画出相似的图景——全球自然资源正在剧烈且持续性地下降,迫切需要一份自然与人的全球新协议。同时,《变革我们的世界:2030年可持续发展议程》披露荒漠化、干旱、土地退化、淡水资源缺乏等由于自然资源枯竭和环境退化产生的不利影响增加了人类面临的挑战。各国政府、企业和金融部门开始思考诸如农业用地愈发紧张、土壤退化、水资源压力和极端天气事件等全球资源环境风险,将如何影响国家、行业和金融市场的宏观经济表现。因此,通过推动可持续的方式消费和生产,阻止地球自然资源的退化,管理自然资源资产,使地球能够满足今世后代的需求已经刻不容缓。

(二)经济高质量发展与自然资源短缺的刚性约束

伴随经济快速发展,我国生态系统也面临着巨大压力。党的十九大报告指出,未来我国的经济发展将从高速增长转向高质量发展,这是我国当前进行供给侧结构性改革的必然要求。自然资源是经济社会生产与再生产的基础,经济的高质量发展离不开对自然资源的合理开发利用。自然资源作为经济高质量发展的物质基础与核心要素,受到了学界与政界的普遍关注与高度重视。在习近平新时代中国特色社会主义思想指导下,国家将自然资源安全提高到国家安全战略层面,千方百计保证资源储备、供给,大力支持发展资源节约型产业和开发新的资源利用技术,运用先进的手段和方法管理自然资源,提高自然资源利用效率,推动我国经济高质量可持续发展。

2013—2021年,我国国内生产总值年均增长6.6%,2014年、2016年、2017年、2018年和2020年,我国国内生产总值相继跨越60万亿元、70万亿元、80万亿元、90万亿元和100万亿元大关,2021年突破110万亿元,达114.4万亿元,按不变价计算为2012年的1.8倍。人均GDP按年平均汇率折算达1.2551万美元,连续3年超过1万美元,稳居中上等收入国家行列,接近世界银行划分的高收入国家门槛值。而我国经济建设取得举世瞩目的成就离不开丰富多样的自然资源作为支撑，随着经济的高速增长，我国自然资源与生态环境所付出的代价越来越大：一是资源环境条件恶劣。我国自然资源总量大，但是人均占有量少的窘况将长期伴随着经济的发展而存在并且愈演愈烈，使得自然资源储备、开采、运输、利用的形势会更加严峻；二是生态环境破坏严重。高污染、高耗能、高排放的现象虽然得到了改善，但是被破坏了的生态环境想要恢复，会耗费大量的人力、物力、财力。现阶段我国自然资源面临的主要问题是自然资源短缺对经济高质量发展的刚性约束。我国人口众多，自然资源的人均占有量相对匮乏。随着城镇化、工业化的快速发展，我国资源约束趋紧、自然资源利用率低下、广袤地表上的生态系统已经发生了不可逆的变化，其平衡性和多样性受到了严重威胁，土地、空气以及水资源污染增加的速度令人担忧，对我国经济高质量发展形成巨大挑战。自然资源短缺阻碍了物质资本、金融资本和人力资本的快速积累，而以自然资源资本的过度耗损和退化为代价的粗放型经济增长模式已不再符合我国现代经济发展的需要。因此，探索自然资源绿色化利用模式，提升自然资源配置和利用效率，成为我国经济高质量发展的必然需要。

（三）自然资源资本化是践行“两山”理念，建设生态文明的实际行动

习近平总书记的“两山”理念揭示了人与自然和谐共生发展的内在规律，奠定了我国生态文明建设的总基调。“两山”分别是“绿水青山”和“金山银山”，“绿水青山”是自然存在的自然资源，“金山银山”是人类文明的劳动成果。人类文明是建立在物质基础上的，丰富的自然资源，优质的生态环境才能孕育出辉煌的人类生态文明，因此绿水青山就是金山银山，二者紧紧依存，不可分割。在经济高质量发展与生态文明社会建设过程中必须遵循规律，顺应自然、尊重自然、保护自然。“绿水青山”是丰富的自然资源，为生命的起源、人类社会的形成发展和生态文明建设提供了充足的物质条件和优越的生存环

境。必须切实保护好“绿水青山”并进行科学循环利用，使绿水长流、青山永在。“两山”理念的提出为把我国生态文明建设纳入“五位一体”总体布局，把生态文明作为全面建成小康社会的一部分，作为人民美好生活的福祉，成为建设社会主义现代化强国的战略举措，为构建人类命运共同体提供了思想基础。

2019 年 3 月 5 日，习近平总书记在参加他所在的十三届全国人大二次会议内蒙古代表团审议时强调，党的十八大以来，关于生态文明建设的思想不断丰富和完善。在“五位一体”总体布局中生态文明建设是其中一位，在新时代坚持和发展中国特色社会主义基本方略中坚持人与自然和谐共生是其中一条基本方略，在新发展理念中绿色是其中一大理念，在三大攻坚战中污染防治是其中一大攻坚战。这“四个一”体现了党对生态文明建设规律的把握，体现了生态文明建设在新时代党和国家事业发展中的地位，体现了党对建设生态文明的部署和要求。党的十八大召开之后，在应对耕地要提质保量，完善农田生态保护，全国建立起了对土地的规划、用途、整治、激励、惩罚的管控性耕地保护框架体系，始终坚守 18 亿亩耕地红线不动摇。在矿产资源的开发利用方面，通过规划管控，建立起了全产业管控机制，开采过程中合理安排数量，违法开采被严厉打击，资源储备制度在各地建立，使矿产开采总量逐步合理，矿山地质环境逐步得到改善。通过构建全方位资源保护行动机制，既合理利用了自然资源，又保护了生态环境，实现了人与自然和谐和经济又好又快发展。但必须指出，自然资源过度消耗与生态环境日益恶化将长期影响着我国经济社会的发展。我国是人口大国、资源耗费强国、资源储备小国，生态环境的承载力已触及天花板，如何进一步提升自然资源利用能力与水平将是经济持续高质量发展亟待解决的重要问题。

自然资源资本化是在坚持自然资源资本存量非减性原则下，对自然资源资本使用价值的有效转化，即对其资本化过程进行有效的计划、组织、实施和控制，依据自然资源产品的消费及其形态的变化，实现自然资源资本与其他资本协同运作，且长期收益整体最大化而进行的活动。自然资源资本化强调运用市场化配置手段充分实现自然资源价值，深入发掘自然资源蕴含的生产力要素，更加尊重自然生态的内在规律，保护和利用好生态环境，更好地发展经济生产力，在更高层次上实现人与自然的和谐共生。同时将保护生态环境与发展经济生产力统筹起来，在遵循生态保护原则下对资源产业结构、资源利用方式、能源结构、空间布局进行系统调整与规划，在绿色、循环、低碳发展理念的指导下，创新自然资源科技手段推动资源节约型、环境友好型、生态和谐型社会可持续发展，为子孙后代留下可持续发展的“绿色银行”①。

（四）自然资源资本化市场建设政策支持问题的提出

2020 年 3 月 30 日，习近平总书记在浙江余村考察时强调：“绿水青山就是金山银山”理念已经成为全党全社会的共识和行动，成为新发展理念的重要组成部分。实践证明，经济发展不能以破坏生态为代价，生态本身就是经济，保护生态就是发展生产力。在 21 世纪生态文明时代，自然资源资本和物质资本、金融资本、人力资本、社会资本等成为资本的重要组成部分并参与国际资本市场竞争，而国际资本市场竞争正在向自然资源资本领域转变。推动自然资源资本化运营，引入市场机制对自然资源资本进行管理，是目前我国绿色经济发展可供选择的最佳现实路径。

在逐利性的支配下，资本与其他生产要素结合投入到社会生产活动中，通过将生产的产品在市场出售最终实现其货币价值。因此，市场是资本价值实现的载体。作为一种资本，自然资源资本价值的实现以自然资源资本化市场为载体。自然资源资本化市场由自然资源投资市场、自然资源技术开发市场和自然资源产品消费市场等组成，其分别对应自然资源资本的积累、投放和扩张。在市场规律的支配下，自然资源资本化市场以自然资源产品的供给和消费

① 绿色银行是指以市场为导向、以传统产业经济为基础、以经济与环境的和谐为目的而发展起来的一种新的经济形式，是产业经济为适应人类环保与健康需要而产生并表现出来的一种发展状态。

为基础，自然资源的经营管理为自然资源资本化市场的健康运营提供保障。自然资源资本是“原生”的资本，自然资源资本化市场的运行除受经济规律支配外还要遵循自然规律，自然资源资本化市场建设与良性运营需要有关政策的强力支持，合理的政策支持与制度安排，是自然资源资本化市场建设的必要条件与重要保障。

二、研究意义

在自然资源经济学的视野中，自然资源资本作为一种重要的资本形态，必须高度重视对自然资源利用及其生态环境修复方面的成本和效益方面的研究。当前，自然资源短缺、生态系统失衡、环境破坏严重以及气候变化无常等问题已经成为制约我国经济社会可持续发展的瓶颈。因此，调整自然资源产业的发展战略、发展路径与政策支持是各级政府迫切需要解决的重点问题，也是学术界研究的重点和热点问题。本书研究关于自然资源资本化市场建设政策支持体系，既是应对当前亟待解决的这些重点问题，也是本书的目标与关键所在。探讨自然资源资本化市场建设及其政策支持体系，对于树立生态文明理念，保证自然资源资本保值增值，缓解我国经济社会绿色化高质量发展面临的自然资源资本短缺与自然资源对经济高质量发展资源刚性约束，具有重要的理论与现实意义。

（一）理论意义

第一，有利于从理论内涵上厘清自然资源资本及资本化运营的概念。自然资本是一种特殊的新型资本，兼具“自然”和“资本”的双重特征，在形态上具有新颖性，在存在方式上具有广泛性，在实物类别上具有复杂性。目前，学术界对自然资本的概念界定众说纷纭，表述方式众多，还没有一个完整而被普遍接受的概念。自然资源资本化是一个综合性极强的学术前沿研究课题，涉及经济学、管理学、生态学、生态经济学、资源经济学、环境经济学等多学科领域,其概念内涵、研究视角和研究方法有自己的特点。那么,自然资源资本的内涵实质是什么?其构成要素有哪些?如何确定自然资源资本的边界?哪些自然资源可以资本化?这些问题都是自然资本理论研究者必须加以研究并作出明确回答的基础性问题。然而,当人们试图回答这些问题时,却惊奇地发现,所有问题的解答似乎都不能回避同一个问题,即如何界定自然资源资本和自然资源资本化的概念。学界关于自然资本及其运营的界定都只是从实践归纳或理论演绎的单一思路进行现象解释,缺乏对自然资源资本及其运营的理论层面的深度探析,因而关于自然资源资本及其运营的内涵与外延分析还不够透彻,特别是关于自然资源资本及其运营的时代性理论特质的把握尚嫌肤浅,有待进一步升华。本书研究力图从生态学、生态经济学、生态哲学和逻辑学等多学科的角度,透过自然资源资本化产生的理论背景和发展历程揭示其实质内涵,从理论演绎和实践归纳两个维度推导出自然资源资本、自然资源资本化及相关概念,可以进一步丰富和拓展自然资源资本理论。

第二,有利于自然资源资本化及其运营结构的深层变革,丰富并拓展传统资本运营理论的研究范畴,为经济的高质量绿色化发展提供核心范畴和基本原理,引发现代经济学理论向绿色生态化方向发展。本书研究将自然资源资本化与其市场建设相结合,使自然资源环境由外生变量变为内生变量,从理论上突破传统的资本运营思维定势。同时,运用现代资本运营理念研究自然资源资本问题,构建新型自然资源资本化市场建设政策支持框架及其运营理论框架,是促进自然资源节约利用、循环利用、低碳利用的重要举措,使国家和区域性发展战略向生态、经济、社会相互协调的可持续发展战略转变,为实现“生态—经济—社会”三维复合系统健康运行与可持续发展提供重要的理论支撑。

第三,有利于人们形成新的财富观念。本书研究将自然资源和环境视作“资本”,并进行良性的资本化运营,能为改变人们传统的财富观提供理论依据。传统的财富观认为,只要物质产品的增加就意味着财富的增长。但经济系统物质产品的增加是以自然资源系统提供的自然资源产品为基础的,在当今社会经济高质量发展与自然资源供需矛盾不断加剧的背景下,丰富的自然资源和良好的生态环境变得越来越稀缺,也越来越重要,自然资源系统对经济系统的支撑作用更加明显。这就要求我们转变传统的物质财富观,树立一种全新的广义自然资源财富观,即进入人类生命、生活、生产过程并能使这一过程正常进行的一切物质与精神条件都成为自然资源财富。就物质条件而言,大自然无偿地直接供给人类生存的自然资源,用来加工成生活资料或生产资料的自然资源产品都是财富;就自然资源的服务功能而言,自然资源系统给人类提供的调节、文化、支持等服务资源也是财富。这种广义自然资源财富观有利于人类进行环境整治、科学地开发利用自然资源和生态环境,确保自然资源系统的自然资源存量的非减性或弱有增加,尤其要对重点生态功能区的自然资源资本进行保值增值,为进行自然资源资本的良性运营,实现生态与经济的双重良性循环提供理论支撑。

第四,有利于为实现国家经济社会高质量绿色发展提供理论依据。在将自然资源系统提供的自然资源及其服务作为资本之后,自然资源经营者有必要使其资产和服务进行保值、增殖。保值即在现期情况下,与往期拥有的原有数量的自然资源的货币价值是等值的或在原有价值范围下浮动的购买力相当;增殖即自然资源在被劳动过程之后,在市场上交易,最终使使用价值和价值增加。保值是对在现有自然资源情况下,人类保护好自然资源数量和质量,力争做好增加自然资源的可利用数量和质量。增殖是对自然资源的深度开发和利用,产生更多的生态、社会、经济服务价值的自然资源产品。实现自然资源资产增值保值的途径就是要协调好自然资源开发利用和经济发展关系,不断探索新技术新资源,使自然资源、生态环境、社会经济同步协调一体发展。简而言之,就是在自然资源保护和利用的动态平衡下,使我国生态、经济、社会实现持续稳定发展。

（二）现实意义

第一，能够凸显自然资源的稀缺性与自然资源资本的基础地位。自然资源的资本属性会让人类意识到它不是取之不尽、用之不竭的，必须充分地开发利用好自然资源。换言之，在拥有固定自然资源数量情况下，要求人类提高科学技术达到开源节流的目的。建立健全自然资源资本化的市场机制，对促进自然资源资本化的市场建设有重要的作用，以使人类对自然资源货币化价值的认识有进一步提高，也使资源可持续利用模式能够被推广开来，和谐共生的生态文化也会融入人类的发展基因。

第二，能够推动经济社会发展的绿色转型，促进生态型现代化的顺利推进。中国式现代化的本质特征之一是人与自然和谐共生，将来的社会必定是绿色产业和低碳经济大行其道的绿色社会，人类只有顺应历史潮流，才不会走向灭亡。本书研究的目的是建立与健全自然资源节约型、环境友好型、生态和谐型社会建设的理论体系，这是贯彻生态文明思想的重要体现。维持我国的自然资源资本非减性，提高自然资源资本质量，充分体现人与自然和谐共生理念，走生态型共同富裕之路，将是立足新阶段我国国情实施经济社会高质量发展战略，建设资源节约型、环境友好型、生态和谐型现代化强国迫切需要解决的重大现实问题。

第三，能够提高自然资源资本存量的非减性，为我国经济社会的高质量绿色发展提供可持续的自然资源环境基础支撑。自然资源资本理论提示人们，应适当发挥良好自然资源和生态环境质量的优势，创造更大的经济效益，依托其优良的自然资源环境条件大力发展生态产业，实现生态经济化和经济生态化。创新管理体制，加大新的生态技术采用力度。新技术能提高自然资源的发现量、利用率，延长自然资源的利用周期，新的管理体制关闭了大量小矿场、小作坊，集约化利用了化石资源；开展全国范围性的护林工程，运用新的技术造林养林，既保证了森林资源存量，又提高了生态保护质量。在保护和利用自然资源的动态过程中，摆脱自然资源贫困与经济贫困的恶性循环，促进社会经济可持续发展。

第二节　国内外相关研究综述

资源环境问题是人类生存和可持续发展的核心问题。20 世纪 60 年代末期，随着世界经济的快速增长和经济结构的大调整，出现了一系列的资源、环境和生态问题，如自然资源过度消耗和浪费、环境污染和生态破坏等。到 20 世纪 80 年代，资源环境问题已经成为经济学、资源经济学、生态经济学、环境经济学、生态学、法学、管理学、社会学等多个学科领域众多学者共同关注的热点和焦点问题，并涌现出了大量的研究成果。从最近几十年的学术史演变和社会实践取得的成果来看，标志性的成果主要有：(1)美国经济学家肯尼斯·鲍尔丁(1996)在其著名的论文《一门科学——生态经济学》中正式提出"生态经济学"的概念和"宇宙飞船理论"。(2)英国生态学家戈尔德·史密斯(1972)在其著作《生存的蓝图》中认为，市场与经济运行机制应该受控于生态系统的自我反馈机制。(3)罗马俱乐部在 1975 年发表的第一篇研究报告《增长的极限》认为，经济增长总是受到人口、资源、环境有限性的约束。系统动力学模型成为自然、市场、社会反馈机制的管理模型，并于 20 世纪 80 年代传入我国，得到广泛应用。罗马俱乐部在 1985 年发表的第九篇研究报告认为，生态系统与经济社会之间应该只有一个机制，即生态经济自进化机制。(4)针对罗马俱乐部提出的增长极限的观点，美国哈伯特·西蒙教授(1981)提出了完全相反的观点，认为增长是没有极限的，起决定性作用的是技术和市场机制。(5)诺贝尔化学奖获得者普里戈金(1977)发表了对耗散结构理论的研究成果，并认为这一理论可被广泛应用于解释自然、经济和社会的由混沌到有序的过程。(6)1987 年，布伦特兰夫人在世界环境与发展大会上对"可持续发展"作出了有代表性的定义。大会通过了《我们共同的未来》的报告，强调可持续发展不同于环境保护，而是从更高、更远的视角解决环境与发展问题，要从经济社会与生态环境之间的联系出发，寻求人口、经济与环境各要素之间的协调。(7)1992 年，各国一致赞同《21 世纪议程》中的"可持续发展"唯一出路是解决资源环境和发展两者关系。① 为了更好地推动可持续发展的实践和进程，2002 年在南非约翰内斯堡举行的可持续发展大会上通过了《可持续发展问题世界首脑会议执行计划》。(8)2007 年全球气候变化谈判会议着重讨论了《京都议定书》一期承诺 2012 年到期后如何进一步降低温室气体排放的问题，大会通过了《巴厘岛路线图》;2009 年在哥本哈根召开的全球气候变化谈判会议通过了《哥本哈根议定书》，虽然会议达成的协议是无法律约束力的，但这是继《京都议定书》之后又一具有划时代意义的应对全球气候变化协议书。(9)2012 年 6 月，联合国可持续发展大会在巴西里约热内卢召开。时值 1992 年联合国环境与发展大会(又称"地球峰会")召开 20 周年，所以此次大会又称为"里约+20"峰会。大会的主要成果是一份高度聚焦于重点问题的政治文件《我们期望的未来》。(10)为了深入持久地推进生态文明建设，加快形成人与自然和谐发展的现代化建设新格局，2015 年中共中央、国务院颁发了《中共中央国务院关于加快推进生态文明建设的意见》，这是今后一个时期加快我国生态文明建设步伐的行动指南。(11)2018 年 5 月在北京召开了第八次全国生态环境保护大会，提出生态环境是关系党的使命宗旨的重大政治问题，也是关系民生的重大社会问题。这次大会开启了新时代生态环境保护工作的新阶段，形成了习近平生态文明思想。这一思想深刻回答了为什么建设生态文明、建设什么样的生态文明、怎样建设生态文明的重大理论和实践问题，进一步丰富和发展了马克思主义关于人与自然关系的思想，深化了我们党对社会主义建设规律的认识，为建设美丽中国、实现中华民族永续发展提供了

① 1992 年里约地球问题首脑会议上，国际社会通过了《21 世纪议程》，这是前所未有的可持续发展全球行动计划。《21 世纪议程》载有 2500 多条各式各样的行动建议，包括如何减少浪费性消费、消除贫穷、保护大气层、海洋和生物多样性以及促进可持续农业的详细建议。

根本遵循。

概而言之，一系列论著的出版和文件的发布，意味着人类更加重视自然资源、生态环境与经济社会协调发展之间的关系，更加关注经济发展、社会进步和生态文明建设的协调性。从我国现代化进程和经济增长过程来看，一直在不断强化生态环境保护，追求经济增长与生态环境保护相协调，体现出了生态现代化的价值取向。但是，由于技术条件不足、经济发展不充分和不均衡、以制造业为支柱产业带有鲜明的政府主导色彩，使得我国生态现代化具有自身特点及风险。生态现代化有多种模式，在建设各种模式的过程中会出现各种矛盾，应给予重视。保障绿色公平首当其冲，不应在绿色生态资源中出现贫富差距，避免出现“绿与非绿”的二元分割，同时也要避免全球范围内联系来看代内差距。因此，结合本书研究主题，对现有相关研究成果从自然资源资本概念的理论追溯及其发展、自然资源资本化运作的理论与实践、自然资源资本价值与市场建设管理、生态市场与生态资本及其运营、自然资源资本化市场建设的相关政策支持等方面进行简要梳理。

一、自然资源资本相关概念的理论追溯及其发展研究

（一）自然资源资本相关概念的产生

自然资源资本的载体仍是自然资源，是现代社会对稀缺性物质的产权化、财富化，是人与人、人与自然界关系的一种表现。传统经济增长理论成立的一个重要前提是假设自然资源的无限供给。正是基于这一假设，通过劳动力、资本、土地等要素的投入增加创造了巨大的社会财富。但在经济快速发展的同时，一些生态学家和资源经济学家开始对这一假设进行反思，他们认识到，自然资源是无法供人类无尽索取的要素，它关系着全人类未来的生存发展。随着经济全球化、贸易全球化的发展，世界经济发展的无限性与资源的有限性矛盾愈发突出，人口、环境、资源问题萦绕在各国心头，尤其以世界自然资源的有

限性导致的全球利益分配问题引起了各方关注。1948 年，威廉·福格特在探讨国家债务问题时指出，一旦耗竭自然资源，其债务偿还能力就会降低，这是国际上对自然资源资本重要性的萌芽认识。随后，大卫·皮尔斯和克里·特纳（1990）在其著作《自然资源与环境经济学》中正式提出了自然资本的概念。其核心思想是，基于自然资源所形成的自然和环境系统除了能满足当前人们的生存需要之外，还能通过持续的服务能力为人类未来发展提供一定的自然资源基础，而这种持续力在人类使用自然资源过程中会逐步发生价值变化。在这个价值流传递过程中，人类不应简单地把"自然资源"看成是无限利用的"资源"，而应像对待其他资本一样，将"自然资源"看成一种具有投资、保存和更新价值的资本，从而实现经济发展和环境保护的有机统一。随着社会经济的不断发展以及人类认知水平的不断提高，自然资本理念逐步被广泛接受，并成为了自然资源经济领域的一个重要研究方向。大卫·皮尔斯等（1996）在《世界无末日：经济学、环境与可持续发展》、保罗·霍肯等（2000）在《自然资本论：关于下一次工业革命》以及赫尔曼·E.戴利（2001）在《超越增长：可持续发展的经济学》中都对自然资本等相关概念进行了不同的阐述。

（二）自然资源资本相关概念辨析

自然资源在价值大小、风险结构、产权关系及物质形态等四个方面和资本有着完全类似的特征，因此在杨充霖（2006）看来，自然资源不仅是资本，而且是比人造资本更为重要的资本。由于研究视角和方法不同，国内外学者对自然资源资本的概念界定莫衷一是，各种表述多达数十种，国外学者较多使用自然资本、环境资本来称谓，而国内学者在自然资本的基础上，从生态视角提出生态资本的称谓，不同的学者对于其内涵和外延，仍存在多种说法，主要表现在三个方面：

第一，将自然资源资本直接等同于自然资源。罗伯特·古德兰（1989）、埃尔·塞拉菲（1991）认为，自然资源资本就是自然生态系统提供的自然资源产品及服务，包括可再生自然资源和不可再生自然资源，由此可形成可再生自然资源资本和非可再生自然资源资本。其中，可再生自然资源资本是指那些可以通过循环系统再生供给的自然资源，以空气和水最具代表性；非可再生自然资源资本是指那些使用之后短期内甚至永远无法再生成的自然资源，比如石油、煤炭、天然气等矿产资源，并将自然资本分为两种基本类型：可再生的自然资源资本和不可再生的自然资源资本。

第二，将自然资源资本界定为一种有用的资源和环境存量，国外学术界较多使用"自然资本"来称谓。罗伯特·康斯坦等（1997）认为，"资本"是在一个时间点上存在的物资或信息存量，每一种资本存量或以自主形式或与其他资本存量一起产生一种服务流，这种服务流可以极大增加人类社会的福利。格雷琴·戴利（2000）认为自然资本是一种存量，能够在当期或者下期提供有用的产品或服务。产品是指能够满足人类社会生产生活需求的物质，如矿产、土地等实物；服务是指能够为人类社会服务，满足精神层面的需求，诸如旅游休闲等。而国内学者主要基于生态视角对这一概念进行定义。黄兴文（1999）认为对某处自然地块及地块上的植被等物质被所有者自由支配且能够获得一定经济收益就是生态资本。孙冬煜（1999）认为生态资本是一种经济价值，根据是否具有人类劳动参与，将生态资本划分为纯生态和人造生态资本两种类型；根据满足人类需求的特点，将其划分为自然资源资本、自然环境资本。李萍（2001）将环境资本按有无实物形态分为有形资本、无形资本，按物质与服务分为硬生态资本、软生态资本，进一步阐述有形资本可划分为水、土地、植被、矿石等山川地势，无形资本包括文化、法律、政治等。董捷（2003）将生态资本定义为自然资源流的存量，与国外学者格雷琴·戴利的定义大同小异。马兆良（2017）认为自然资本是能够持续产生生态产品和服务流量的可再生自然生态存量，包括陆地生态系统（如森林、湿地、草原等生态系统）及海洋资源，但把不可再生的自然资源排除在外。

第三，将自然资源资本看作是社会总资本的有机组成部分，是存在于自然界、可用于人类社会活动的自然资源资产，能够直接进入当前社会生产与再生产过程。范金(2000)总结了国内2000年以前的生态资本研究综述，认为生态资本应该涵盖自然资源总量和环境的自净能力、资源及环境的被开发能力、生态系统为提供人类生存发展的服务能力和满足人类精神文化需求的系统能力四个方面。沈大军(1998)认为生态资本包含自然资源、生态环境的自净能力、生态环境为人类提供的自然服务，这三类生态资本能够对经济增长产生正向效应。王海滨(2008)将生态资本比作为一个边界相对清晰的"生态—经济—社会"复合系统内，相对于其他生态系统具有明显或特殊生态功能和服务功能优势的生态系统，包括环境质量要素存量、结构与过程、信息存量三部分。李兆亮(2016)认为生态资本通过对人力资本积累和技术进步的作用拉动经济增长，从而实现生态环境与经济的协调发展。罗君名(2019)认为要整合自然资源，推进自然资源要素化转变，促进自然资源向旅游资源转化，在旅游市场实现自然资源价值。

(三) 自然资源资本的确认、评估及核算

目前，对自然资源资本的定量研究主要集中在评估与核算层面，首先则需要确认哪些属于自然资源资本，为此有学者提出了"关键自然资本"的概念。保罗·艾金斯(2003)将关键自然资本定义为人造资本替代不了的天然存在的资本，它本身对地球和环境有重要功能。一些国外学者就自然资源关键性的确定与所属范围展开了研究。其中，大卫·麦克唐纳等(1999)认为，将生态作为中心，如何维持环境的健康和完整是自然资本投资的第一要务；将服务人类作为中心，提供给人类产品和服务是自然资本投资的第一要务。安娜·基耶苏拉和鲁道夫·德·格鲁特(2003)列举了自然资本的功能，主要包括社会功能、经济功能、生态功能、文化功能、信息功能，并且与人类健康、福利、服务之间的关系划定了框架，进一步界定了自然资本，在总结国际关键自然资本研究的基础上，对自然资本的评估列出了两条标准(两条标准之间满

足一条即可)，以便对自然资本的价值进行量化。关于对自然资本的价值量化，国际上莫衷一是，出现了两个手段，一是用以物易物衡量，二是用货币衡量，但是随着时代的发展，使用货币衡量的手段走向了主流。具体而言，主要通过五类方法对自然资本进行核算：一是基于生态足迹(Ecological Footprint, EF)的自然资源资本价值核算，也称生态占用(Ecological Appropriation)。这一方法是威廉·里斯(1992)提出，并经马蒂斯·瓦克格内尔(1996)加以完善的一种用以测算自然资本消耗的评价方法。后来，尼称卢奇等(2009)为了理清流量资本和流量资本的利用程度，引入了生态足迹广度、深度、速度这一三维体系。二是基于能值的自然资本价值核算。奥德姆(1996)提出能值法就是把各种化学能、生物能、风能、水利换算成统一标准单位的能源，一般以太阳能作为标准，单位是焦耳，首先需要计算各种环境资源的能量值，然后乘以相应的太阳能值转换率即可计算出环境资源的能值。三是自然资本功能实现法，即把自然资本存量换算成其未来实现的程度。四是自然资本支付意愿价值法。由于自然资本具有公共物品属性，导致其计量受到诸多限制，而利用支付意愿或净支付意愿可以很好地核算其生态功能的经济价值，该方法在全球范围内也得到了广泛应用。五是自然资本指数法。腾·布林克(2000)认为自然资本指数是生态系统的数量指数与质量指数的乘积，其数值范围为0—100%，生态系统数量指数是区域中天然保留区域所占的百分比，生态系统的质量指数是生态系统当前状况与基准状态的比率。该方法由联合国环境规划署首次提出并使用，目前已在欧盟国家中得到了广泛采用。罗伯特·康斯坦(1997)在《世界自然资源资本服务系统的价值》一文中首次估计全球自然资本对人类福利贡献的经济价值量。迈里克·弗里曼(2002)将自然资本价值评价方法分为直接价值法、间接价值法、直接观察法、间接观察法等，并进行了具体应用。

联合国于2003年推出了《国民核算手册：综合环境和经济核算》，这对构建各国的环境核算理论体系和指导各国的环境核算实践具有重要的指导作用。李金华(2009)按照环境经济核算体系的构架,设计出了中国环境经济核算体系(CSEEA)的范式。中国环境经济核算体系的理论基础是环境经济学、经济学、统计学的相关理论和方法;环境资源的存流量、资源消耗、自然灾害、环境成本、环境保护投入以及环境资产重新估价等是中国环境经济核算体系的重要核算内容;账户、核算表、指标体系是中国环境经济核算体系的主要核算工具。根据联合国全球2015年后可持续发展目标(Sustainable Development Goals,SDGs)的行动议程,李晓西等(2014)根据人类发展指数(HDI)的优点,推陈出新,利用社会经济和生态环境的可持续发展两个着陆点,构建一个人类绿色发展指数(HGDI)体系,以食物能量、卫生基础设施、森林面积、二氧化碳排放量等12个因子,测算了世界上123个主要国家的绿色发展指数,呈现了世界自然资本发展能力。在具体的实践上,谢贵勇等(2018)系统地树立了森林资源定价的方法和机制,并在此基础上根据DEA模型计算并分析了各省森林资源的开发利用效率,便于后续进一步研究森林资源资本化运作管理。

二、自然资源资本化理论与实践研究

(一)自然资源资本化的概念界定及管理模式

针对我国自然资源利用和管理过程中存在的诸如掠夺式开采、浪费严重、耗能太高、利用率极低、生态破坏严重等一系列问题,沈振宇(2001)和马健(2002)基于可持续视角创造性地认为,要想从根本上解决我国资源的可持续利用问题,并实现国家对自然资源的所有权,就必须对自然资源进行资本化,通过加强对自然资源价值和价格的研究,建立起高效、科学的自然资源经营制度,同时构建自然资源核算体系,以共同推进自然资源的资本化管理。为此,他们还对自然资源资本化的概念进行了界定,认为自然资源资本化是指自然资源经营者为了获取经营权需向资源所有者(国家或集体)支付一定的款项,其主要方式包括购买式、租赁式和债务式。目前,在推进自然资源资产化过程中仍面临一些问题，如陈享淳（2014）认为行政权力分散，缺乏足够的宏观管理；法律法规不健全，规定不明确；资源性资产产权的所有权主体缺位；自然资源产权交易市场不成熟；自然资源价格体制机制存在缺陷。针对上述问题，一些学者基于不同视角提出了相应的解决思路。其中，郑晓曦（2013）认为，要想实现自然资源资产管理的改革创新，就要对自然资源进行科学定价，明晰其产权，以保障所有者利益；要创新管理方式和管理手段，并加强相关法制建设，为自然资源资产管理提供制度保障；鼓励科技创新，不断提高自然资源的利用率；加快推进自然资源资产所有权、使用权和监管权的分离，定期开展自然资源资产常规监测和评估；严格实施领导干部自然资源资产离任审计考核，并逐步建立健全自然资源资产管理的市场运行机制。朱艳春（2019）则认为应当将自然资源环境承载能力纳入自然资源及其产品价格形成机制。袁一仁（2019）分析了现阶段我国自然资源管理体制的特点，认为应当健全综合性的自然资源监管机构、完善节约自然资源制度，建立保护土地资源开发的制度，同时也要完善自然资源监管的法律法规体系。崔莉等（2019）分析了福建省南平市的“生态银行”模式，由政府主导建立生态产业基金，结合金融机制推动自然资源资本化运作，实现自然资源到自然资产再到资本的价值转换。李军洋等（2019）通过分析“生态经济经营”模式，提出要通过生态资源的资产化、生态资产的资本化、生态资本的产品化、生态产品的市场化过程，促进区域经济、生态环境保护与社会发展相互协调。臧宏宽等（2021）分析了包括交易主体、交易客体、中介机构、管理机构、交易监测等自然资源资本化运行市场建设要素，对绿色证券、绿色债券、绿色基金等自然资源金融产品进行了阐释。

（二）自然资源资本化运作的主要类别及其相关案例

由于自然资源种类繁多，其资本化运作模式也存在一定区别，结合已有研究成果和自然资源的属性，可归为四大类，即矿产资源资本化、森林资源资本化、水资源资本化以及土地资源资本化。

1. 矿产资源资本化

黄国良(2002)针对我国矿产资源管理所存在的问题,构建出了矿产资源资本化理论,提出了购买法、租赁法和债务法等三类资本化方式,并给出了会计核算方法。杰夫·戴维斯(2005)总结了加拿大矿产资源市场的经验:一是自然资源市场发达,融资、开采、交易、加工环节明确,市场透明度高;二是分工明确,大公司一般负责开采加工,小公司一般负责勘探监理。朱学义(2008)从支出处理资本化、资金渠道资本化和未来收益资本化三个角度对矿产资源资本化的含义进行了剖析,认为将矿产资源确认价值,进行资本化运营,并按会计"资本化"方式处理这一过程即为矿产资源资本化。在矿产资源资本化过程中要强化矿产资源管理,对于发现、开采等涉及的利益群体要照顾周到、有偿使用。王艳龙(2012)则构建了矿产资源的价值模型,并提出了矿产资源资本化的新型运营方式,即矿产资源产权流转和证券化。蒋正举(2014)基于"资源—资产—资本"三位一体资源管理理论探究了矿山废弃地转化问题,在他看来,矿山废弃地转化是矿山废弃地转化为资本的过程和趋势,是集物质资源恢复、价值再生与转化于一体的过程。曹耀(2014)则通过具体案例阐述了运用实物期权定价方法评估矿业权价值的可行性与准确性。刘欣(2016)提出在主板市场中开辟矿业专板,建立多层次的矿业资源资本市场模式来完善的矿业资源资本市场。谢贵勇(2018)梳理了我国矿产资源资本化发展历程和具体实践,认为改革税费和规范矿产资源市场非常重要。朱学义(2021)分析煤炭矿区土地资源资本化运作的模式,提出了煤矿经营实体向整个矿区经营实体转化的思路。

2. 森林资源资本化

沈振宇(2001)针对中国森林资源不断浪费和生态环境屡遭破坏这一现实,认为只有进行森林资源资本化,才能从根本上实现国家对森林资源所有权的有效控制,进而为我国自然资源的可持续利用作出一定贡献。在实际操作中,可以运用成本法、收益现值法、市价法等现有的森林资源价值计量方法以及新构建的基于可持续发展视角的森林价值计量模型对森林资源的价值进行有效评估。在此基础上，还提出了购买式、租赁式和债务式等三种森林资源资本化方式。于翠芳（2006）则基于森林资源视角，将森林资源作为资产纳入到了资产化管理之中，并对森林资源资产化管理的必要性、所包含的内容进行了必要阐述，在此基础上结合福建、四川等省森林资源资产管理的相关经验，提出了加快推进黑龙江省森林资源资本化进程的对策建议。谢贵勇（2018）强化了森林定价设计，丰富了指标体系，同时健全森林核算体系，奠定了森林资源资本化的基础。赵越等（2019）梳理了过去森林生态资产资本化运营的研究成果，界定了森林资源资本化运营的概念，在梳理现有文献的基础上找出问题并探讨未来发展方向，最后提出针对性建议。戴桂萍等（2020）则利用经济学分析手段，对集体林权资本化问题进行了论述。

3. 水资源资本化

严立冬等（2011）认为，水资源生态资本化运营是水资源实现可持续高效利用的重要基础与支撑条件。在他们看来，水资源价值实现和增值的关键是要实行水资源生态资本化运营，水资源生态资本化运营的前提条件是水资源生态资产，水资源生态资本化运营的约束条件是生态水权，水资源生态资本化运营的支持条件是生态资本技术，水资源生态资本化运营的保障条件是生态资本市场；无论是从软的方面，即水资源生态资产评估、制度制定，还是硬的方面，即平台建设、技术设备保障都能够支持水资源生态资本化。刘加林（2013）则以湖南省为例，探讨了水资源的资本化路径。他认为，可以利用“四化两型”的模式推进湖南水资源资本化运营路径：资产化→要素化→资本化→产业化。

4. 土地资源资本化

王代敬（2005）较早提出了土地资源资本化理念，通过论述土地资源与土地资本的区别和联系，明确了土地产权关系是实现土地开发市场化、资本化的前提，阐述了土地资源向土地资本转化的三种形式，即计划式的行政命令、市场式的自由交易、市场和计划相结合。李双海(2007)从优化土地资源配置、房价和地价的关系及经济可持续发展等方面论述了国有土地资本化经营的必要性和可行性,并基于国家财务论和本金基金分流理论创造性地设计出了国有土地资本化经营体系。邹富良(2009)比较了城市化、工业化进程中农村土地资源利用的两种方式——土地资源商品化和土地资源资本化,发现以后者为重要补充的“农民留用地”保障模式是解决失地农民社会保障问题的重要方式。杨帅、温铁军(2010)以土地资源资本化的机制、主体及增量收益分配的变化情况为线索,对三者的相互关系进行了探究,并描述了产业资本及金融资本在资本化过程中形成且高速扩张的变化趋势,同时还考察了这一过程增值收益的分配状况及成本分摊情况。王凤林(2018)分析了土地资源资本化的自然风险、政策性风险和市场风险,并且提出了防范风险的建议,认为要发挥政府的引导作用,确立农村土地资源的主体地位,降低风险发生几率的同时提高自身抗风险能力。程建、朱道林(2022)则以中国土地资本化为主题,根据发展脉络与逻辑关系对已有文献进行分析和总结,并展望了未来研究趋势。

三、生态市场与自然资源市场化管理研究

(一)生态市场的内涵界定

由于生态市场建设在我国还处于起步阶段,导致各学者对生态市场概念的理解存在较大差别。其中,孟宪忠(2001)认为生态市场是兼具环境合理性与经济效益性并符合21世纪绿色发展潮流的一种新型主流经济形态;在此基础上引申出了生态市场所必须具备的两大特性,即:(1)生态环保性,主要表现为安全、节能、低耗、无公害、不损害生态环境与人身健康。(2)经济效益性,要求其经济产出必须得到保障,以便推进国民经济发展。黄爱宝(2007)认为生态市场是将生态产品属性赋予到生态环境产品之中,以实现人与自然和谐为目标,以其作为交易对象而实现供求交换关系的一种方法或机制。由

于生态产品交换的实质是产权转移的过程,因而市场就是产权交换关系的总和。由此可见,生态市场的本质就是实现生态产权交换关系的制度安排。杨文进(2013)进一步升华了生态市场经济的内涵,认为其既要实现人与自然之间的和谐,还要实现人与人之间的和谐,且两种关系在实际当中应相互依存、相互制约。张文明(2018)同样也认为生态市场是建立在生态资源产权基础之上的市场制度,是生态产品价值实现的一种重要方式。

(二) 自然资源市场化管理的实践探索与主要模式

从自然资源资本化市场的实践探索来看,国内外学者都进行了广泛的实践探索,其内容主要是围绕以下三个方面:

一是自然资源市场化路径研究。托尼·惠顿(2005)通过对8个国家的模式研究,认为自然资源资本化市场需要构建价格机制(如拍卖、投标、拨款、退款、特定税收)、数量机制(总量管制、交易补偿)和市场摩擦机制(如生态标签)。皮拉德(2014)将自然资源资本化市场分成直接市场交易(如林木及其产品)、许可证交易(如碳汇配额)、反向拍卖(如林木招标)、科斯型协议(如使用权交易)、调控价格(如资源税)和自愿性价格信号(如森林认证和有机农业标签)等六类方式。国内学者则立足于国内实际情况,通过实地调研和实践,提出了非常多可行性高的市场构建方案。马晓旭、杨军芳(2006)认为,可以通过自然资源的有效补偿、自然资源产权市场的优化配置、自然资源法律法规体系的建立健全、政府宏观管理职能的逐步强化等措施推进我国自然资源的市场化进程。崔莉、厉新建(2019)通过对福建省南平市的调研,创新性地提出了立足政府引导和企业主导相结合的实现生态产品价值市场化的"生态银行"模式,并从其设计思路、总体架构、交易流程、操作模式四个方面进行了详细阐述。温铁军等(2018)认为,构建农村自然资源价值实现的"三级市场"制度体系是实现农村生态资本化的关键。通过"一级市场"完成乡村自然资源转化,实现内部定价;通过"二级市场"将内部初次定价自然资产发包给村内多种经营主体;通过三级市场引入地方"板外交易"资本市场,推进生态资产证券化,实现权属可拆分交易。进而将城市的过剩流动性引入农村,促进农村生态资产增值和农民财产性增收。

二是海洋资源市场化管理研究。陈书全(2012)通过研究认为,当前我国海洋资源开发所存在的问题,主要表现在市场化程度低、海洋资源价值评估不够完善、金融支持力度不够以及政府需扮演所有者与管理者的双重角色,只有在运行环境、管理体系与价格评估体系中强化海洋资源的市场化管理才能解决这些问题。于广琳(2010)认为,我国海洋资源管理缺乏市场机制,管理制度僵化,容易滋生腐败,并认为引入市场化管理制度非常有必要,能够优化海洋资源配置,并提出了以海域使用权招标拍卖为核心的海域资源市场化制度。黄文军(2016)在对我国各海域使用权市场化管理制度进行比较的基础上,分析我国海域使用管理制度的现状与特点,提出建立海域使用权一级市场制度,以引入产权交易制度为手段,推动海域使用权交易全面市场化。

三是森林资源市场化管理研究。徐秀英等(2011)结合中国集体林区的实际运营现状,提出了生态公益林产权市场化发展可以尝试的三种类型,分别是生态公益林景观服务市场、水文服务交易市场和碳汇交易市场。涂娟、肖建武(2012)基于市场交易主体、交易规则、产权制度安排等的不同,对森林生态服务市场化的主要模式进行了研究发现,无论在国内还是国外,森林生态服务市场化均主要通过政府财政支付、私有化、公私合营(PPP)这三种模式实现。李璐(2015)通过对森林生态服务功能分析,探讨在市场化条件下森林资源资产组合,构建森林资源资产组合模型,分别对政府和企业提出相关建议,认为政府需要完善市场机制、健全宏观调控机制及完善法律体系。而企业则需要完善风险管理机制、转变经营模式及完善成本控制体系。

此外,与生态市场和自然资源市场化管理密切相关的水权交易市场与碳汇交易市场建设的理论研究也在不断推进。如沈满洪(2005)通过规范分析论证了我国水权制度改革的目标模式是"多层次水权交易制度",水权制度改革的方向是市场机制、政府机制和社会机制分工协作的制度结构。彭斯达等（2014）通过深入分析市场机制与全球气候谈判长期目标、资金、监测报告核查以及行业减排等重要议题的密切关系，提出了发达国家气候谈判的核心利益之一就是旨在推动建立全球统一碳市场，并基于国际碳市场发展的深刻背景与中国碳排放交易试点的现状，对我国发展碳汇市场的重大问题提出了相关建议。何桂梅等（2018）总结林业碳汇市场供需影响因素以及项目开发交易最新进展情况，分析碳汇交易发展面临的主要问题与挑战，并根据未来碳市场政策形势提出夯实法规政策根基、扩大碳汇市场需求、统筹监管得力、完善市场支撑体系等策略建议。这些相关研究为自然资源资本市场建设实践与探索提供了有益的理论支撑。

四、生态资本及其运营研究

生态资本是与自然资本高度相关的概念，近年来在国内外都取得了一定的研究成果。在国外，布伦特兰委员会于 1987 年提出了生态资本这一概念，认为环境和生物圈是一种最基本的生态资本。泰瑞·安德森、唐纳德·利尔（1998）应用大量案例说明了 20 世纪初环保企业家依靠个人、企业、社团和地方政府的力量，通过市场手段在投身环境保护的同时也能创造企业利润。在国内，刘思华（1997）早在 20 世纪 90 年代就开始了生态资本理论研究，认为生态资本由生态资源和生态环境两部分组成。范金（2000）对生态资本的定义、内容、价值评估与研究方法，以及生态资本与经济增长的关系等方面进行了有益的探讨。

需要指出的是，由于“自然资源”与“生态环境”之间有极强的耦合性，实质上“自然资源”同时也是“生态环境”的物质载体。倘若在自然资源资本化过程中忽视自然资源所承载的生态环境要素，则难免会表现出反生态的本性。资本追求利润最大化的“资本逻辑”，是资本“不增长就死、不扩张就亡”的内在本性，并受到了生态马克思主义论者的强烈批判。正如马克思所说，“资本家投入了更大的资本购买机器后，他就不得不花费更多的资本来购买原料和为了驱动机器所需的燃料。”①因此，自然资源资本化有可能引发的生态风险主要源自于资本生产的物质需求与受制于自然条件的原料生产规律之间的不平衡，故有学者指出有必要基于“生态资本运营”理念重新审视自然资源资本化。在生态资本运营研究方面，国内外学者围绕理论框架、价值问题、要素构成、外部效应、机制构建、最低安全标准等问题进行深入探讨，并在此基础上形成了以区域生态资本运营、农业生态资本运营、海洋生态资本运营、林业生态资本运营、企业生态资本运营为代表的理论研究体系。王海滨（2009）结合北京市密云区进行案例分析，构建了生态资本运营的理论框架，赵瑞霞、胡黎明（2009）提出了生态资本的互补性、替代性、保值性等经营形式，严立冬、刘加林（2009）分析生态资本运营与相关资本运营的关联性。严立冬、邓远建、屈志光等（2009，2011，2012，2013）结合绿色农业进行生态资本运营研究，并探讨了生态资本运营的价值和区域生态资本效率等问题，以期实现整个经济社会的自然化。严立冬等认为，生态资本化运营的前提条件是生态资源资产，生态资本化运营的约束条件是生态资源产权，生态资本化运营的支持条件是生态资本技术，生态资本化运营的保障条件是生态资本市场。黄爱民、张二勋（2006）系统剖析了环境资本运营的具体运作过程，为区域环境保护和经济发展提供了新思路和新方法。李京梅等（2012）在海洋生态资本研究方面，主要从海洋生态资本的概念与属性、海洋生态资本价值结构要素与评估指标体系等方面展开，并结合山东近海进行了实证分析。潘哲琪（2014）从实践来看，浙江省将生态资本运营与当地实际情况相结合，将生态资源优势转化为当地的产业优势，浙江省的实践行为在全国具有典范作用。麦瑜翔（2017）、梅怡明（2018）、孙美娇等（2018）将生态资本运营和扶贫相结合，认为在生态资源富集区域，只有将生态优势转化为经济优势是帮助这些地区脱贫致富的根本途径。

---

① Paul Burkett, *Marx and Nature: A Red and Green Perspective*, St. Martin's Press, 1999, p.109.

五、自然资源资本化市场建设的相关政策研究

实践中自然资源资本化市场建设正在建立健全当中,学界围绕自然资源资本化市场建设的相关政策支持也早已开始研究。国内外学者关于自然资源市场化建设的相关政策主要是围绕四个方面展开:

(一) 自然资源资本化市场建设的绿色财税政策

绿色财税政策是自然资源资本化市场建设财税支持政策研究的主要内容。国外对绿色财税政策的研究可以追溯至庇古(1932)创作的《福利经济学》的著作中,强调通过税收与补贴两种形式促进私人成本和社会成本的再平衡,其中环境即是重要的社会成本,私人经济对环境成本的消耗应得到经济补偿。这种通过经济手段对环境正外部性的补偿理论并没有得到学者们的一致认同,科斯(1960)在《社会成本问题》中对庇古的学术观点提出质疑,由于信息不对称的约束,环境成本的货币化难以实现,应依托环境排污费等规制手段降低政策实施成本,以最小的代价来实现企业边际净收益与社会边际成本的统一。鲍莫尔(1988)基于庇古税思想,提出了一种"标准收费"方法,在绿色财税政策中有一定的应用,促使庇古税与排污费制度逐步登上绿色财税政策研究舞台。而国内对于绿色财税政策的研究更多从我国实际情况出发。许景婷(2011)从应用角度对我国"绿色税制"进行了系统分析,认为我国"绿色税制"流于形式,指出应通过建立与完善生态税来约束和激励绿色技术创新,进一步提升"绿色税制"的有效性。田智宇(2013)从宏观视角对我国绿色财税政策运行机制进行考评,认为绿色财税政策中的财政手段与税收手段失灵,应进一步调整绿色财政政策与绿色税收政策内容,完善绿色财税政策体系。随着绿色财税政策研究的推进,学者们对绿色财税政策的认可与支持度也在不断提升。邢丽(2015)呼吁,要提高绿色财税制度在整体传统财税制度中的地位,进一步提升自然资源可持续利用水平。此外,对比研究也是我国绿色财

税研究的重要组成部分。蔡秋玉(2018)系统比较了新加坡与我国绿色财税政策的优劣,总结了新加坡绿色财税政策的实施经验,并提出我国绿色财税政策的改进策略。房红(2020)对财税政策支持资源型城市绿色转型的最新研究成果进行梳理,从多个角度进行综述,指出当前研究的不足之处,提出针对财税政策影响研究的未来发展方向。

(二) 自然资源资本化市场建设的价格激励政策

在自然资源价格政策领域,我国自然资源价格问题是初期研究的主要议题。林存友(2008)、杨文选等(2009)、张惠远(2015)等对自然资源价格机制存在的问题进行了系统梳理,集中表现在价格构成不完整、比价关系不合理、定价机制不完善、管理体制不健全、保障措施不到位等方面,并给出相应的对策建议。经过政策调整与实践,自然资源利用效率仍未达到最优水平,学者建议逐步探索市场机制来进一步激活自然资源开发与利用活力。刘尚希(2010)认为自然资源价格改革并不是完全市场化,不需要政府干预,其重点在改变自然资源价格的构成和形成机制。贺小燕(2014)认为自然资源市场化价格激励的关键是要形成自然资源资产统一的市场定价策略,提出了购买法、租赁法和债务法等三类资本化方式,并给出了会计核算方法。朱晓杰(2014)基于自然资源定价理论对我国自然资源及其产品价格改革进行了系统研究,总结我国自然资源及其产品价格制定方面存在的主要问题并提出相应的对策建议。王石(2015)探讨了资源价格波动、资源依赖与经济增长之间的相互作用机制,发现资源价格波动确实是“资源诅咒”的重要影响因素,资源依赖度和经济增长在理论上存在“U”型关系。刘立京(2014)聚焦自然资源价值补偿管理问题,指出我国自然资源价格体系存在一定缺陷,应结合马克思主义的劳动价值论进行重新设计。此后,阳盼盼(2017)以马克思的劳动价值理论为基础,对我国自然资源价格构成进行深入剖析,提出我国自然资源价格改革应围绕建立以自然资源投入所蕴含的社会必然劳动时间价值来推动。

朱艳春等(2019)认为将资源环境承载能力纳入自然资源及其产品价格形成机制是对自然资源价格形成机制的进一步完善,提出对价格构成、价格分类、价格征收等三方面的价格调整进行分析研究,进而对自然资源价格形成进行结构性调整,以价格机制干预资源环境消耗。这些相关研究为自然资源资本化市场建设实践与探索提供了有益的理论支撑。

(三) 自然资源资本化市场建设的金融支持政策

在自然资源金融政策研究初期,自然资源与金融政策之间的逻辑联系并未受到学界关注,国内学者刘耀彬(2015)通过研究发现,金融发展水平能够对自然资源利用产生正向影响,这引起了国内学者对自然资源资本化金融支持政策研究的高度关注。洪昊(2016)基于党的十八届三中全会中提出的"构建自然资源资产负债表",总结国际经验,提出应构建中国的绿色金融支持体系,而政策评估是我国自然资源金融政策研究的重要内容。李国祥(2016)利用信息熵模型对2006—2014年我国矿产资源资本化进程进行评价,发现我国矿产资源资本化发展水平依然偏低,金融工具创新对促进矿产资源资本化进程的作用几乎为零。张伟(2018)在总结自然资源金融政策支持的新概念时,认为经济主体通过自然资源权益实现投融资的过程或行为即为自然资源权益金融,自然资源金融政策支持的新概念有其独特的发展动力、潜力和优势。张伟等(2019)在总结北美、欧洲和亚洲国家金融政策支持自然资源资本化的实践经验时,认为商业性金融机构作为主体、政策性金融机构参与、专业性金融机构发挥大金融产品创新、国际合作等特殊作用。刘纪鹏(2020)认为自然资源属于国家资产,从国有资产管理的角度提出建设三个层次的国有资产管理体系。第一层是监督层,即代表中央的国务院国资委和省级层面地方国资委;第二层是出资层,即由国有资本投资运营公司来经营与管理自然资源,并将其市场化;第三层是运营层,即实体企业进行专业化建设。

（四）自然资源资本化市场建设的生态补偿政策

生态补偿政策在国内外受到了很多学者的推崇，相对于传统的污染收费政策，生态补偿在成本控制上更加有效。杜明钰、石小亮（2017）提出林业碳票市场交易机制可激励森林生态服务的资产化，跟传统的财政补贴方法相比较，生态补贴形式能节省更多的社会成本。但同时生态补偿制度也存在很多问题，李潇（2014）认为目前生态补偿制度存在诸如消极怠工、谎报绩效等有待进一步改进与完善的地方，要通过完善的生态补偿制度加以解决。冯俏彬（2014）认为引入市场化制度对解决生态补偿制度的行政干预过多，分配不合理的问题会有很大改善，同时提出区域生态补偿合作制度。伏润民、缪小林（2015）重点研究生态补偿的财政制度，提出生态补偿应该根据生态溢出价值来定，生态价值输入的省份应该补偿生态价值输出的省份。从生态补偿的具体实施层面来看，王西琴、高佳（2020）尝试从生态补偿分担比例角度出发研究流域生态补偿的实践问题，并提出试行阶段、修复阶段、稳定阶段等三个阶段分担比例确定的思路，具有较强的实践意义。马永欢、吴初国（2020）从生态产品价值实现的形式出发，认为从完善财政投入角度建立有利于生态产品价值实现的补偿机制在生态产品价值实践过程中至关重要。对于生态补偿而言，如何平衡公共资源开发过程中的多元化参与主体的利益问题，是实践开发过程中纠纷冲突最为多的问题。黄涛珍、商波（2019）从生态优先视角对水电能源开发的多利益主体合作博弈机理进行解构，修订和重构了基于生态优先的合作博弈增量收益分配方法，实践证明能够有效解决合作博弈“陷阱”，特别是对弱势群体的利益改进明显。袁凯华、张苗（2019）基于碳减排目标，通过构建生态补偿理论框架，设定补偿模式、衡量准则、标准和补偿系数，建立了省域横向碳生态补偿模型，并在此基础上提出了以中央为主导的生态补偿模式、建立碳收支账户和完善多样化补偿方式等相关建议。

六、对现有成果的分析和评价

20 世纪 70 年代，随着西方社会工业化和城市化进程的加快，发达国家相继出现了严重的资源环境问题，人与自然的关系迅速成为人们关注的焦点，并促使人们重新认识资源环境对于人类生存的价值和功能。与此同时，人口的急剧增长导致了日益严峻的能源危机和自然资源枯竭现象的产生，生态环境质量和自然资源禀赋越来越成为制约社会经济发展的瓶颈。基于对传统经济增长方式的反思，人们逐渐认识到生态环境质量和自然资源禀赋是经济可持续发展的核心动力，资源环境是一种能够给人类带来福利的资本的观念逐步确立，应该将资源环境作为一种资本来对待，“自然资本”的概念被正式提出，并迅速得到资源经济学、生态经济学、环境经济学等学科的广泛认同，全面展开了对“自然资本”的系统研究。总体看来，目前还处于初步探索阶段，归纳起来，其研究格局、研究重点、研究难点、研究趋势大致如下：

（一）关于自然资源资本的研究较为深入

当前自然资源资本研究内容主要集中在自然资源资本的概念辨识、属性分析、功能识别和价值评估等方面，为自然资源资本理论研究奠定了坚实的理论基础。但值得关注的是自然资源资本本身的综合性、复杂性、交叉性和边缘性，加上各学科的研究视角、研究方法、切入点和侧重点各不相同，导致自然资源资本的内涵存在较大差异，研究结论呈现出明显的差异化。因此，界定自然资源资本的内涵与外延是开展自然资源资本相关研究的首要任务。从研究的基本脉络来看，自然资源资本研究重心由理论框架不断向实践研究发展，从初期的自然资源资本概念辨析等理论问题逐步发展到自然资源资本价值评估、资本化运作与市场化管理等现实问题研究中；由单一研究要素向多元研究要素递进，根据实践需要不断增加市场、政策等核心要素。

（二）关于自然资源资本化运营的研究正在逐步展开

目前，自然资源资本化运营研究主要是从宏观层面进行整体分析和一般探讨。从研究深度上看，较浅程度的研究侧重于分析自然资本运营与环境保护、资源节约、经济增长的关系；较深程度的研究侧重于探讨自然资本运营与调整产业结构、转变增长方式的关系；更深层次的研究则倾向于探讨自然资本运营对生态伦理价值体系构建、生态文明社会建设的推动作用。从研究广度上看，区域层面的自然资本运营更多的还停留在理念宣导和机理初探层次；产业层面的自然资本运营开始探索模式构建与制度设计问题；企业层面的自然资本运营主要是通过案例分析进行途径和措施总结。概括起来，现阶段的研究重点是在全面分析自然资本与生态资本之间的区别和联系的基础上，科学阐释自然资源资本化的生态经济原理，即明确自然资源资本化的条件、要素与过程，研究难点是自然资源资本化的效率评价，进一步深入研究的趋势是结合特定区域和具体产业探索总结各自领域中关键自然资源资本化运营的推进策略与措施。

（三）关于自然资源资本化市场建设问题的研究刚刚起步

自然资源资本化市场是一个全新的研究课题，学界基本上是近年来才开始关注，目前还侧重于概念的移植和基础条件的分析，大多数研究者是从具体自然资源市场（如自然资源产权交易市场、碳汇市场）形态变化和区域自然资源经济运作角度进行，尚未结合我国实际构建出有效的自然资源资本化市场建设政策体系。但可以预判的是，自然资源资本化市场建设，是经济社会自然化、绿色化发展的基础和前提，也是发挥市场在自然资源资本配置中起决定性作用的基本途径和最佳选择。同样可预见的是，由于自然资源资本化的正外部性，自然资源资本化市场建设也不会是自发、稳定与高效的，需要相应的政策制度加快自然资源资本化市场建设。深入研究则必然要求系统分析自然资源资本化市场运营的理论依据、实践基础、政策设计和制度安排，这正是本书研究试图深入探讨的核心问题。

（四）关于自然资源资本化市场建设政策支持体系研究有待破题

自然资源资本作为一种生产要素，在其逐利性的支配下必然投入到一定的社会生产活动中去，在生产过程中与其他生产要素相结合生产出特定的自然资源产品，然后通过自然资源产品在市场上出售以交换价值即价格的形式实现其货币价值，由此可见，自然资源资本化市场是自然资源资本价值最终得以实现的载体。然而，现有自然资源资本化市场存在较大缺陷，自然资源及其产品价格体系不完善、自然资源产品成本外部化问题较突出，自然资源供需主体参与度不高，导致自然资源价值未能充分实现。同时，我国在自然资源管理体制中并未将自然资源资本化运营规律与生态规律结合起来进行整体考虑，常常忽视对自然资源系统的保护，导致为了维持经济系统效用的最大化，使得自然资源无限度地进入经济系统转化为人造资本，并未考虑在维持自然资源系统的动态平衡前提下使其效用最大化，保持足够的存量以利于自然资源的再生及维持其动态平衡。为了充分体现自然资源价值，建立健全符合我国国情的自然资源资本化市场机制，强化自然资源资本化市场建设的政策支持就显得非常必要，但目前我国对自然资源资本化市场建设的政策支持研究有待破题。一是要厘清自然资源资本及其市场要素构成，以及自然资源资本化与自然资源资本化市场建设运作机理。二是要充分了解我国自然资源资本化供需主体的政策需求，并结合国家资源保护政策与宏观战略需要进行系统总结。三是要总结国内外实践经验，遵循政策支持体系构建原则，制定我国自然资源资本化市场建设政策体系框架。四是要厘清各类支持政策对自然资源资本化市场建设的作用机理，总结政策设计基本思路与关键问题，并针对性提出解决方案。五是要针对政策体系薄弱环节，设置相应保护制度，保障政策体系运转的有效性。

第三节　技术路线与研究方法

一、技术路线

根据本书研究的背景及意义，确立并聚焦的总体研究问题和对象集中表现在两个方面：一是自然资源资本化及其市场建设原理与市场运行模式研究。科学揭示自然资源资本化及其市场建设原理是一项系统复杂的开创性研究工作，在认识上要求突破传统经济增长和一般资本运营的思维定势，在理论上要求深入完整准确地揭示自然资源资本化市场建设的内在规律和实质内涵，在实践上更要求系统全面地明晰自然资源资本化市场建设的可行方式和途径，在逻辑上则要求厘清自然资源资本化市场建设与其他资源资本化之间的逻辑关系。这些方面都是自然资源资本化市场建设原理分析所必然涉及的核心问题。同时，准确把握自然资源资本化市场运行模式是科学制定自然资源资本化市场建设的推进策略和政策制度建设的前提。二是自然资源资本化市场建设的政策体系构建研究。从一定程度上讲，自然资源资本化的过程也是其市场化的过程，市场化必然涉及市场建设。在自然资源资本化市场建设中，提供必要的政策支持与制度保障是切实推进我国自然资源资本化市场建设最为根本的举措。本书研究在明确我国自然资源资本化市场建设的政策支持必要性、可行性、紧迫性的前提下，借鉴国外自然资源资本化市场建设和发展成功经验，结合我国自然资源资本化市场建设的政策取向，确立我国自然资源资本化市场建设政策支持的综合目标，构建我国自然资源资本化市场建设政策支持体系，明晰我国自然资源资本化市场建设政策支持的运行机制，提出我国自然资源资本化市场建设政策支持的基本思路与政策实施的制度保障措施，以保证我国自然资源资本化市场建设的顺利推进，其技术路线如图 0-1 所示：

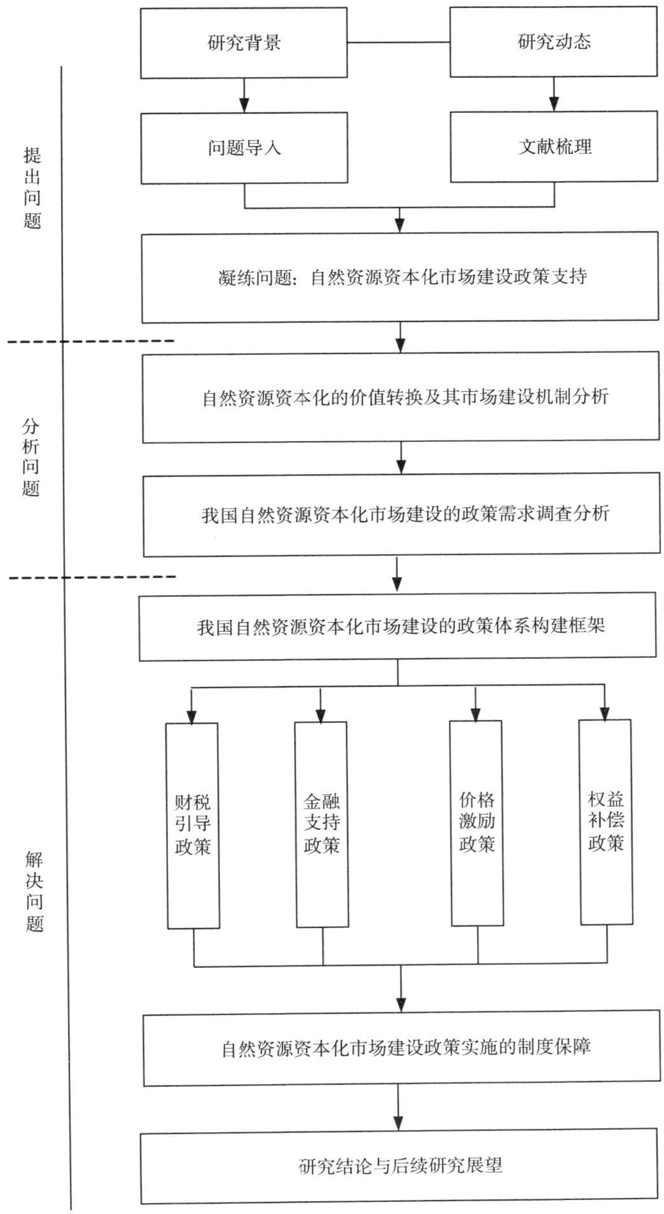

图 0-1　自然资源资本化市场建设政策体系构建研究技术路线图

二、研究方法

（一）文献研究法

通过梳理国内外相关文献，科学把握自然资源资本化市场建设支持政策研究的理论基础。同时，通过挖掘国内外研究成果的理论逻辑和方法学，为我国自然资源资本化市场建设政策体系构建研究的数据调查、政策设计和制度保障提供逻辑基础。

（二）实地调查法

实地调查分析法是在周详严密的架构之下，由调查人员直接向被访问者搜集第一手资料的方法。本书研究团队深入湖北、浙江、山西、贵州、广西、福建、重庆等地进行广泛的社会调查，通过走访政府部门及相关利益主体，分析我国自然资源资本化市场运营及市场建设条件，搜集自然资源资本化市场建设政策需求分析所需要的微观数据，并在此基础上综合多方有针对性的政策支持和制度建设方面的意见与建议，为切实加快我国自然资源资本化市场建设步伐奠定数据分析基础。

（三）案例分析法

通过借鉴国内外自然资源市场平台建设、公共资源交易平台建设的成功经验，通过总结其成功经验和主要做法，为我国自然资源资本化市场平台建设寻找现实支撑，进而提出我国自然资源资本化市场建设政策支持的总体思路和措施。

三、创新点

（一）问题选择的突破

本书研究深入探讨自然资源资本化市场建设的原理以及自然资源资本化

市场运行模式，寻求对自然资源资本化市场建设政策支持路径，无疑是一次大胆尝试和开创性研究，本书研究根据自然资源资本化市场建设政策支持体系构建这一命题，在研究问题的选择上，有如下突破：一是在从自然哲学、自然资源经济学和逻辑学等多学科角度，分析自然资源资本化市场建设政策支持产生的理论背景及其内涵，从基本原理角度回答自然资源资本化市场建设政策支持“是什么”？二是回答“为什么”要构建自然资源资本化市场建设的支持政策体系？三是提出自然资源资本化市场建设的政策导向和制度安排思路，回答我国自然资源资本化市场建设政策支持应该“怎么做”。

（二）学术观点的创新

本书研究试图突出全新的学术思想，这些全新的学术思想的观点主要体现在以下方面：(1)自然资源资本是未来新经济高质量发展的重要资本类型，自然资源资本化市场建设与经济高质量发展具有协同关系。(2)自然资源资本化市场建设的实现应具备认知条件、约束条件、支持条件和保障条件。(3)结合我国自然资源资本化市场建设的政策取向，确立我国自然资源资本化市场建设政策支持的综合目标，明晰我国自然资源资本化市场建设的政策设计思路，构建我国自然资源资本化市场建设的政策支持框架体系。

（三）文献资料建设的推进

本书研究涉及文献量大，为确保研究征引文献的可靠，对前期搜集的相关原文献、二次文献进行大规模整理、再搜集与甄别梳理，同时还在深度挖掘前期积累的相关资料的基础上，深入社会调查，从而获取更充分的自然资源资本化市场建设政策支持的实践经验和第一手资料，进而建立自然资源资本概念的理论追溯及其发展、自然资源资本化市场建设运作的理论与实践、自然资源市场与自然资源资本化市场建设政策支持等专题性学术文献资料库。一方面确保研究文献征引的质量,另一方面在我国自然资源资本化市场建设的政策体系构建研究领域建立起一个详备的知识管理与科研协作系统,为本领域的学术推进提供在线文献管理与分享。

第一章　自然资源资本化的价值转换及其市场建设机制分析

马克思在《〈黑格尔法哲学批判〉导言》中指出："理论只要说服人，就能掌握群众；而理论只要彻底，就能说服人。"2005 年 8 月 15 日，时任浙江省委书记习近平同志首次提出了"绿水青山就是金山银山"的科学论断，"绿水青山""金山银山"分别体现了自然资源的生态属性和经济属性，自然资源资本化价值转换的核心是市场化机制，即通过市场化运营实现自然资源—自然资源资产—自然资源资本—自然资源产品（服务）的价值转换。

第一节　核心概念界定

概念的界定是理论研究的起点。到底什么是资本？自然资源究竟能否成为一种资本？如果能够成为一种资本，自然资源是如何资本化的？自然资源资本化市场又如何界定？对于这些问题的回答，将有助于确定"自然资源资本化市场建设的政策体系构建"这一研究范畴的内涵和外延。

一、自然资源

资源是相对于人类的生产过程而言的，凡是可用于生产能够满足人们需要的商品的物质和服务都是资源。从广义角度讲，资源包括自然资源、经济资源和社会资源等;从狭义角度讲,资源通常指自然资源。

自然资源资本化市场是以自然资源为物质基础的,自然资源资本化市场建设就是将自然生态系统和经济系统进行耦合的过程。在一定区域范围内,自然资源是由不同环境性质组合而成的一个综合性的有机结构系统,它属于自然地理范畴,在这个结构系统中划分了各种类型的自然资源。但是由于人们对自然资源理解的深度与广度的差异,对自然资源的详细分类还没有形成统一的标准。为了研究方便,本书根据自然资源的自然地理特征和以自然资源资本化市场建设为目的的经济属性,将自然资源分为土地资源、矿产资源、海洋资源、水资源、森林资源。

(一)土地资源

长期以来,人们认为土地是地球表面的陆地部分,由土壤和岩石堆积而成,不包括水域、地球上部的空气以及附着于地上和地下的各种物质。随着人们认识的加深,以及生产和生存质量的提高,土地的概念逐渐全面和系统。英国经济学家马歇尔指出:"土地是指大自然无偿地资助人类的地上、水中、空中、光热等物质和能力"①。联合国粮农组织(FAO)认为:"土地是自然综合体,它包括影响土地利用潜能的自然环境要素,如气候、地形、土壤、水文、植被等,也包括人类过去或现在活动的结果,例如围海造田、修建梯田等"②。国内学者比较认同联合国粮农组织的概念,认为土地是自然地理综合体,它不仅包括某一阶段地貌、岩石、气候、水文、土壤、植被等全部要素在内的自然综合体,还包括过去与现在人类活动对自然环境要素的内在作用。因此,土地资源是

---

① N.J.Marshall, M.F.Land, C.A.King and T.W.Cronin, "The Compound Eyes of Mantis Shrimps (Crustacea, Hoplocarida, Stomatopoda). I. Compound Eye Structure: The Detection of Polarized Light", *Philosophical Transactions Biological Sciences*, 1991, 334(1269), pp.33–56.

② 联合国粮农组织(FAO)在《土地评价纲要》(1976)中指出:土地是比土壤更为广泛的概念,它包括影响人地用途潜力的所有自然环境如气候、地貌、土壤、植被和水文以及人类过去、现在的活动结果,也就是土地是一个自然地理综合体的概念。

指在一定的技术条件下和时间内可以为人类利用的土地。

不同类型的土地利用所发挥的功能不尽相同。农业、林业利用系统中，土地资源为人类提供所需的物质产品和生态服务；在生产生活、娱乐休闲等方面，土地资源为人们提供居住、生活的空间。总体来说，土地资源主要具有生产功能、生态服务功能和承载功能。在生产功能上，土地资源最本质的属性是具有农业生产功能，它可以为人们提供所需的植物和动物产品，即植物性生产和动物性生产。植物以土地资源为载体，吸收土地中的养分，通过光合作用，将土壤中的成分转化为植物产品；动物以土地资源为依托，依靠土地资源中的植物、水分、营养物质来维持自身的成长与繁衍生息。在生态服务功能上，土地资源主要表现为净化与修复生态和景观欣赏功能。在一定的承受范围内，土地资源中的微生物可以吸收和化解土壤中的污染物，使进入土壤中的污染物通过扩散、分解作用逐渐减少污染物浓度，减少毒性。同时，土地资源由于其独特的地形地貌，拥有奇特的自然生态观赏价值，往往能给人以情感或心理上的舒适感。在承载功能上，土地资源为人类提供居住、休息、娱乐和一切生产和生活的场所，为动植物生长、活动提供必要的支撑。

（二）矿产资源

矿产资源在自然资源中属于不可再生资源，既是经济社会发展的重要物质基础，也是人类生存和发展必不可少的条件，同时也是很多国家争夺的重要战略资源。开发利用矿产资源是现代化建设的必然要求。法律上对于矿产资源的界定是“通过地质作用而形成的，呈现固、液、气态的，同时具有可利用价值的天然资源”。矿产资源是地壳内或地壳上自然产生的固体、液体或气态物质的集合，具备非常高的经济开采价值。① 矿产资源不同于其他自然资源，具有以下特性：一是矿产资源储量的有限性。因此，人类经济社会发展的巨大

① 焦之珍：《矿产资源资产的确认与计量问题研究》，硕士学位论文，首都经济贸易大学会计学系，2018 年，第 22 页。

需求和矿产资源储量日益减少的矛盾是十分尖锐的。二是矿产资源开采的综合性。从现有的矿产资源勘探情况来看,矿产资源的种类名目繁多,但是以单一矿种存在的矿产资源在自然界中几乎不存在,几乎都是多类矿种共生或者伴生存在,其中不乏出现有的共生或伴生的矿种经济价值非常高的情况,因此在自然资源开采的过程中往往需要进行综合开发利用。三是矿产资源开采的高难度性。一般而言,矿产资源大都埋藏在地表深处,因此其开发利用的难度非常大。矿产资源的开发通常需要投入非常大的人力、物力和财力资源,同时还需要非常高的技术门槛,购进大量的设备,引进专业技术人员,严格执行矿产开采的技术标准,这一系列过程往往非常复杂。同时,以人类现有的技术水平而言,在矿产资源的开采过程中,不能实现百分之百的绝对安全性,往往存在巨大的开发风险,这也对矿产资源的勘探、开发、控制、实施以及风险评估等活动都提出了非常高的要求,增加了矿产资源开发利用的难度。

(三) 海洋资源

海洋资源是地球上最广阔的水体的总称。地球表面被各大陆地分隔为彼此相通的广大水域称为海洋,海洋的中心部分称作洋,边缘部分称作海,彼此沟通组成统一的水体。世界上约70%的面积都是由海洋组成,海洋是人类赖以生存和发展的资源宝库。海洋资源是指海洋中的生产资料和生活资料的天然来源。海洋资源有广义和狭义之分,广义的海洋资源包括海洋中的各类型可开发利用的物质以及提供给人们生产、生活和娱乐的空间和设施。狭义的海洋资源指与海水水体及海底、海面本身有着直接关系的物质和能量。具体来说,海洋资源包括海洋矿物资源、海水化学资源、海洋生物(水产)资源和海洋动力资源等四项。海洋资源与其他自然资源有着本质的不同,首先,海洋资源具有共享性,也就是说国际海域资源是属于全人类的。① 其次,由于水介质

① 贺义雄:《我国海洋资源资产产权及其管理研究》,博士学位论文,中国海洋大学渔业经济与管理系,2008年,第31页。

具有流动性和连续性的特点，所以海洋一旦被污染，会导致污染物迅速扩散，而且部分海洋生物资源也会随着水体流动而流动。最后，海洋资源具有立体型特点，由于水体资源的立体性，海洋资源及周边资源呈立体状分布，同样，污染物在某种程度上也呈立体状分布。

（四）水资源

水资源是指可供人类生产、生活开发利用的一种动态、可更新、可溶性盐类含量较低的，并以大气降水为基本补给来源的淡水资源部分，包括土壤水、地表水、地下水。水资源对人类正常生产与生态系统的稳定性具有重要作用，如果缺少水资源这一关键性资源要素，人类生产与生活将无法正常运行，动植物无法生存。水资源具有以下特征：一是循环性与有限性。自然界的水资源分为大气水、地表水和地下水。但这些水并不是静止的，而是在太阳辐射热的作用下，在大气圈、水圈和岩石圈中彼此转化，当然这种循环是有限制的，受气候与地形特点的影响，其循环的方位与规律是不断变化的。二是时空分布的不均匀性。水资源在时间上分布的不平衡，一方面会使需水量大的季节反而干旱，另一方面降雨量和径流量剧烈的年际变化和年内集中会导致不可避免的洪涝灾害，这不仅会带来巨大的经济损失，而且还会使人们的生命财产受到极大的威胁，并且加大了对大江大河的治理难度。同时，水资源在各个地区分布也很不均匀，这给开发利用带来许多困难。由于我国特殊的地理位置和地形条件，导致水资源地区差异较大，总体状况是南多北少，与人口和耕地分布不相适应。在我国东南沿海地区，降水较多，淡水资源比较充足；而在西北地区，由于降水比较少，淡水资源很贫乏。为了满足各地区的用水需求，我国必须投入大量的人力、物力修建蓄水、引水、提水、水井和跨流域调水工程，对天然水资源进行时空再分配。

（五）森林资源

森林作为一种植物群落，是具有一定面积的集生的林木以及与之共同作用的植物、动物、微生物及土壤、气候等的总体。在我国的法律中，森林资源包括森林、林木、林地以及依托森林、林木、林地生存的野生动物、植物和微生物。森林资源作为一类重要的可再生资源，它不仅具有可再生资源的共性，同时具有多功能性。由于森林资源生态系统结构比较复杂，决定了其功能的多样性。森林资源不仅能提供各项经济功能、生态功能，而且还能产生极大的社会功能。其中，森林资源的生态服务价值是其功能的有效反映。根据起讫于2014—2018年的第九次全国森林资源清查，我国森林资源初步形成了国有林以公益林为主、集体林以商品林为主、木材供给以人工林为主的合理格局，全国森林面积2.2亿公顷，森林蓄积175.6亿立方米，总碳储量91.86亿吨，森林资源无疑对保护生物多样性、涵养水源、保育水土、净化大气具有极大的功能价值。

二、自然资源资本

（一）资本的概念

"资本"是一个既古老而又富有生命力的永恒主题，从古典经济学到当代经济学，资本始终是经济学研究的核心范畴，也是一个饱受争议的概念。一般认为，资本即是指资本品，是一种实物资本。欧文·费雪在《资本与收入的本质》及《利率理论》中指出："任何可以引致收入的东西（无论是有形的还是无形的），都可以称之为资产，而这些资产的市值就是资本"。归纳起来，对于资本的本质问题，学界基本上有三种理解：

1. 资本是一种财富或收入

亚当·斯密认为，资本是人们存储起来以取得未来收入的那部分资财，他明确提出资本是一种财富生产的手段和能力，这就突出了资本的生产性，等于是把资本看成是一种会增加财富的自然力；大卫·李嘉图指出，资本是用于生产的那部分国家财富，主要包括为了实现劳动所必需的工具、原料、食物、衣服等，并认为猎人手中的猎具也是资本；安·罗伯特·雅克·杜尔哥认为，资本是积累起来的价值，表现为“可动的财富”；阿尔弗雷德·马歇尔则认为，从个人来看，资本表现为期望收入的那部分资产，从社会的观点来看，资本是生产收入的那部分财富。

2. 资本是一种生产方式

庞巴维克把资本定义为“迂回生产过程中的各个阶段里出现中间产物的集合体”，是一种“生产出来的获利手段”，“那些用来作为获得物质财富的手段的产品即是资本”。

3. 资本是一种社会关系

马克思在《资本论》中对资本的内涵、特点、规律、表现形式及其运行方式进行了深入系统的分析，形成了科学完整的资本理论体系。马克思主义资本理论认为：第一，资本是能够带来剩余价值的价值；第二，资本反映的是人与人之间的关系；第三，资本是一个历史的社会范畴，包含着特殊的社会性质；第四，资本的存在方式是循环运动过程，即资本通过不断改变自己的存在形态而增值。随着社会经济的不断发展，资本这一概念本身的含义也在变迁。希克斯在总结前人成果的基础上，为资本下了一个功能性定义，即“资本是能够为未来提供有用产品流和服务流的存量”。

（二）资本概念的普适性

其实，有关资本的概念更多地是指“物质资本”。随着经济学研究的深入，新的资本形式也开始出现，世界银行于1995年首次公布了“扩展的财富”指标，包含了自然资本、生产资本、人力资本、社会资本四大要素。尽管不同的学者对其概念和内涵的理解不尽相同，甚至存在很大的差异。但是作为一种理念，这些新资本形式的出现，也反映了人类对资本认识的进一步深入。从经济思想史的角度看，伴随着人类经济发展不同阶段中资本对经济增长的贡献及其重要性，先后出现了农业资本、商业资本、生产资料资本、财富资本、人力资本、社会资本、制度资本、自然资源资本等十多种资本类型。

总体而言，人类对资本的认识是在探究财富的来源过程中逐步深化的。首先，在人类最初获取生存资料的过程中，土地扮演着极为重要的角色，进入农业社会以后，劳动在财富创造活动中的作用日渐突出，如 1662 年威廉·配第在《赋税论》中便提出："土地为财富之母，劳动为财富之父和能动的要素"，首次形成了生产二要素论。其次，工业革命开始以后，资本的重要性在工业生产中凸显，"资本万能论"和"劳动价值论"产生了很大影响，亚当·斯密把劳动和资本作为进步社会财富的基础和基本来源，土地要素及其所代表的"自然取用物"的重要性则日益弱化。然而，看似完美的经济增长理论，却陷入了与"生态危机不断加剧的现实"相冲突的困境。最后，随着生态危机的出现，人们认识到生态系统所提供的生态服务不仅对于食品安全和可持续发展具有巨大的影响，而且对人类生存、生产和生活的多个方面都具有极端重要性，从而开始了对环境与自然资源的保护性利用，确立了生态系统服务有价的观念，人类所认识到的生态环境和自然资源价值，就表现为"自然资源资本"。

可见，资本概念是不断扩展的，它反映了某一时期社会经济增长的动力来源。尽管对资本的概念存在各种不同的理解，但是学者们对于资本内在规定性的认识却相当一致。一方面，资本必须具有增值性，它可以通过一定的形式能够实现自身价值的增加；另一方面，对资本进行投资能够获得未来的收益。显然，生态系统可以自行增加其数量（自然资源资本存量），通过投入劳动又能增加其价值（价值是无差别的人类劳动），从这个角度上说，"自然资源"确实是一种"资本"。而且，自然资源资本的基础性决定了其在资本系统中处于支配和主导地位，自然资源资本的保值增值是其他资本保值增值的前提和保障，为此，自然资源资本必然规定和制约着金融资本、人力资本、社会资本和物质资本。只有在这五种资本的协同作用下，才能够实现经济增长和社会福利的改进（见图 1-1）。

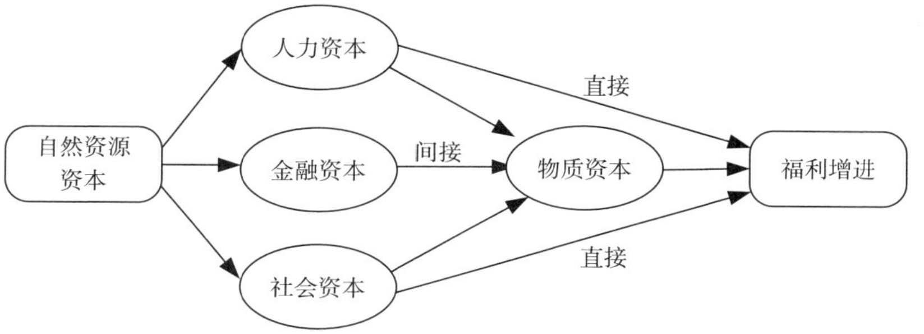

图 1-1　自然资源资本与其他资本的关系示意图

（三）自然资源资本概念的辨析

由于研究视角和方法不同,国内外学者对自然资源资本的概念界定莫衷一是,各种表述多达数十种,其提法也有生态资本、自然资本、环境资本等多种称谓。仔细比较各种界定,不难发现其主要分歧在于对自然资源资本的实体对象和存在类别的理解差异。本书对自然资源资本的内涵和外延的界定,与生态资本、自然资本和环境资本存在一定的差异,但对于其内涵和外延,仍存在多种说法,主要表现在两个方面:

第一,从生态意义上看,生态资本内涵的广度和深度要大于自然资源资本。生态资本更注重生态资源和生态环境的动态复合生态系统,这些生态系统包括生态资源的数量(包括可再生自然资源和不可再生自然资源)、生态环境的质量和生态系统提供的各种功能(包括供给功能、调节功能、文化功能和支持功能),生态系统能够给人类带来的经济价值和生态价值以及生态系统能为未来带来的经济价值和生态价值的潜力等。而自然资源资本主要指进入社会经济生产系统,以生产要素形式投入经济生产与再生产过程,包括可再生自然资源和不可再生自然资源,主要强调其经济价值。

第二,自然资源资本是一种有用的资源和环境存量而不是流量概念。罗伯特·古德兰(1989)和埃尔·塞拉菲(1991)认为,自然资源资本就是自然生态系统提供的自然资源产品及服务，包括可再生自然资源资本和非可再生自然资源资本。其中，可再生自然资源资本是指那些可以通过循环系统再生供给的自然资源，以空气和水最具代表性；非可再生自然资源资本是指那些使用之后短期内甚至永远无法再生成的自然资源，比如石油、煤炭、天然气等矿产资源，他将自然资源资本认同为一种有用的环境存量的概念，是个静态概念。格雷琴·戴利（2000）也认同自然资源资本是存量的概念，但他更多借鉴了会计学中资本的概念，认为自然资源资本是能够为现在或者未来提供产品或者服务的自然资源存量。在他看来，自然资源资本是一个随着时间变化而变化的动态概念，所以自然资源的使用价值不仅仅存在于当下，更存在于未来。而国内学者衍生发展出来的生态资本概念则跟国外研究的自然资源资本或者自然资本的概念有所不同，其不仅包含存量的概念，也包括流量的概念。

（四）本书对自然资源资本的界定

本书将自然资源资本分为两大类：广义的自然资源资本和狭义的自然资源资本。广义的自然资源资本是指在人类生存、生产和生活领域中，一切能够创造财富与增进福利的生态因素的总和，包括环境、自然资源、生态技术、环境制度和生态文化。依据不同的分类标准，可以将自然资源资本划分为若干种类：（1）从功能作用范围划分，可分为支撑生命系统的自然资源资本和支持生产系统的自然资源资本；（2）从价值实现形式划分，表现为产品流型自然资源资本和服务流型自然资源资本；（3）从可再生性程度划分，包括可再生自然资源资本和不可再生自然资源资本；（4）从存在形态划分，可分为有形自然资源资本和无形自然资源资本；（5）从是否有人类劳动投入来进行划分，可分为自然资源资本和人造自然资源资本。总之，凡是存在于生物圈中，以生态系统为载体，直接或间接地服务于人类生存、生产与生活各个领域的全部生态因素，均属广义自然资源资本的范畴，随着人类对“生态—经济—社会”复合系统认识的进一步深入，广义自然资源资本的内涵必然会越来越丰富，外延也会进一步扩大。

狭义的自然资源资本则是指直接进入社会经济生产系统，以生产要素形式投入经济生产与再生产过程，利用生态技术进行形态变换，通过自然资源产品或生态服务体现价值转化，依靠生态市场实现保值增值，与其他资本一道创造财富和价值的生态因素的总和。其包括自然资源存量、自然环境质量和生态系统整体服务，实物形态表现为自然资源的数量和质量、自然环境的质量要素、生态系统作为一个整体的有用性形态。

本书对自然资源资本的界定系指狭义的自然资源资本。广义上的自然资源资本也常常被称为生态资本。从生态意义上看，生态资本内涵的广度和深度要大于自然资源资本。从资本化理论的角度出发，作为自然资源资本化的具体对象——自然资源必须要求具有实体性和可控性，并且是在现有条件下能够进行实际投资的资本。自然资源资本一定是基于现阶段生产力发展水平、人类认知能力和技术水平的客观条件，能够直接进入社会经济生产系统并且能够为人们实际管理和控制的生态型生产要素，作为一种具体的生产要素，应当具备可视性、可感性和可控性。

三、自然资源资本化

（一）资本化的概念

资本化概念主要有两种，一种定义来自于会计学。会计学意义上的资本化也叫资本结构或投入资本，指作为资产（尤指固定资产，无形资产）只能分期进行摊销，而不能直接把全部给记入当期损益。① 比如说借款费用计入在建工程的部分，就是将其资本化，记入固定资产，分期摊销。简单来说，凡是可以计入资产里的东西都可以认为是资本化。资本化结构有两种类型：一种是

① 常媛媛：《大康牧业基于“PE+上市公司”模式的并购绩效评价》，硕士学位论文，兰州理工大学会计学系，2018 年，第 45 页。

简单的资本化结构，即公司只有普通股或者只有普通股和不可转换的优先股；另外一种是复杂的资本化结构，即公司除了拥有普通股之外，还有公司债、优先股，以及流通在外的认股权、认股证等。

资本化的另一种定义来自于经济学。经济学意义上的资本化概念实际上最早是由马克思提出来的，他认为："任何一定的货币收入都可以资本化，也就是说，都可以看作一个想象资本的利息"①。马克思从土地资源的角度出发，认为土地地租的形式就是土地资源的资本化，本质上是土地使用权资本化，通过转让土地资源的使用权，将土地资源转化成资本收入，这个过程就称为资本化。② 从这个角度来说，经济学意义上的资本化是指将被资本化的对象，如土地、物质资源、劳动资源等转变为资本的过程，而被资本化的对象，对企业来说就是企业生产过程中投入的固定资产和无形资产，这类资产在生产过程中慢慢转变成资本。即资本化就是指通过系统的政策、制度和措施等将市场机制作用于被资本化的对象，使被资本化的对象作用于生产系统，将无差别的有用物转化为具有差别性，并且能够能带来价值和剩余价值的特殊意义上的商品。

本书对资本化概念采用的是经济学意义上的资本化概念，指的是自然资源转变为自然资本的过程和趋势。

（二）自然资源资本化的辨析

自然资源资本化的研究，一直是国内外资源环境经济领域的学者关注的重点内容之一。关于自然资源资本概念的使用目前尚无统一规范，归纳起来，国内外学者对自然资本的刻画可以大致分为两类。

一类是从会计学意义去探讨自然资源资本化问题。这一类探讨更多地出

---

① 《资本论》第三卷，人民出版社 2004 年版，第 702 页。

② 王艳龙：《中国西部地区矿产资源资本化研究》，博士学位论文，北京邮电大学管理科学与工程系，2012 年，第 64 页。

现在比较具体的如森林、矿产、海洋、土地资源等这些资源资产管理的研究中。马蒂亚斯·奥布斯特等学者通过研究发现,海洋资源对海洋经济产业发展有着重要意义,提出应该将海洋资源资本纳入国民资产核算体系,把海洋资源资本作为评价海洋经济发展的一项重要指标。① 陈庆、戴腾以第一次全国地理国情普查成果为数据基础,通过研究地理国情普查的状况,并结合 GIS 等技术手段,提出了利用地理国情普查成果来编制自然资源资产负债表土地资源分类数据的技术方案。② 朱婷、薛楚江从实际操作的角度出发,结合水资源的物理属性和经济特质,详细阐述了水资源资产负债表的相关概念、编制原理、编制步骤,并以江苏省为例运用 2010—2014 年水资源统计数据编制了江苏省水资源资产负债表。③ 于志鹏、谭荣建利用市场价值评估方法和农用地分类的成果,提出了耕地质量的核算思路,并构建了耕地质量核算体系。④

另一类是从经济学意义上去探讨自然资源资本化问题。亚当·费内奇等指出自然资源资本化与其他资源资本化有着本质区别,不仅可以提高资源配置效率,还能缓解资源粗糙式开发对生态环境产生的压力。⑤ 沈振宇基于可持续视角认为自然资源产权极为重要,要实现国家对自然资源的所有权,首先要对自然资源进行产权界定,产权界定是自然资源资本化的前提,而自然资源资本化是自然资源价值实现的重要方式,因此要加强对自然资源价值和定价模型方法的研究,构建科学、高效的自然资源核算体系,推进自然资源的资本化管理。⑥ 高吉喜等从生态资源入手,阐述了生态资源的资本化过程,认为将

---

① Carl Obst, Michael Vardon, "Recording Environmental Assets in the National Accounts", *Oxford Review of Economic Policy*, 2014, pp.126-144.

② 陈庆、戴腾:《自然资源资产负债表土地资源分类数据的编制方法》,《地理空间信息》2019 年第 6 期。

③ 朱婷、薛楚江:《水资源资产负债表编制与实证》,《统计与决策》2018 年第 24 期。

④ 于志鹏、谭荣建:《耕地资源自然质量核算的探讨——基于农用地分等成果和估价方法》,《中国国土资源经济》2020 年第 8 期。

⑤ Adam Fenech, Jay Foster, "Kirk Hamilton Natural Capital in Ecology and Economics: An Overview", *Environmental Monitoring & Assessment*, 2003, pp.3-17.

⑥ 沈振宇:《自然资源资本化研究》,《生态经济》2001 年第 3 期。

生态资源转化为生态资本,可促使经济发展和生态保护有机统一,有利于消除因为生态资源利用造成的生态环境危机。① 张文明、张孝德认为生态资源资本化是一个基于生态资源价值的认识、开发、利用、投资、运营的保值增值过程。②

(三) 本书对自然资源资本化的界定

本书是从经济学意义上而非会计学意义上界定自然资源资本化的,更认同自然资源资本化是自然资源先转变为资产,进而转变资本的这一过程。这是一个动态的过程,自然资源资本化指将自然资源转化为具有明晰产权的自然资源资产,再将自然资源资产作为要素投入到社会经济生产过程中便形成了具体的自然资源资本,自然资源资本通过市场化运行将其价值转化到自然资源产品和自然资源服务中,由此完成了自然资源资本的形态转换,即自然资源—自然资源资产—自然资源资本—自然资源产品(服务)。因此,本研究定义自然资源资本化为在坚持自然资源资本存量非减性原则下,对自然资源资本使用价值的有效转化,即对其资本化过程进行有效的计划、组织、实施和控制,依据自然资源产品的消费及其形态的变化,实现自然资源资本与其他资本协同运作,且长期收益整体最大化而进行的活动。

四、自然资源资本化市场

(一) 自然资源市场

不同的理论派系对市场概念的界定是存在差异的。从最简单的商品交换理论来说,市场是商品交换的具体场所。从经济学角度来说,市场是指商品和劳务从生产领域向消费领域转移过程中发生的一切交换和职能的总和,是各

① 高吉喜、范小杉、李慧敏:《生态资产资本化:要素构成 · 运营模式 · 政策需求》,《环境科学研究》2016 年第 3 期。

② 张文明、张孝德:《生态资源资本化:一个框架性阐述》,《改革》2019 年第 1 期。

种错综复杂交换关系的总体,它包括供给和需求两个方面,是两者的统一体。从市场营销角度来说,市场是指某种商品的现实购买者和潜在购买者需求的总和。市场专指买方,不包括卖方。

本书所强调的自然资源市场更倾向于经济学意义上的概念,指直接以自然资源为原材料或者经简单加工包装成初级产品后的交易市场,包括自然资源的供给方和需求方组合成的一个总和体。自然资源市场和自然资源资本化市场有很大的区别,自然资源市场与自然资源资本化市场相比,属于初级市场,是自然资源资本化市场建设的起步条件和基础。

(二)本书对自然资源资本化市场的界定

由于自然资源资本化市场建设在我国还处于起步阶段,导致不同学者对自然资源资本化市场概念的理解存在较大差别,各种有关自然资源资本化市场表述多达数种,如生态市场、环境市场等。其中研究最多的是生态市场。孟宪忠认为生态市场是兼具环境合理性与经济效益性并符合 21 世纪绿色发展潮流的一种新型主流经济形态;在此基础上引申出了生态市场所必须具备的两大特性:一是生态环保性,即安全、节能、低耗、无公害、不损害生态环境与人体健康;二是经济效益性,即其经济产出也需要得到保障,以便推进国民经济的可持续发展。① 黄爱宝以市场的本质特征为切入点对生态市场的内涵进行了探索与阐述,认为生态市场是以实现人与自然和谐为目标,将商品属性赋予到生态环境产品之中,并提出生态市场是生态环境产品作为交易对象而实现交换关系的方法或者机制。② 由于自然资源产品是一种特殊的产品,其交易的实质是产权转移的过程,因此,生态市场也可以理解为自然资源产品产权交换关系的总和。由此可以推知,生态市场的本质就是实现生态产权交换关系

① 孟宪忠:《论生态市场经济》,《社会科学战线》2001 年第 3 期。

② 黄爱宝:《生态型政府构建与生态市场培育的互动关系》,《河南大学学报(社会科学版)》2007 年第 2 期。

的制度安排。杨文进、柳杨青进一步升华了生态市场经济的内涵，认为其既要实现人与自然的和谐，还要实现人与人之间的和谐，且两种关系在实际中应相互依存、相互制约。①

本书认为，自然资源资本化市场是自然资源资本化价值实现的载体。自然资源资本化即将自然资源转化为具有明晰产权的自然资源资产，再将自然资源资产作为要素投入社会经济生产过程中便形成了具体的自然资源资本，自然资源资本通过市场化运行将其价值转化到自然资源产品和自然资源服务中，由此完成了自然资源资本转换过程，即自然资源—自然资源资产—自然资源资本—自然资源产品（服务）。因此，自然资源资本化市场是将自然资源资本作为一种生产要素，投入到一定社会生活和经济生产活动中，在生产和生活过程中与其他资本相结合生产出的自然资源产品（服务），然后通过自然资源资本化市场进行价值交换。自然资源资本化市场是自然资源资本化价值实现的载体。自然资源资本化市场应当包括自然资源产权市场—自然资源资产市场—自然资源资本化市场—自然资源产品（服务）市场。在自然资源资本化市场建设过程中，不管资源形态如何变化，价值如何转化，都是为了实现自然资源资本的保值增值。在自然资源资本化市场建设过程中，只有通过市场交易，让自然资源的价值脱离实物载体，并为自然资源资本投资者所拥有，促使自然资源资本向着增值率最高的方向运动，这样才能实现自然资源资本价值的转化与最大化增值。

第二节　自然资源资本的价值构成及其资本形态转换

随着经济学研究的深入，新的资本形式也开始出现，世界银行于 1995 年

① 杨文进、柳杨青：《论市场经济向生态市场经济的蜕变》，《中国地质大学学报（社会科学版）》2013 年第 3 期。

首次公布了“扩展的财富”指标，包含了自然资源资本、生产资本、人力资本、社会资本四大要素。[①] 尽管不同的学者对概念和内涵的理解不尽相同，甚至存在很大的差异。但是作为一种理念，自然资源资本形式的出现，也反映了人类对其价值构成的认识进一步深化。

一、自然资源资本的价值构成

虽然对自然资源价值问题，在长期无价与有价的争论中达成了相应共识。自然资源有价理念的确定，使人们从思想上逐渐转变传统的自然资源利用模式，为自然资源资本化市场运营提供了理论支撑。然而，自然资源资本化市场作为一种新型自然资源交易与利用方式，与传统的自然资源利用模式有着本质区别，其价值形态已经从实物形态上升到虚拟的货币形态，因此自然资源资本化价值具有更广的增值空间与更高的转化效率，价值维度不仅体现在经济层面，而且还反映在自然与社会等各个方面。本书在参考已有研究成果的基础上，对自然资源资本的价值构成进行了明细，将其分为存在价值、劳动价值、稀缺价值与生态补偿价值。

（一）存在价值

自然资源资本的存在价值是一种“自然力”的价值形态，是自然资源客观存在的价值，与人类劳动是否附加无关，反映的是自然资源价值中物的原始属性。自然资源之所以具有存在价值，不仅因为自然资源具有有用性，能够产生经济效用，而且还归咎于自然资源可以调节自然生态系统，维持自然资源的动态平衡，提供自然资源价值服务。存在价值作为自然资源本身固有的价值形态，随着自然资源资本化市场建设的推进，其价值自然会融合与转化到自然资源资本化价值中去。在存在价值转化过程中，它与自然资源资本化市场建设

---

① World Bank, *Monitoring Enviromental Progress: A Report on Work in Progress*, Washington D. C., 1995, pp.33-56.

的推进强度、速度等并无关系。因此，自然资源资本化市场的存在价值没有时间效应，不会因为自然资源资本是否增值以及多大程度增值而变化。其价值主要取决于自然资源的丰度与开采条件。其中，自然资源的丰度与它的效用是成正比例关系，即自然资源丰度越大，自然资源效用就越高，其存在价值就越大。自然资源的开采条件不仅包含客观的自然地理位置与当地经济社会发展水平，而且还包括主观的人文风俗状况。开采条件好坏直接关系到自然资源开发的难易程度，影响到自然资源资本化市场建设的推进进程。

（二）劳动价值

劳动价值是人们对自然资源进行资本化利用过程中，将人类劳动附加于自然资源的开发利用与转化，使自然资源发生形态改变的那部分价值，体现的是自然资源价值中人的属性。劳动价值是自然资源资本化市场价值的重要组成部分，是与存在价值相对应的一类人工价值。它会随着人们对自然资源开发的劳动附加强度的增强而增大。人们在自然资源附加的劳动可以分为直接附加与间接附加。直接附加是人们对自然资源进行勘测、开发、改造、更新、保护等活动中，直接将活劳动或物化劳动作用于自然资源，使其形状与功能发生改变并生产出自然资源产品的过程。而间接附加是人们为了更好地开发利用自然资源，需要投入相应的人类劳动来优化资源的经济地理位置、提高资源的管理水平、改善资源开发条件。间接附加虽然没有参与自然资源的开发与生产中去，但是它延伸了自然资源价值链，提高了自然资源的品位，降低了自然资源资本化利用的成本。因此，间接劳动附加与直接劳动附加一样，共同构成了自然资源资本的劳动价值。

（三）稀缺价值

自然资源资本的稀缺价值是相对于人类对自然资源无限需求而言的。由于在一定条件下，自然资源的数量是有限的，而人们对自然资源的需求欲望是无限的，因而，随着人们对自然资源资本化利用的增加，会使自然资源的更新速度无法达到人们的需求数量，最终使自然资源变得稀缺。自然资源稀缺性的增加，必然促使自然资源价格上升，价格上升则助推自然资源价值增大。可见，自然资源的这种稀缺价值只有通过自然资源市场供求调节才能反映出来，即当自然资源的供给小于甚至严重低于人们对自然资源的需求时，自然资源出现供不应求，此时自然资源变得稀缺，进而产生稀缺价值。但是，稀缺价值要真正反映在自然资源资本化市场运营过程中，还必须以存在价值与劳动价值为基础。一方面，稀缺价值以使用价值（包含劳动价值）为前提，无使用价值的自然资源，当然就谈不上稀缺与否。另一方面，稀缺又是使用价值之所以具有价值的条件，例如空气、阳光等自然资源虽然具有使用价值，但由于不稀缺而不具有价值，人们也不会付出劳动对其进行开发。

（四）生态补偿价值

自然资源资本的生态补偿价值是指人们在资源开发活动过程中，对造成自然环境污染和自然生态破坏进行修复、弥补与替换，体现的是人们维持自然生态系统平衡，修复自然资源的服务属性。生态补偿价值秉承的是可持续发展理念，反映了人们实施自然资源资本化市场建设过程中尊重自然、顺应自然、与自然环境协调发展的绿色发展理念。然而，在现实经济活动过程中，由于自然资源长期处于低价、廉价的状态，自然资源这一重要生产要素置于社会生产价值运动之外，自然资源服务功能没有纳入自然资源产品成本，生态补偿价值在自然资源产品价格中空位，从而造成自然资源价值构成的非完整性，也就致使自然资源资本化市场建设过程中处于恶性运营的非可持续状态。对此，在自然资源产品生产过程中，补偿自然资源本身耗损对自然生态环境产生的价值，可以从价值与实物上补偿对自然资源的消耗，兼顾自然资源的自然服务功能，有利于实现经济高质量发展与自然资源保护的双重目标。通过将自然资源的自然服务折损费用计入自然资源资本化运营成本，实际上就是间接地反映到自然资本化运营的市场价格体系中，将游离于价值之外的自然生态环境因素纳入自然资源产品的价值循环中去，从而实现自然资源开发与自然生态保护的良性互动。①

二、自然资源资本的价值评估

虽然国内外学者在对自然资源价值核算过程中，很少以自然资源资本化形式进行计量，但许多价值核算方法都考虑了自然资源资本运营的时间成本，本质上就是一种自然资源资本化价值计量的过程。其中，影子价格法、边际机会成本法、市场估价法、收益现值法、意愿调查法等不少方法在国外自然资源价值核算上起到了不可或缺的作用，它们相互补充与完善，确保了自然资源价值核算的科学性、准确性与完整性。但是，有些方法不适合我国自然资源产权制度的现状，更不符合核算自然资源资本化市场价值。为解决这一问题，李金昌、王舒曼、谢地、李秉祥、穆红莉、范振林等一批自然资源经济学家从我国自然资源制度实情出发，提出了不少符合我国自然资源制度的价值核算模型。②其中，以李金昌构建的模型最为有代表性，并获得了广大学者的认可与接受。本书在借鉴李金昌模型的基础上，对其进行了相应修正，将生态补偿价值纳入模型当中，从而确保该模型能够真实体现自然资源资本化市场价值。具体来说，根据修正后的李金昌模型，先行计量自然资源资本化市场的存在价值、劳动价值，然后依据存在价值与劳动价值推导出稀缺价值，再与计量的生态补偿价值加总，最后得出自然资源资本化价值。详细核算步骤如下：

---

① 于连生：《自然资源价值论及其应用》，化学工业出版社 2004 年版，第 48—51 页。

② 李金昌：《自然资源价值理论和定价方法的研究》，《中国人口 · 资源与环境》1991 年第 1 期。王舒曼、王玉栋：《自然资源定价方法研究》，《生态经济》2000 年第 4 期。谢地、邵波：《论我国自然资源价格形成机制的重构》，《学习与探索》2005 年第 6 期。李秉祥、黄泉川：《基于可持续发展的环境资源价值与定价策略研究》，《社会科学》2005 年第 7 期。穆红莉：《环境资源定价及其实现途径——基于边际机会成本定价理论》，《价格理论与实践》2012 年第 12 期。范振林：《天然气开采的耗竭性定价估算》，《中国人口 · 资源与环境》2018 年第 2 期。

首先,核算自然资源的存在价值与劳动价值。可根据地租理论来核算自然资源的存在价值,由于存在价值是自然资源本身具有的价值,在计量其价值时,只需考虑自然资源的丰度、开采条件以及自然资源资本化年利息即可。设R_0为基本地租与租金,k为自然资源丰度和开发利用条件,a为年利息,则自然资源的存在价值P_1可以表示为:

$$P_1 = \frac{KR_0}{a} \tag{1-1}$$

人类投入某种自然资源的劳动价值P_2,可以通过生产价格理论计量。设A为用于开发该自然资源上的人力、财力、物力的总额(折换成资金),Q为参与开发的自然资源总量,N为自然资源资本化运营年限,则每年该自然资源资本化投资的单位自然资源量的分摊费用为$A/(N\times Q)$,再考虑投入自然资源资本的平均利率β,即可计算出每年该自然资源因社会各项资本投入所产生的相当于"不变资本+可变资本+剩余价值或利润",即"$C+V+M$"那部分价值。于是,自然资源资本化开发的劳动价值为:

$$P_2 = \frac{A(1+\beta)}{N \cdot Q \cdot a} = \frac{C+V+M}{a} \tag{1-2}$$

其次,核算自然资源资本化的稀缺价值。自然资源资本化的稀缺价值主要反映在供求关系上。在自然资源供给量一定时,人们对自然资源的需求会随着自然资源资本化开发过程的深度与广度的加大而增加,会促使自然资源价格上升,即需求量Q_s对价格(价值)的影响成正比例关系;相反,在需求量不一定时,自然资源供给量越大,则价格(价值)会越低,即供给量Q_s对价格(价值)的影响成反比例关系。再考虑自然资源需求量与供给量的弹性,设需求弹性系数为E_s、供给弹性系数为E_d,则自然资源的价格(价值)P_3为:

$$P_3 = (P_1 + P_2)\frac{Q_d \cdot E_d}{Q_s \cdot E_s} \tag{1-3}$$

将P_1与P_2代入公式(1-3),则有:

$$P_3 = \frac{1}{a}(KR_0 + C + V + M)\frac{Q_d \cdot E_d}{Q_s \cdot E_s} \qquad (1-4)$$

再次，核算自然资源资本化的生态补偿价值。由于生态补偿价值反映的是自然资源维护自然生态系统的一种功能，它不会随着自然资源供求关系变化而发生改变，在核算其补偿价值时需要单独列出进行核算。在核算生态补偿价值时，需要先计算出因自然资源资本化运营造成自然资源生态服务功能的损失值，以功能损失值作为对生态系统的补偿价值（见图 1-2）。

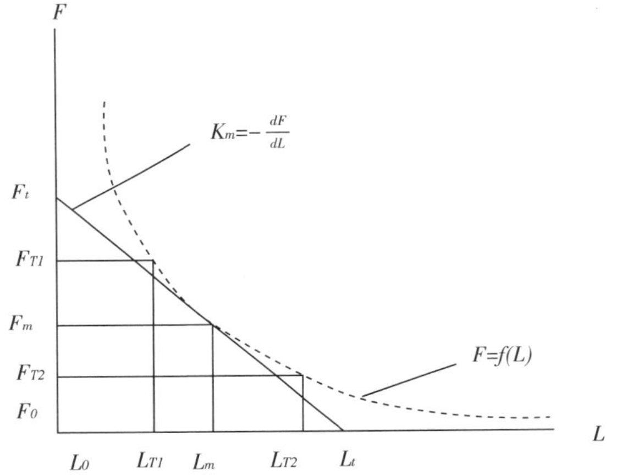

图 1-2　自然资源生态服务价值与自然资源质量的关系示意图

在图 1-2 中，横坐标表示自然资源质量损耗，用污染物的浓度表示，正方形反映了由于自然资源资本化运营使生态环境系统污染物浓度增大，造成生态环境质量降低。纵坐标为自然资源的生态服务功能，即随着自然资源质量的下降，其功能也将衰退。当自然资源质量损耗为 L_m时，对应的生态服务功能为 F_m，则在（L_m，F_m）状态下的生态功能价值为：

$$E = \frac{b}{Q}\left(\frac{dF}{dL}\right) \qquad (1-5)$$

式（1-5）中：E 为自然资源的生态服务价值，F 为自然资源的生态服务功能，L 为自然资源的质量损耗，b 是自然资源的价值参数，Q 为自然资源总量，

这里的 Q 其实就是自然资源资本化需求的自然资源量，是与 Qd 相等的。当实施自然资源资本化开发使自然资源从 T_1 变化到 T_2 时，其生态服务功能损失为 ΔF，此时的 ΔF 即为生态功能损失的价值，也就是人们需要对自然资源生态系统进行补偿的价值 P_4，即有：

$$P_4 = - \Delta F = \int_{T_2}^{T_1} \frac{b}{Q} E\mathrm{d}L \tag{1-6}$$

式（1-6）中，ΔF 为自然资源降低或损失的生态服务功能值，F_{T1} 与 F_{T2} 分别为自然资源在 T_1、T_2 时的生态服务功能。

最后，计量自然资源的资本化价值。虽然自然资源的资本化价值由存在价值、劳动价值、稀缺价值与生态补偿价值构成，但是其资本化价值并不是 P_1、P_2、P_3、P_4 的简单加总，而是由 P_3、P_4 的加总所得。这主要是因为，在自然资源资本化运营过程中，存在价值 P_1 与劳动价值 P_2 已经通过自然资源资本化市场作用，附加到资源开发、产品生产以及资本增值中了，也就是以自然资源资本化市场对价格（价值）的调节作用反映出来。对此，自然资源资本化价值 P，就是将 P_3 与 P_4 加总，即 P_3+P_4。

$$P = P_3 + P_4 = \frac{1}{a}(KR_0 + C + V + M) \frac{Q_d \cdot E_d}{Q_s \cdot E_s} + \int_{T2}^{T1} \frac{b}{Q} E\mathrm{d}L \tag{1-7}$$

由式（1-7）可知，在自然资源资本化价值核算过程中，不仅要考虑人类对自然资源开发所付出的劳动价值与自然资源供求关系变动的稀缺价值，还需要纳入自然资源本身的存在价值和因自然资源开发造成自然资源功能损耗的生态补偿价值。只有将存在价值、劳动价值、稀缺价值与补偿价值都进行核算，自然资源资本化价值才是完整的，才能真正反映自然资源的有价性。①

三、自然资源资本价值的形态转换

自然资源不同于其他资源，不仅有经济社会价值，还有生态环境价值，要

① 李平衡：《农业生态资源资本化运营及其政策需求研究》，博士学位论文，中南财经政法大学农林经济管理系，2018 年，第 66—68 页。

实现自然资源资本的价值,必须充分认识其具体的资本化过程。自然资源资本化过程首先是自然资源自身具有存在价值,并使人们认识到其有用性可转化为具有使用价值的自然资源资产;其次是自然资源资产具有使用价值,并投入到人类经济社会活动中能转化为自然资源资本要素价值;再次是自然资源资本要素价值通过技术作用转化为自然资源产品价值;最后是自然资源产品通过市场运作实现其资本化价值。对此,我们可以将自然资源资本化过程分为自然资源资产化、自然资源资产要素化、自然资源资本要素产品化、自然资源产品市场化。其中,自然资源资产化是准入过程,自然资源资产要素化是启动过程,自然资源资本产品化是转化过程,自然资源产品市场化是实现过程,而每个过程都伴随自然资源资本价值形态的相应转换(见图 1-3)。

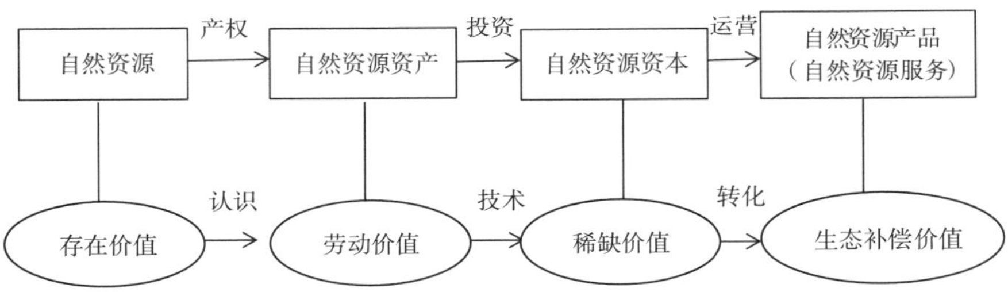

图 1-3　自然资源资本化的价值形态转换示意图

(一) 自然资源资产化

自然资源资产化是将自然资源转化为自然资源资产的过程,是自然资源资本化的首要环节,是盘活自然资源的开始。而要实现自然资源资产化,资源的稀缺性与明晰的产权是必要前提。只有自然资源具有稀缺性,才有转化成自然资源资产的必要性。当某种自然资源比较稀缺时,人们才有占有的欲望,进而对其明晰产权,产权界定的结果便形成了自然资源资产。当前,我国自然资源权属关系还需要进一步明确,山、水、林、田、湖、矿产、湿地、海洋、草地等自然资源的稀缺程度随着经济社会发展日益凸显。对此,亟待加快自然资源转化成自然资源资产的步伐。一方面，在坚持自然资源国家公有和集体所有的基础上，加快对自然资源所有权统一确权登记，明晰不同自然资源的所有权、使用权、经营权，划清中央与地方在自然资源的权责关系；另一方面，应充分利用市场机制，发挥市场在资源配置中的决定性作用，建立反映自然资源供需关系的价格形成机制，体现自然资源的价值及其稀缺程度，从而为自然资源资产化创造条件。

（二）自然资源资产要素化

自然资源资产要素化是自然资源资产转化为生产要素，即形成自然资源资本的过程，是开启自然资源资本化的第一步。自然资源资产作为自然资源存在的新形式，仅仅实现了自然资源的保值。而要实现自然资源的增值，需要对自然资源资产要素化，即将自然资源资产转化为自然资源资本。若要实现自然资源资产要素化，关键是对其价值进行评估。只有通过价值评估的自然资源资产，才有转化成自然资源资本的可能，资本才能通过市场实现其价值增值。在对自然资源资产进行评估时，不仅包含自然资源本身的存在价值，而且还包括基于人类劳动产生的价值。其中，存在价值是天然所有的，与是否附加人类劳动无关，是自然资源的固有价值所在；而基于人类劳动产生的价值是由于人类劳动作用于自然资源资产的结果，与自然资源开发的难易程度和人类劳动付出程度有关。只有将这两者的价值相加才是自然资源资产价值，才能真正反映自然资源资产的要素价值。

（三）自然资源要素产品化

自然资源要素产品化是指人类利用生态技术，通过劳动使自然资源资本要素作用于劳动对象，使劳动对象发生形态变化，生产出自然资源产品的过程，其实质是自然资源资本价值转化为自然资源产品价值的过程。在价值转化过程中，生态技术具有关键作用。自然资源资本如何通过形态的转变演化成自然资源产品，无论是外在的物理形态还是内在的理化形态的转变以及自然资源产品附值的高低，起决定作用的都是生态技术。可以说，生态技术的应用过程就是自然资源要素的价值转化过程，也就是自然资源产品形成的一般流程。对此，应通过技术研发创新，提升技术的生态化水平，提高自然资源的利用率和产出率，不断发现新的自然资源资本要素，结合其他生产要素，生产出资源消耗低、生态品位高、经济收益好的绿色生态产品，从而实现自然资源资源的价值增值。

（四）自然资源产品市场化

自然资源产品市场化是自然资源产品在市场作用下，通过竞争机制、价格机制实现产品有效交换与流通的过程，是自然资源实现资本化的最终环节。自然资源产品只有以市场为载体，通过市场化才能实现其最终价值。由于自然资源的独特性，自然资源产品市场化过程中必然不同于其他产品市场化，不仅受商品价值规律支配，而且还需要遵循生态规律。为此，在自然资源资本化市场流通的自然资源产品既具有商品的二重属性，也具有绿色生态环保的属性。这就决定了自然资源产品市场化既是经济行为，也是生态行为。自然资源产品通过市场以一定价格的形式出售，将产品的交换价值转化成经济价值和生态价值，实现市场交易。

第三节　自然资源资本化的市场交易方式与市场建设条件

在现代市场经济条件下，市场是指在一定时间和一定空间范围内市场主体之间的买卖关系及其意志行为。买卖关系既包括物物交易，也包括商品货币的交易，其意志行为包括商品买卖双方为建立交易关系而进行的各种活动，也就是商品交易者主观意志的外在表现。实施自然资源资本化，需要借助自然资源资本化市场的桥梁作用，在自然资源权属分离的基础上，以一定的方式设计、开发各种层次的自然资源资本产品体系，从而实现自然资源向自然资源资本的价值转化。

一、自然资源资本化的市场交易方式

按照自然资源资本化的形态及其资本产品的不同，自然资源资本化的市场交易方式可以分为自然资源实物交易资本化与自然资源权益交易资本化。自然资源实物交易资本化是一种“物”的自然资源实体资本化，不仅涉及自然资源产权的变更而且还有自然资源实物的交易，是自然资源资本化的低级形态，主要包含转让、租赁等形式。而自然资源权益交易资本化是一种“产权”的资本化，是一种高级形态的虚拟自然资源资本化，主要包含抵押、入股、证券化等形式。不管是自然资源实物交易资本化还是自然资源权益交易资本化，其本质都是自然资源产权的资本化，只是自然资源实物交易的资本化不仅涉及自然资源产权交易而且还有实物出让，而自然资源权益交易资本化则更多的是涉及自然资源产权的变更。

（一）自然资源实物交易资本化

1. 自然资源实物转让

自然资源实物转让是在不改变自然资源所有权和资源用途的基础上，自然资源所有者将自然资源实物及其权益一次性转给受让方，是自然资源产权主体之间自发的一种货币易物行为。由于是一次性的自然资源产权变更，自然资源产权变更的权利与义务最清晰、最直接，在自然资源转让方收到等值的资源货币价值时就会将自然资源产权主体变更为自然资源受让方，可以说自然资源实物转让是一种最彻底的资本化形式。在自然资源转让过程中，因为是自然资源产权主体自发的行为，多为私下交易，属于局部的市场交易，因此涉及的自然资源种类较少，发生的频率相对较小，自然资源转让价格与预期收益之间的差额成为影响转让是否能发生的关键因素。当转让自然资源价格与预期收益相近时,自然资源转让主体和自然资源受让主体才能达到利益博弈的均衡,自然资源转让才可能顺利进行。虽然自然资源转让方在转让过程中获得了一次性酬金,但往往因其认知的局限性,对自然资源市场预期判断会产生误差,可能使自然资源转让价格的心理预期与自然资源市场预期存在巨大偏差,致使低价转让给自然资源受让方,从而导致自然资源转让方利益受损。

2. 自然资源实物租赁

自然资源实物租赁是指在不改变资源自然属性的前提下,自然资源产权主体作为自然资源租赁方将一定期限的自然资源实物与自然资源经营权部分权能出租给承租方,承租方在租赁期限内获取承租自然资源的经营权与收益权,并向租赁方支付一定租金的行为。对于租赁方而言,只是出让了自然资源经营权部分权能,并未将自然资源经营权的所有权能都租赁给承租方,依然保留自然资源的部分处置权,而自然资源承租方仅拥有有限的处置权,当国家出于公共利益需要征收该项自然资源时,自然资源租赁方依然享有获取大部分征收款项的权利。自然资源租赁期满后,租赁方可以依法收回承租出去的自然资源经营权。对于自然资源承租方来说,自然资源实物租赁更加灵活,一来可有效规避对自然资源市场预期判断失误带来的风险,二来自然资源租赁费用的支付方式、具体金额是自然资源租赁双方根据自然资源资本化市场行情的变动进行协商,采取分期支付,进而缓解了自然资源承租方的资金压力,可以将更多的资金投入到自然资源开发利用中去。由此可见,自然资源实物租赁以租金量多少来分次确定自然资源经营权资本化流转价格,降低了自然资源资本化市场预期的风险,实现了自然资源经营权与自然资源资本化市场的有效衔接,保障了自然资源经营权的收益权能,这在一定程度上克服了自然资源实物转让的缺陷。

（二）自然资源权益交易市场化

1. 自然资源权益抵押

自然资源权益抵押作为一种创新的自然资源资本化形式，是适应自然资源资本化市场经济发展需要、加快将自然资源优势转变为资金优势、破除自然资源资本化过程中资金约束的有益探索。自然资源权益通过抵押后，金融机构以自然资源权益作为抵押物，成为自然资源使用权或经营权的法定控制者，而自然资源产权主体则获得了资金融资。自然资源产权主体融资后，将对应的资金投入到自然资源开发利用，进而激活了自然资源生产要素，盘活了自然资源资产，为自然资源资本增值创造了可能。虽然自然资源权益抵押具有缓解自然资源利用过程中的资金压力，但由于中国市场经济体制尚不完善，当前自然资源权益抵押多以国有矿产、国有土地、国有森林等全民所有的自然资源作为抵押物，而集体所有的自然资源无法抵押或只能在小范围内抵押，这在很大程度上制约了自然资源资本化的有效实现。对此，应改革自然资源利用制度，扩大资源有效抵押物的范围，赋予自然资源使用权和自然资源产权抵押贷款功能，促进自然资源产权的流转与交易，达到以自然资源产权换资本、换资金的目的。同时，还应建立政府扶持、多方参与、市场运作的自然资源权益抵押机制，积极推进自然资源物权资本化，实现自然资源权益的直接抵押融资。

2. 自然资源权益入股

自然资源权益入股是自然资源所有者将一定期限的自然资源使用权交于股份合作组织，获得一定量的股份，通过股份来参与分红而获取收益的自然资源资本化形式。其实质是将自然资源使用权及其衍生出来的部分收益权让渡作为条件，以占有权抽象为股权凭证，自然资源收益权益化为股份收益分红和剩余财产索取权，使法权形态的自然资源权利与自然资源实物形态分离。至此，自然资源使用权持有者便成为股东，获取了虚拟的自然资源资本股权，股份合作组织则取得“法人财产权”。自然资源权益入股后，自然资源产权所有者与自然资源的关系发生了变化，由对自然资源的占有变为股份所有，从而实现了从传统的自然资源实物形态占有转变为自然资源价值形态的占有。通过自然资源权益入股，拓宽了自然资源产权的收益功能，自然资源权益与自然资源收益至此对应起来，各项自然资源产权主体获得了相应的权属收入。同时，自然资源权益入股的实现，使自然资源按照自然资源资本化市场运行机制的作用带来自然资源资本的增殖利润，吸引社会资本参与股份合作经营资源，有效筹集社会闲散资金，缓解自然资源资本化市场主体投融资困难的境遇，提高其参与自然资源资本化的积极性。此外，通过自然资源权益入股，自然资源被分解为若干股份，促使各自然资源股份持有者共同分担自然资源资本化过程中的各种风险，有效化解自然资源资本化市场的风险。

3. 自然资源权益证券化

自然资源权益证券化是当前自然资源资本化的最高形式，是在其他资本化形式基础上的进一步创新。所谓自然资源权益证券化，就是先将自然资源使用权与经营权所获得的收益作为抵押品，然后由权益主体发行证券，并在证券市场出售证券获取收益的过程。自然资源通过证券化，一方面，自然资源权益被细化为虚拟的微小单位，成为可以量化、可变现、可交易的有价证券，从价值形态上将资源的权益确定下来，不仅提高了自然资源权益的虚拟化程度，而且使以信用为基础的有价证券对经济的杠杆作用得以显现，资本的流动性与配置效率得到有效提高。另一方面，资源证券在市场竞争机制下有了较为灵活、合理的市场价格，一定程度上提高了资源的需求弹性，能够更加合理地促进资源规模化经营与集约化利用。当然，自然资源权益证券化比其他资本化形式更加复杂，需要满足更加苛刻的条件与程序才能实现，现阶段我国还无法大规模实施。特别是在法律法规不健全、自然资源证券市场建设滞后、自然资源市场风险防范机制依然未建立的情况下，只能在一定区域进行小规模的试点示范，等条件成熟后再规模化推进。

二、自然资源资本化的市场建设条件

现代市场经济的内在要求决定自然资源必须转化为自然资产，进而转化为自然资源资本，只有这样才能实现自然资源有效配置与自然资源资本的保值与增值。但不是所有的自然资源会自发地转化为自然资源资本，只有在相应的条件下先转化成自然资源资产，进而转化为自然资源资本，才能实现自然资源的资本化运营。推进自然资源资本化，首先，需要人们从思想上否定当前自然资源利用的唯经济效益目标，认识到自然资源的资源经济价值，才会转变自然资源利用模式，发挥其在资本化过程中的主观能动性；其次，明晰的自然资源产权界定可将自然资源转化为自然资源资产，为自然资源资产产权流转与交易提供制度保障；再次，科学的价值评估将自然资源资产转化为自然资源资本，使自然资源从实物利用形态到价值利用形态转化成为可能；最后，通过自然资源市场建设使自然资源资本及其自然资源产品能够在相应的市场平台作用下实现自然资源资本化运营（见图 1-4）。实际上，自然资源资本化运营仅仅依靠其内部动力与市场平台是无法实现的，还需要强有力的政策支持。由此可见，自然资源资本化运营的实现过程就是人们认识自然资源绿色经济效益，对其进行产权界定、价值评估，开展对应自然资源市场建设并提供相应政策支持的过程。这也就依次构成了自然资源资本化运营的认知条件、前提条件、基础条件、实现条件和保障条件。各条件之间并不是孤立的，而是存在某种关联性。前一条件是后一条件的基础，后一条件是前一条件的演化与补充，只有在这些条件同时满足的情况下，自然资源资本化运营才能顺利实施而进行良性运营。

（一）认知条件：自然资源化的生态经济效益

人们对其赖以生存的自然资源的认识历来是随着经济社会发展而不断深化的。长期以来，人们普遍认为自然资源是无限的、无价的。工业革命后，经

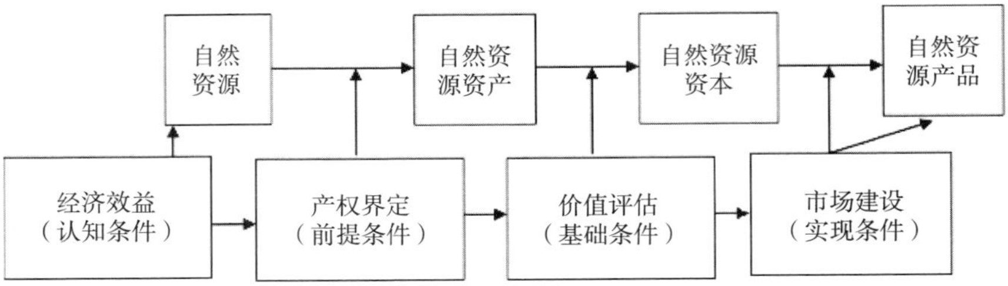

图 1-4　自然资源资本化的市场建设条件示意图

济社会得到高速发展，人们对自然资源及其产品的需求逐渐增加，一些不可再生与耗竭性的自然资源随之耗减，自然资源的稀缺性也随之凸显。自然资源的稀缺必然迫使人们对自然资源的价值进行重新思考。人们开始认识到自然资源不再无价而是有价的，是能够带来巨大经济效益的有用物。然而，随着经济社会进一步发展，人们肆无忌惮地对自然资源粗放式开发及其经济效益被无限制地扩大化，致使人类经济活动对生态环境的影响空前加剧，自然资源匮乏与生态环境污染同时显现，经济社会发展陷入资源制约与生态恶化的两难处境。于是，人们再次对自然资源利用模式进行反思，对自然资源价值予以重新认识。人们认识到在自然资源开发利用过程中，单纯地追求经济效益而忽视资源生态效益是不可持续的，亟待寻求一种既能实现经济效益又能兼顾生态效益的资源利用新模式。至此，经济效益不再是自然资源利用追求的唯一目标，取而代之的是生态经济效益。通过长期的实践探索，人们越发意识到开展自然资源资本化运营才是破解自然资源约束，兼顾生态经济效益的最佳选择。由此可见，人们对自然资源经历了“无价—有价（经济效益）—生态经济效益”的认识过程，其实质是不断提高自然资源利用效率，实现资源保值增值与永续利用的过程。人们对自然资源价值认识的提升不仅为自然资源从“资源”利用形态到“资本”利用形态转化变成可能，而且也使自然资源从“实物形态”向“价值形态”再向“资本形态”转化成为可能，这也为开启自然资源资本化运营提供了坚实的条件。

（二）前提条件:自然资源资本化的产权界定

产权作为市场平等交易的法权,激励并约束着产权主体的行为,影响着资源的配置效率,在自然资源资本化运营过程中起到举足轻重的作用。在产权权属模糊的情况下,自然资源配置效率低下,自然资源分配过程中寻租不能得到遏止,企业为完成自然资源市场交易所要付出的交易费用巨大,经济成本上升,企业对自然资源开发利用的积极性下降。而在产权界定明晰的条件下,可使大量的外部性经济活动实现内部化,自然资源供给与需求实现均衡,自然资源得到优化配置,企业对开发利用自然资源具有较强的欲望。通过产权界定,自然资源才能得以盘活,对应产权才会顺畅流转,权能才可能发挥出来,自然资源才能转化为资产,自然资源资产才有可能实现保值,其存量非减性才能实现,从而为其转化为自然资源资本奠定基础。由此可见,只有自然资源产权界定明晰,自然资源资本化运营才有可能顺利实施。因此,构建一套符合自然资源市场经济要求、利益边界明晰的自然资源产权体系就显得十分必要了。对此,亟待通过自然资源产权界定来实现自然资源物权属性,加快自然资源产权流转,破解自然资源稀缺性难题,提高自然资源的利用效率,从而为自然资源资本化顺利实施创造有利的前提条件。

（三）基础条件:自然资源资本化的价值评估

虽然自然资源通过产权界定后转化为自然资源资产,为开启自然资源资本化提供了可能。但是自然资源资产仅仅是一种固化的产权实物形态,价值还没有量化,还需要转化为具有明确价值构成的自然资源资本,以良性运营的自然资源资本价值形态方式才能实现资本化。自然资源资产要转化为自然资源资本,关键是对自然资源资产价值进行评估。然而,自然资源资产具有一定的动态性,不同类型的自然资源资产价值成分及其比重存在差异,其价值又呈现多样性。对此,对自然资源资产价值评估时,需要全面考虑其价值组成,综合评估其价值。首先,应明晰自然资源资产的价值构成。自然资源资产价值不仅包含本身的存在价值,而且还包括人类对自然资源资产进行开发利用所付出的劳动价值及其生态服务价值。其次,要理顺自然资源资产各价值之间的关系。存在价值、劳动价值是自然资源资产使用价值的直接体现,存在价值是劳动价值的基础,只有自然资源资产具有存在价值,人们才有对其进行开发利用的欲望。生态服务价值是自然资源资产使用价值的间接表现形式,是对存在价值与劳动价值的补充。再次,科学设定自然资源资产各价值的权重。根据各项价值之间的关系及其产生效用的大小,科学衡量各价值的比重,确定各价值的权重。最后,准确评估自然资源资产的价值。在自然资源资产成本定价的基础上,依据自然资源的稀缺性与地租估算存在价值,根据自然资源的开发难易程度与劳动投入强度计量劳动价值,根据生态补偿费用权衡生态服务价值,将各项价值加总就是自然资源资产的总价值。自然资源资产的价值得到最终量化后,自然资源资产就可以顺利转化为自然资源资本,开始了自然资源资本运营与价值增值的过程。可见,只有准确地理清自然资源资产的价值构成成分,理顺各价值之间的关系及权重,才能精准评估自然资源资产的价值,从而为推进自然资源资本化运营奠定基础。

(四) 实现条件:自然资源资本化的市场培育

要实现自然资源的最大限度增值,就必须通过市场交易,让自然资源资产的价值脱离实物载体束缚,并且能为无数的投资者所拥有,促使自然资源资本自由地向自然资源资本报酬率高的方向流动。当然,在这过程中就需要配套一系列的自然资源资本化交易制度,通过规范各种交易行为,才能保证每一个进入自然资源资本化市场的主体进行公平竞争、合法交易。因此,市场是实现自然资源资本化的载体,而健全的自然资源资本化市场交易体系和交易制度是实现资本化的先决条件。但是我国目前的自然资源资本化市场体系还不完善,需要在现有的体制下进行大胆创新,促进自然资源资本化的有效运营。在自然资源资本化运营过程中，不管自然资源形态如何变化，价值怎样转化，其最终目标都是为了实现自然资源资本的增值。自然资源通过产权界定、价值评估后以自然资源资本的形态存在，自然资源资本作为具有增值潜能的资本形态，能否实现增值以及在多大程度上有效增值，并不是由自然资源资本的自然属性决定，而是由自然资源资本的市场属性决定。具体来说，自然资源资本作为一种自然资源使用个体或者群体的生产要素，在逐利性支配下，必然会投入到一定经济生产活动中去，通过和其他生产要素有机结合生产出特定自然资源产品，然后通过自然资源产品在自然资源资本化市场上以交换价值即价格形式实现其资本化价值。而在这一过程中，自然资源资本化市场发挥了不可或缺的作用，是自然资源资本化价值得以实现的重要载体。对此，在自然资源资本化运营过程中，需要通过自然资源资本化市场交易才能实现各种价值向资本化价值的转化，最终形成货币价值。因此，必须借助于市场，尤其是自然资源资本化资本市场的功能，并与其他资本相结合，才能使自然资源资本的流动、扩张不受时间和空间制约，最大限度地扩大对应资本市场容量，从而提高自然资源资本的增值率。但现有的自然资源资本化市场特别是自然资源资本市场还不健全，存在市场规则陈旧、市场主体缺失、市场结构单一、场外市场发育缓慢等种种弊端，自然资源资本化过程又涉及自然资源产权市场、自然资源要素市场、自然资源资本市场与自然资源产品市场等诸多市场，各市场分割严重，致使在自然资源资本增值过程中，自然资源资本化市场功能未能有效显现，从而制约着自然资源资本化运营。可见，加快相应的自然资源资本化市场建设，优化自然资源资本化市场平台，才能确保自然资源资本实现有效增值。通过构建规则规范、交易透明、运作顺畅的自然资源资本化市场体系，充分发挥自然资源资本化市场在资源配置中的决定性作用，为实现自然资源资本化运营创造条件。

第二章　自然资源资本化市场建设的政策需求调查分析

自然资源资本化市场是自然资源资本化价值实现的载体。要科学合理建设自然资源资本化市场,前提是要了解自然资源资本化市场供需主体对现有自然资源资本化市场建设的认知以及支持政策的制定要求。本章内容首先通过识别自然资源资本化市场建设的政策需求调查对象,将自然资源资本化市场主体分为供给主体和需求主体,进而分别对自然资源资本化市场供给主体和自然资源资本化市场需求主体的政策需求开展了调查分析,力求了解自然资源资本化市场各个不同主体对政策制定的愿望及要求。

第一节　自然资源资本化市场建设的政策需求调查设计

开展自然资源资本化市场建设的政策需求调查,第一步便是要精准识别我国自然资源资本化的市场供需主体,这也是自然资源资本化市场建设政策需求的调查对象。

一、自然资源资本化市场建设的政策需求调查对象识别

在我国自然资源资本化市场建设过程中,市场主体的格局在一定程度上

能够反映我国自然资源资本化市场的性质。鉴于市场良性运营取决于供给和需求两方市场主体，本书将自然资源资本化市场主体划分为供给主体和需求主体两个大类。

（一）自然资源资本化市场供给主体识别

根据《中华人民共和国宪法》第九条规定，“矿藏、水流、森林、山岭、草原、荒地、滩涂等自然资源，都属于国家所有，即全民所有；由法律规定属于集体所有的森林和山岭、草原、荒地、滩涂除外”①，即自然资源的所有权归属国家和集体。在实践过程中，仅仅规定自然资源产权国有与集体所有是远远不够的，国有产权和集体产权存在产权不明晰的问题，会造成自然资源无序开发和浪费、生态环境恶化。为了更有效率地管理自然资源，有必要把所有权和使用权相分离，即把自然资源中具有可交易性的那部分作为自然资源资产进行产权管理、分配、交易，并通过市场机制实现自然资源的集约利用。② 我国自然资源资本化市场供给主体分类如表 2-1 所示。

表 2-1　自然资源资本化市场供给主体分类表

分类	描述	解释
自然资源所有权供给主体	政府和集体组织	矿藏、水流、森林、山岭、草原、荒地、滩涂等自然资源，都属于国家所有，即全民所有；由法律规定属于集体所有的森林和山岭、草原、荒地、滩涂除外
自然资源使用权供给主体	拥有产权的个人或者企业	我国实行的是自然资源资产所有权与使用权分离，使用权交易是我国自然资源供给的主要内容

① 邓锋：《自然资源分类及经济特征研究》，博士学位论文，中国地质大学（北京）地质学系，2019 年，第 90—93 页。

② 王立彬：《深入理解自然资源资产“归谁所有、为谁所用”》，《中国自然资源报》2019 年 4 月 16 日。

1. 自然资源所有权主体识别

在我国,政府和集体经济组织是自然资源所有权的当然主体,这是由自然资源资本属性与政府及集体经济组织职责共同决定的。在自然资源资本化过程中,政府和集体经济组织作为供给主体的作用不同于其他供给主体,政府还承担了自然资源开发利用、市场交易等方面的宏观管理角色。政府和集体经济组织显得更为重要,主要是因为自然生态系统是经济社会发展的基础,这种基础地位和作用决定了自然资源资本化市场建设的极端重要性,由此决定了政府在自然资源资本化中居于主导地位,起着不可替代的作用,其主要职责是进行战略规划、政策保障、绿色管理、基础设施建设与自然资源资本化市场培育等。

2. 自然资源使用权主体识别

自然资源使用权主体范围非常广泛。2019 年中共中央办公厅、国务院办公厅发布了《关于统筹推进自然资源资产产权制度改革的指导意见》,更进一步明确了自然资源产权制度的发展方向和目标。① 在矿产资源开发利用方面,探索研究油气探采合一权利制度,加强探矿权、采矿权授予与相关规划的衔接;在海洋资源开发利用方面,探索海域使用权立体分层设权,加快完善海域使用权出让、转让、抵押、出租、作价出资(入股)等权能,构建无居民海岛海洋资源产权体系,试点探索无居民海岛海洋资源使用权转让、出租等权能;完善海域水域滩涂养殖权利体系,理顺水域滩涂养殖的权利与海域使用权、海域土地承包经营权之间的关系。② 在农村土地资源的科学合理利用方面,农村耕地的所有权、承包权、经营权实行"三权分置",具有土地承包权的农民就成为土地资源转让交易的供给主体,而矿产资源使用权供给主体是矿业企业;海

① 王立彬:《为谁所有、归谁使用——自然资源资产产权制度改革要点解读》,《国土资源》2019 年第 4 期。

② 焦思颖:《深化改革为生态文明建设夯实基础性制度——自然资源部综合司负责人解读〈关于统筹推进自然资源资产产权制度改革的指导意见〉》,《国土资源》2019 年第 4 期。

岛使用权供给主体是购买海岛产权的个人或者企业；海域滩涂养殖权供给主体属于渔民或从事养殖的个体户和企业等。①

（二）自然资源资本化市场需求主体

自然资源资本化市场需求主体非常广泛，本书将自然资源资本化市场需求主体划分为自然资源生产要素需求主体和自然资源产品需求主体。我国自然资源资本化市场需求主体分类如表 2-2 所示。

表 2-2　自然资源资本化市场需求主体分类表

分类	描述	解释
自然资源生产要素需求主体	自然资源生产企业	企业是自然资源生产要素需求主体，能基本代表本群体的利益；数据的可获得性高
自然资源产品需求主体	消费者	自然资源产品需求主体

1. 自然资源生产要素需求主体

自然资源生产要素需求主体是指将自然资源作为生产要素投入到生产过程的需求，这一类需求主体主要指的是资源类生产企业，如钢铁企业对煤炭和矿石的需求，石油类企业需要购买原油加工成成品后转售给消费者，农业企业需要土地资源种植农产品等。在规范的市场经济条件下，自然资源生产要素需求主体以各类经营过程中需要自然资源生产要素的企业为主。这类企业往往具有多样性，如股份公司、有限责任公司、合伙企业等，在自由竞争市场上能有效进行各类交易活动，包括在自然资源市场上有效交易自然资源经营权。在自然资源资本化市场建设过程中，作为市场主体和法人实体的自然资源生产要素企业，既是自然资源资本生息和价值创造的场所，又是自然资源资本集结的载体。

① 《关于统筹推进自然资源资产产权制度改革的指导意见》，《中华人民共和国国务院公报》2019 年第 12 期。

2. 自然资源产品要素需求主体

自然资源产品要素的需求主体是自然资源资本化市场建设的微观主体。自然资源资本化市场是把自然资源转化为一种现实自然资源资本来进行运营，直观地让自然资源产品要素需求主体意识到自然资源（或生态环境资源）所转化成的自然资源资本具有一般资本的属性，明确了自然资源对现代经济社会发展的基础性支撑作用，从而促进对自然资源的科学管理与合理利用，自然资源产品要素需求主体在保护生态环境、节约自然资源过程中起着重要作用，广大自然资源产品要素需求主体的参与是自然资源资本化的重要基础和中坚力量。同时，自然资源产品要素需求主体的主动参与也是自然资源资本化市场建设的强大动力。促进自然资源资本保值增值的理性选择，是实现自然资源资本化良性运营的结果，从根本上来说，自然资源产品要素需求主体作为自然资源产品需求主体既是良好的自然资源环境的直接受益者，也对政府和相关部门具有根本性的监督作用。

二、自然资源资本化市场建设政策需求的调查区域与数据概况

（一）调查区域选取

结合上文自然资源资本化市场建设的政策需求调查对象识别，研究团队在 2019 年[①] 7—9 月从湖北和浙江各抽取 4 个样本县（区），从山西、贵州、广西、福建、重庆 5 省（市）各抽取 3 个样本县（区），每个样本县（区）各抽取 5 个样本乡镇（街道），每个样本乡镇（街道）选取 2 个样本村（社区），以省、县（区）、乡镇（街道）、村（社区）为单位逐级发放问卷。

（二）地方政府部门调查数据概况

在地方政府部门，研究团队采取面对面访谈的形式，每县（区）、乡镇（街

① 因受到新冠肺炎疫情影响，研究团队未进行 2020 年以后的追踪调查。

道）、村（社区）的问卷发放数控制在3份以内，以保证数据的多样性。我国现行的自然资源政策体系非常繁多、复杂，从宏观政策导向看自然资源的相关支持政策主要包括产权政策、财税与金融支持政策、生态补偿政策、价格政策、自然资源利用技术支持政策、自然资源保护政策、自然资源监管政策等。研究团队在正式调研之前，进行了多次试调研，从种类繁多、内容复杂的自然资源支持政策制度中，筛选出政府部门最关心的自然资源相关支持政策，分别是自然资源产权、自然资源财税与金融支持、自然资源补偿以及自然资源价格改革等政策。但由于自然资源涵盖内容非常宽泛，而调研是基于微观的视角，所以必须选定某一具体对象作为微观调研的研究目的。基于上述原因，研究团队在针对自然资源所有权主体——政府的调研过程中，选取了具体的土地流转、矿业权转让、天然林补偿、农业绿色发展财政支持等具体对象作为自然资源资本化市场调研的基础案例。问卷分为多个板块，包括被调查者的基本信息，被调查者的现实状况，对支持政策的需求等，经过多次演练，地方政府部门的调研问卷完成时间为10分钟左右。在县（区）级及以上政府官员的调查中，进行访谈的总计为48人次。在乡镇（街道）级干部的调查中，进行访谈的总计为231人次，对村（社区）级层面的调查中，进行访谈的总计为462人次。地方政府部门总计访谈741人次。

（三）企业调查数据概况

企业层面，是以县（区）为单位，随机选取了80家资源型生产经营企业进行调研。调研的资源生产型企业的自然资源需求类型涵盖山、水、林、田、湖、矿产等自然资源。总共获得问卷80份，全部为有效问卷。从企业的经济类型来看，参与问卷调查的企业类型占比分别为上市公司14.26%、国有企业17.34%、民营企业63.89%、外商及中外合资企业4.51%。分布于6个行业，其中比重最高的是农产品生产企业占28.75%，其次是化学原料及化学制品制造企业占15%、金属冶炼及压延加工企业占13.75%、煤炭开采企业占

17.5%、林业企业占11.25%、水产品企业占13.75%。

在企业规模上,1000人以上的有4家,500—1000人的有12家,100—500人的有24家,50—100人的有28家,50人以下的有12家。从企业资产来看,调研样本年产值超过1亿元的企业有9家,年产值5000万元—1亿元的企业占24家,年产值在100万—1000万元的企业有25家,年产值在100万元以下的有22家。从企业的生产经营服务内容来看,主要有48家农业企业从事产加销一体化服务,4家从事生产服务为主,4家从事运销服务为主,12家从事加工服务为主,4家以科技信息服务为主。从企业的组建形式来看,有4家国有企业是政府相关部门领办,20家企业是能人和大户领办,20家企业是村集体经济组织领办,32家企业是个人创建的。从企业的发展规模来看,所调研的80家企业资产从成立初期至今都呈现了很大程度的增加,说明国内自然资源发展经营的市场环境比较好。由此可见,从被调查企业的规模、类型、行业、产值等数据来看,其调查结果对本书主体而言具有较强的典型性和代表性。

(四)居民调查数据概况

居民层面的自然资源产权人和消费者,同样是以县、乡(镇)为单位随机发放问卷。调研的自然资源产权人资产类型涵盖山、水、林、田、湖、矿产等自然资源。为了确保调查结果的有效性以及考虑到受访人对问卷的熟悉程度,在本次调研活动中主要采取的是一对一的问答式选择问题,问卷是由调查人员根据受访人的回答协助填写。总共获得问卷3352份,其中有效问卷3346份,有效率为98.23%。本次调查的所有问卷经检验后均显示无显著性误差,故认为此次调查结果整体有效。

从受访人性别结构来看,男性有2079人,占总数的70.54%;女性有1267人,占总数的29.46%。从年龄结构来看,40岁以下的有1298人,占总数的38.79%;41岁到60岁期间的有1879人,占总数的56.16%;大于60岁的有169人,占总数的5.05%。从学历程度来看,大部分居民的文化程度集中在初中和高中或者大专，占总数的59.73%，说明此次调查对象总体具有一定的文化水平，能够较好地回答问卷上的问题。

第二节　自然资源资本化市场供给主体的政策需求调查分析

一、自然资源所有权主体的政策需求分析

自然资源资本化市场供给主体中最重要的来源是自然资源所有权主体的供给。自然资源所有权主体范围非常狭窄，根据我国宪法规定，自然资源所有权主体是政府和集体。

（一）自然资源所有权主体对自然资源资本化的认知度

在认知度方面，自然资源资本化的核心是自然资源资本有价，而后通过自然资源资本转化并获取经济效益，因此在认知方面我们选择了环境和经济的权衡问题，即“保护环境重要还是发展经济重要?”根据调查可知，20.51%的地方官员认为保护生态环境更重要，27.26%的政府官员认为发展经济更重要，52.23%的地方官员认为两者都很重要。同时，不同级别的政府官员和干部，对待此问题的观点也不大一致，持经济优先这一观点的受访人普遍来自于经济相对来讲贫穷落后的地区，因此对经济发展的认同度更高一些。大部分地方政府官员还是意识到了保护环境的重要性，其中约过半数的地方政府官员认为保护自然资源并不意味着要付出经济发展的代价，二者可以齐头并进。

基于上面的回答研究团队进行了更深入的询问，有86.77%的地方官员认同优质的自然资源能够带来一定的经济收益，10.39%的地方官员干部不赞同这种观点，而有2.83%的地方官员干部表示对此不太了解。由此可见，大部分地方官员对自然资源资本化有一定的认知。在此基础上，研究团队再进

一步提问“您是否认同‘保护自然资源应该获得经济补偿’这样的观点”。81.24%的地方政府官员都认同这一观点,既然自然资源是财富,那么保护自然资源应当得到补偿;11.74%的地方政府官员不认同这一观点,大多数官员认为保护自然资源环境是应该的,不认同补偿,觉得会给政府带来非常大的财政压力,且实际操作层面比较困难;7.02%的地方政府官员表示不清楚、不了解。

(二) 地方政府对自然资源资本化市场建设的认知

对于自然资源资本化市场交易,研究团队主要从自然资源市场交易信息的流通、市场交易的平台、交易的便利性以及交易的获利性等方面来进行调查。从自然资源市场交易信息来看,所调研的样本区域均有自然资源交易的案例。从市场交易信息流通的途径来讲,如果有企业或者个人对自然资源有交易意向,大部分政府会统一宣传,然后组织自然资源产权人商谈。因此,一般以政府机构传播为主,这个比例占到了70.59%以上,同时也有一部分自然资源交易是由朋友介绍的,一般以承包小田地,碎片化经营为主,比如经营农家乐等,这项比例占到了11.76%。还有一部分是企业上门宣传,占到了5.88%,这部分比例比较小的原因是,一般企业还是会考虑直接去地方政府商谈交易问题,政府公信力比较强,对于企业上门的情况,自然资源产权人还是会持谨慎态度(见图2-1)。

从自然资源交易平台来看,一般各省市都有专门的自然资源交易平台。比如我国两级矿业权有形市场由31个省级矿业权交易机构和265个地级市州矿业权交易机构构成。整体自然资源交易市场的构建相对来说比较齐全。从调研结果来看,54.93%的地方官员认为交易便利,45.07%的地方官员认为交易还存在一些障碍,主要是自然资源产权人对流程并不清楚,自然资源产权人不太擅长纸质材料的书写,所以感觉交易的过程比较繁琐。从交易的获利性来讲,自然资源产权人一般能通过自然资源的市场化交易获得一定收益。

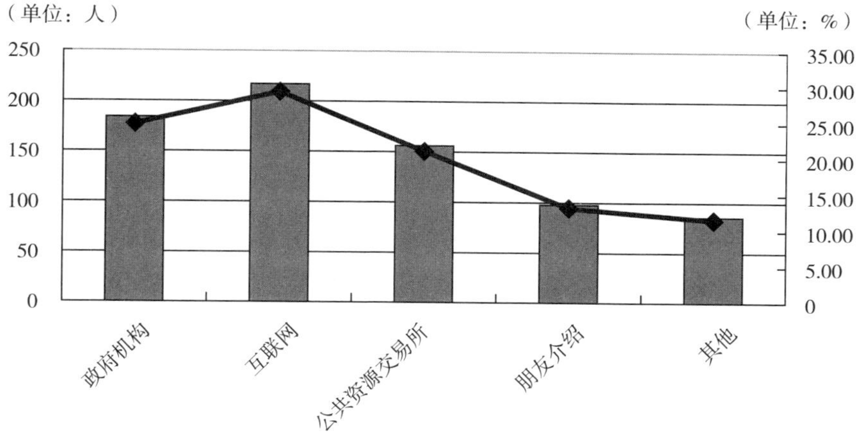

图 2-1　地方政府对自然资源交易需求信息途径的了解

但是有 30.09%的地方官员认为,本地自然资源产权人对收益并不满意,整体收益水平偏低,自然资源交易价格不合理;有 69.91%的地方官员认为,本地自然资源产权人对收益比较满意,自然资源交易价格能够反映其真实价值。

以土地资源流转为例,对土地资源流转政策的认同度在所调研的自然资源形态中相对来讲比较高。被调研的政府官员认为土地资源流转政策相对比较满意的占 44.80%,认为非常满意的占 25.33%,而不满意的比率为 29.82%。但通过调研发现,土地资源流转特别是农村土地流转过程中存在很多问题,部分政府基层官员对土地流转新政策和精神并不是十分了解,所以在执行当中经常存在误差。在土地流转过程中存在土地承包经营权流转后改变了土地所有权性质的情况,存在城市居民占用农民集体土地建住宅的情况。同时,从土地流转政策本身来说,存在土地流转信息缺乏、土地政策宣传不够、土地流转市场尚未建立、土地流转的监管不力、土地流转合同缺乏规范性等问题。

在此基础上,进一步询问土地资源交易的影响因素有哪些,地方官员认为,最重要的因素肯定是流转收益,占比达 63.02%;14.57%的地方政府官员认为土地流转的可靠性(法律保障)很重要,因为土地资源交易纠纷往往就是前期交易过程的不规范性导致的;13.23%的地方政府官员认为土地流转的便利性非常重要,很多土地使用权人,特别是农业土地使用权人的受教育程度相对来讲比较低,9.18%的地方政府官员认为土地流转的对象很重要。

那么,土地资源流转过程中如何增加土地收益呢?有哪些增加土地收益的途径?51.01%的地方政府官员提出了要实现土地使用权的出售和自由买卖,土地资源的市场化是增加土地收益最重要的措施;14.71%的地方政府官员认为通过政策扶持增加对土地的投入(生产资料、科学技术、劳动力等)来增加土地收益;26.72%的地方政府官员认为土地集中规模化经营是增加土地收益的重要途径;7.56%的地方政府官员提出了其他途径,如将土地产量折算成股份,交给村镇企业经营,个人按股利分红,股利可买卖,或者将土地参股的同时,在村镇企业工作,发展生产加工一条龙,获得红利和工资,或者仍实行家庭责任承包制,国家负责农民的社会保障等。

不同的自然资源在流转过程中面临的问题是不同的。对矿产资源来说,矿业权的转让不同于土地资源流转。矿业权流转更为复杂,政策制定和实施难度更大。从对现有的矿业权转让制度的认知来看,17.27%的政府官员认为矿业权转让制度符合矿产资源有效利用和保护的要求,36.84%的政府官员认为矿业权转让制度符合社会主义市场经济的要求,14.04%的政府官员认为矿业权转让制度符合依法行政、便民高效的要求,23.08%的地方政府官员认为矿业权转让制度符合维护矿业权人利益的要求(见图2-2)。

矿业权交易对矿业权市场建设提出了非常高的要求。从调研结果看,有56.78%的地方尚未实现矿业权有形市场的建设。这说明矿业权转让制度在具体实施过程中存在很多困难。通过进一步询问发现,21.05%的被调查对象认为矿业权转让制度没有得到有效实施的原因是矿业权转让制度设计不合理,不好操作,17.68%的地方政府官员认为矿业权转让制度没有得到有效实施的原因是矿业权转让尚未通过有效的实践需求,46.69%的政府官员认为

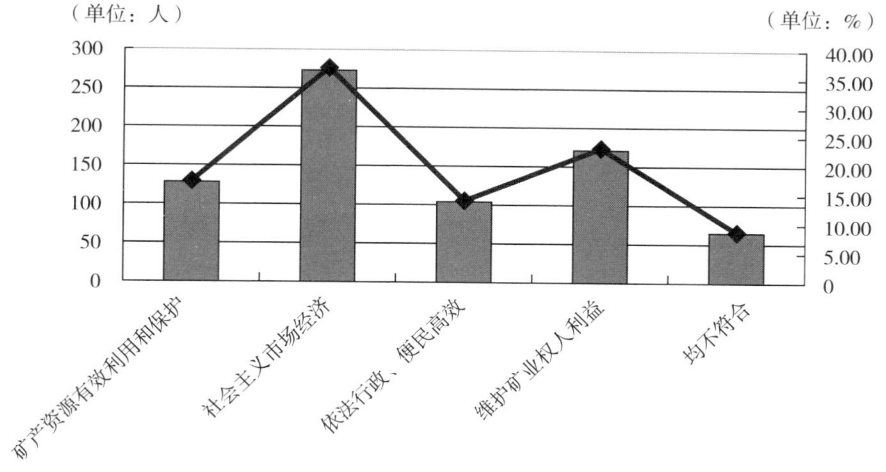

图 2-2　地方政府对矿业权转让制度的认知

矿业权转让制度没有得到有效实施的原因是各方对矿业权转让认识不统一，13.09%的政府官员认为矿业权转让制度法律宣传不够，当事人不了解（见图 2-3）。

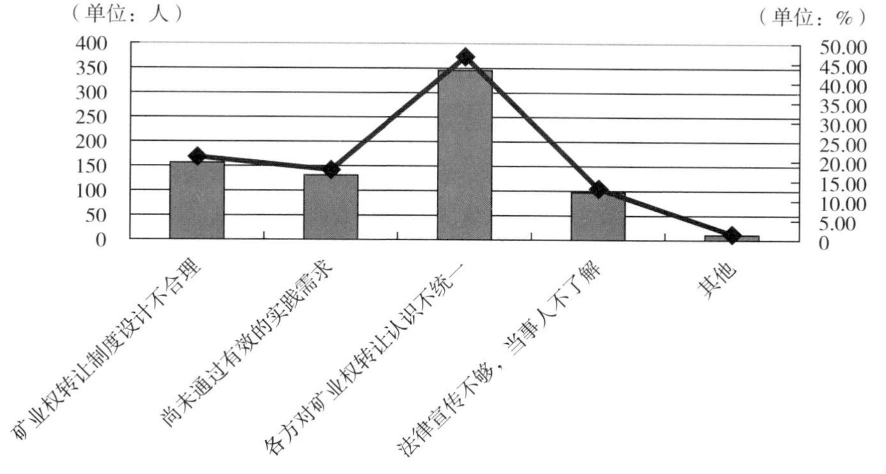

图 2-3　地方政府对矿业权交易问题的评价

（三）地方政府对自然资源资本化市场建设支持政策的需求

对自然资源资本化市场建设支持政策需求方面，研究团队调研时从生态补贴、金融政策支持、财税政策支持和产权政策四个方面来询问。每个省份对自然资源的财政补贴力度都不一样，以天然林为例，浙江省对天然公益林方面的保护很重视，国家对生态公益林的补贴标准是28元/亩，而浙江省2015年就已增加到32元/亩，到2017年更是上涨到40元/亩。而贵州省的天然林补贴规定，权属为集体和个人的国家级公益林的，中央财政森林生态效益的补偿标准为每年每亩33元，比原来提高5元；权属为国有的国家级公益林仍为每年每亩28元。因此，不同的省份对生态补偿政策的满意度差别非常大，总体来说经济良好的省份，生态补贴政策比较完善，补贴额度较高，满意度比较高。但是经济水平较低的省份，生态补贴仅靠国家财政支持，补贴金额非常有限，满意度较低。

就财政补贴而言，以绿色农产品投入补贴为例，从2015年开始，在浙江省部分乡（镇）、村已经开始实施惠农卡政策。即给予参与绿色农产品生产的个人一张银行卡，利用此银行卡到指定的店铺购买绿色农业投入品就会获得一定折扣，以此来吸引农业自然资源产权人购买对环境破坏较小的农业投入品。对此项政策，有35.63%的地方官员对政策很满意；42.11%的地方官员对政策实施评价一般，认为必要性不大；22.27%的地方官员不满意，认为想法很好但并不一定能获得良好的效果，觉得对企业的补贴范围过窄，补贴金额较少，无法激发企业的积极性，对财税政策最终的效果持怀疑态度。

就生态产业补贴政策方面，经济条件比较富裕和生态状况比较好的省份政府的补贴投入较大。以生态旅游为例，非常满意此项扶持政策的地方官员占比18.89%；63.02%的地方官员认为这项政策实施得很好，比较满意；18.08%的地方官员认为这项政策还有很多不足之处，执行情况并不理想且不太满意。

对于金融类支持政策方面，从投资比例和资金支持的角度来说，依然还是以政府投资为主，区域金融类支持为辅，尤其是涉及企业资金进入还是非常慎重的。24.43%的地方官员认为区域金融政策实施不好，支持力度不大；17.81%的地方官员认为区域金融政策对辖区没有影响。通过进一步了解地方政府对财政金融政策支持方面的需求，并对他们的回答进行梳理和总结发现，有33.47%的地方官员希望能够加大财政支持力度以更好地保护管辖区域内的生态环境。有66.53%的地方官员认为财政支持力度有限，希望可以吸引更多的社会关注，拓宽资金来源渠道，其中14.30%地方官员提出了民间借贷方式可以减缓资金压力，降低财政风险；26.18%的地方官员倾向于银行贷款，但是银行贷款存在很大困难；11.61%的地方官员提出可以考虑政企共同投资这种方式，一方面可以减轻财政压力，另一方面可以引入更加专业化、更加高效的企业管理模式，但是同时要注意政府监督，毕竟自然资源是国有资产；7.69%的地方官员提出了利用资本市场进行融资，但是由于我国自然资源资本化市场并不完善，所以认为政府要考虑对自然资源资本化市场进行建设；还有6.75%的地方官员提出了其他的政策支持建议（见图2-4）。

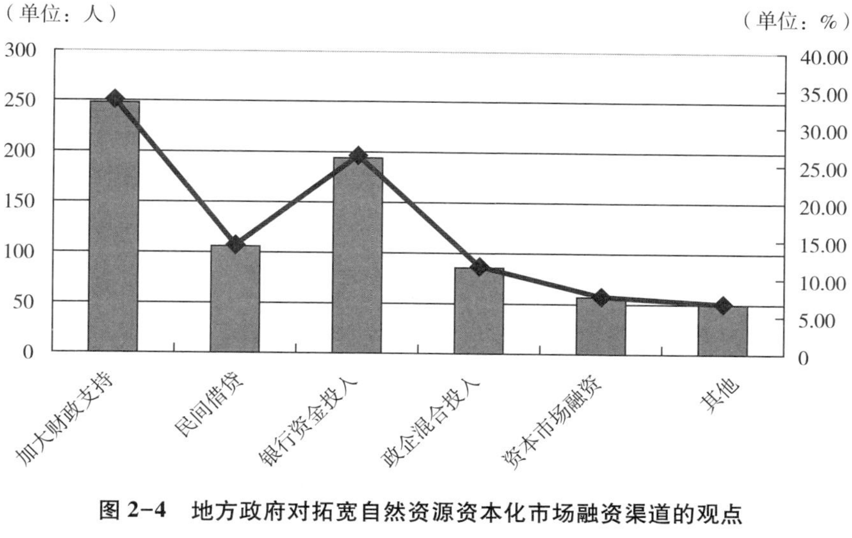

图2-4　地方政府对拓宽自然资源资本化市场融资渠道的观点

从自然资源产权政策的需求调查中,研究团队发现产权纠纷在自然资源产权交易过程中是非常常见的。这很大程度上与政策设计相关,自然资源资产底数不清,产权主体不明晰,所有者不到位,权责不明确,权益很难落实,再加上自然资源产权监管保护制度不健全,所以导致产权纠纷多发,自然资源保护不足,自然资源开发和利用过程中常常使用粗放型的开发方式,导致生态严重退化。以土地自然资源产权流转政策为例,研究团队进行了大量的调研工作。在调研中发现,很多地方官员对土地产权流转政策某些具体内容存在比较模糊的认识,18. 92%的政府官员对土地流转政策的具体内容不太了解,41. 03%的政府官员表示比较了解土地产权流转政策,40. 05%政府官员表示非常了解土地产权流转政策。

从土地产权流转的程序上说,土地产权流转还存在很多不规范的地方。比如有25. 74%的土地产权人直接通过口头协议将土地转包给其他人,这种情况在农村地区非常常见。因为没有书面协议,很多土地产权人直接中断合同,并不承认之前的约定,这也是导致农村地区土地流转纠纷的主要因素。从土地流转的途径来说,一般情况下需要乡村组织协调或者帮助,或者经过农村专业化经济合作组织,但也有相当一部分土地产权人自发组织产权流转。这跟上一个调研问题直接相关,主要是程序不规范的问题。从土地流转的形式来说则比较多样化,其中以转让为主(占比37. 36%),其次是转包占28. 71%,再次是互换占11. 34%,代耕占比10. 92%,还有11. 67%是其他土地流转形式。

除了上述提到的生态补贴、金融政策支持、财税政策支持和产权政策之外,在对地方官员的调研中发现,监督机制也是应该引起重视的一个重要问题。如在对矿业权转让的政策需求方面,不少政府官员认为矿业权转让监管存在很大难度,17. 14%的政府官员认为矿业权非法转让隐蔽性强而难以监管,13. 09%的政府官员认为矿业权人弄虚作假让矿业产区转让难以监管,15. 79%的政府官员认为矿业权审批机关与监管机关不一致导致监管困难,

14.04%的政府官员认为矿业权转让不好认定导致监管界限并不清晰，12.28%的政府官员认为矿业权非法转让法律责任不明确，法律保障机制的缺失导致监管困难，21.23%的政府官员认为矿业权监管人员配备不足也是监管困难的原因之一。

那么，矿业权转让制度需要从哪些方面完善呢？从调研结果来看，10.53%的政府官员提出进一步细化操作程序和规则，增强可操作性，16.06%的政府官员提出进一步加强权益补偿机制建设，13.23%的政府官员认为应进一步加大监督力度，从严查处非法转让矿业权的行为，50.61%的政府官员认为要加强矿业权有形市场建设，规范矿业权交易行为。从调研中可以看出，政府官员对矿业权的市场化期待比较高。

通过对地方政府的需求调查发现，大部分官员都认同自然资源资本化发展模式，认为这是一个环境和经济双赢的方式。对于财政在支持绿色产业发展的相关政策方面，大部分官员都是持满意态度。而在基层官员对财政支持的新需求方面，以自然资源资本化为前提，主要是环境和经济协调发展方面的新需求：一是对生态环境的整治。自然资源资本化在保护环境的基础上实现了自然资源资本的保值和增值，地方政府希望财政能够更好地推动自然资源资本化对环境的保护和管理。二是吸引社会资本。仅凭财政的支持是难以达到目的的，想要获得更好的生态经济效益，实现自然资源资本化的进一步发展，还需依靠财政政策吸引社会的目光，吸引更多的社会资金流入自然资源资本化市场建设中来。

二、自然资源使用权主体的政策需求分析

（一）受访自然资源产权人对自然资源资本的认知

自然资源产权人对自然资源资本的认知是一个较为抽象的观念，单纯地询问自然资源产权人是否了解自然资源资本无法得出有效的结果。因此，在

对自然资源产权人自然资源资本认知这一因变量的测量中，问卷设计了 4 个细分的问题来描述自然资源资本，如果自然资源产权人对 3 个及以上问题全部给予积极正向的回答，就可以确定该自然资源产权人对自然资源资本有很好的认知；如果只是对其中两个问题有一定的了解，表明该自然资源产权人比较了解自然资源资本；如果只能回答 1 个或 1 个以下，说明自然资源产权人对自然资源资本处于不太了解的状态。由于"自然资源资本"的表述过于学术化，自然资源产权人可能难以理解这一概念，于是本研究在具体的询问过程中，都会将其转化为"绿水青山就是金山银山""生态补偿""绿色农业""生态旅游"等通俗的语言进行询问。自然资源产权人对自然资源资本的认知可以形成三种可能性，即较高、中等、较低，分别为回答 3 个及 3 个以上问题、两个问题、1 个及 1 个以下问题（见表 2-3）。共有 702 位自然资源产权人在自然资源资本认知的 4 个问题中，答对了 3 个及其以上的问题，对自然资源资本的认知度较高，占全部样本量的比重为 20.98%；自然资源产权人对自然资源资本认知达到中等的有 1137 人，比重占样本量的 33.98%；自然资源产权人对自然资源资本的认知较低的自然资源产权人有 1516 人，占样本量的比重为 45.31%。

表 2-3　自然资源产权人对自然资源资本的认知

题号	问题	变量赋值
1	良好的生态环境是否能直接或间接给您带来一定经济收入？	0=否；1=是
2	您是否认同"保护生态环境应该获得经济补偿"这样的观点？	0=否；1=是
3	环境的恶化是否会损害您的收成？	0=否；1=是
4	在生态环境比较好的地方收成的菜是否应该比生态环境相对好的地方收成的菜卖得贵？	0=否；1=是

通过调研结果可以看到，对于这四个问题，大部分自然资源产权人认为良好的生态环境能直接或间接带来一定经济收入，自然资源是一种潜在的经济

资源,不仅能通过保护生态来保护生产力,还能通过利用、开发自然资源来增加收入。但是谈及环境的恶化是否会损害收成、在比较好的生态环境中收成的菜是否应该比生态环境相对好的地方收成的菜卖得贵、是否认同保护生态环境应该获得经济补偿等问题时,大部分的自然资源产权人持否定态度,这是因为自然资源产权人缺乏投入资本,进而导致难以估量和预测自然资源资本的收益。

1. 不同年龄的受访自然资源产权人认知比较

自然资源产权人对自然资源资本的认知调查发现,30 岁及以下自然资源产权人对自然资源资本认知相对较高,61 岁及以上的自然资源产权人对自然资源资本的认知水平较低(见表 2-4)。

表 2-4　不同年龄受访自然资源产权人对自然资源资本的认知

		30 岁及以下		31—45 岁		46—60 岁		61 岁及以上	
		人数(个)	占比(%)	人数(个)	占比(%)	人数(个)	占比(%)	人数(个)	占比(%)
自然资源资本认知	较高	90	30. 20	271	27. 05	291	26. 97	45	4. 65
	中等	162	54. 36	509	50. 79	420	38. 92	55	5. 69
	较低	46	15. 44	222	22. 16	368	34. 11	867	89. 66

导致这一现象的原因可能是调研过程中的受访自然资源产权人大部分集中在 31—60 岁,而处于 30 岁及以下这一年龄段的受访自然资源产权人大多拥有相对较高的教育水平,接受新信息的渠道更多,故而对相关问题更为了解。

2. 不同文化水平的受访自然资源产权人认知比较

自然资源产权人的受教育程度以小学、初中为主,且随着受教育程度的提高,自然资源产权人对自然资源资本的认知水平也在相应提高,明显可以看到自然资源产权人对自然资源资本的认知与自然资源产权人的文化水平呈正相关关系(见表2-5)。

表2-5　不同文化水平受访自然资源产权人对自然资源资本的认知

		未受教育		小学		初中		高中及以上	
		人数（个）	占比（%）	人数（个）	占比（%）	人数（个）	占比（%）	人数（个）	占比（%）
自然资源资本认知	较高	8	8.60	27	6.67	311	29.10	680	38.16
	中等	29	33.10	130	32.10	716	66.92	1024	57.46
	较低	52	58.30	248	61.23	43	4.02	78	4.38

(二) 受访自然资源产权人对自然资源资本化的认识

在试调研中发现自然资源产权人对自然资源资本化这一学术表达的理解较为困难,但换一个表述,用“绿水青山就是金山银山”来替换“自然资源价值”时,自然资源产权人理解与反应能力显著提升。因此,对于原自然资源产权人自然资源资本相关认识的设计,从三个方面了解自然资源产权人对自然资源资本化的认识程度,分别为自然资源价值的认同感、自然资源资本价值实现方式的了解程度以及对自然资源资本化相关政策的知晓程度,在本次调研中作出适当调整,使用“良好的生态环境是宝贵的财富”等通俗表达。学理上,自然资源价值主要是从自然资源的价值本身出发,包括经济价值、生态价值、文化价值以及社会服务价值四个方面,在与自然资源产权人的对话过程中,问题设置为“维系良好的生态环境、适度减少化肥农药的使用能否为您带来额外的经济收入,改善原有的生态环境,能否增强您的生活幸福感”。自然资源资本价值实现方式主要包括直接价值、间接价值和选择价值,其中,直接价值就是通过绿色生产经营所获得的直接收益;间接价值是指自然资源产权人通过生态补偿、公益林、绿色生产补贴等方式获得的转移性收益;选择价值是自然资源与其他产业发展相结合所得的收益。对自然资源产权人的问卷设计为:“请问您知道以下哪种方式能促使‘绿水青山转化为金山银山呢’:生产绿色产品,卖出高价;在开展节能环保产业、保护生态环境的前提下获得政府的生态补偿金;通过发展旅游业,开设生态旅游项目吸引游客。”自然资源资本化的相关政策主要包括:生态补偿政策、金融支持政策、技术支持政策和财税政策等,这一板块在问卷上没有做大的调整。根据对自然资源产权人的访谈,对自然资源产权人自然资源资本相关的认识程度进行划分,见表2-6。

表2-6　自然资源产权人对自然资源资本化的认识

自然资源产权人自然资源资本相关的认识	变量解释
您认同“良好的生态环境是宝贵的财富”这种观点吗?	1=不太认同;2=比较认同;3=非常认同
请问您知道以下哪种方式能促使“绿水青山转化为金山银山”呢?生产绿色产品,卖出高价;在开展节能环保产业、保护生态环境的前提下获得政府的生态补偿金;通过发展旅游业,开设生态旅游项目吸引游客。	1=不太了解;2=比较了解;3=非常了解
您了解以下支持自然资源资本化的政策:生态补偿政策、金融支持政策、技术支持政策和财税政策等吗?	1=不太熟悉;2=比较熟悉;3=非常熟悉

从生态补偿政策、金融支持政策、技术支持政策和财税政策调查结果可知,32.70%的受访自然资源产权人非常认同“良好的生态环境就是宝贵的财富”;51.11%的受访自然资源产权人表示比较认同“良好的生态环境就是宝贵的财富”;16.20%的受访自然资源产权人表示不认同“良好的生态环境就是宝贵的财富”。48.30%的受访自然资源产权人非常了解“绿水青山转化为金山银山”方式;30.81%的自然资源产权人比较了解“绿水青山转化为金山银山”方式;20.89%的自然资源产权人表示不太了解“绿水青山转化为金山银山”方式。

就生态补偿政策、金融支持政策、技术支持政策和财税政策等自然资源资本化相关政策的知晓程度而言,15.42%的自然资源产权人非常熟悉,并且享受了相关政策;38.61%的自然资源产权人比较熟悉相关政策;其余占总人数

45.97%的自然资源产权人不太熟悉相关政策(见图2-5)。

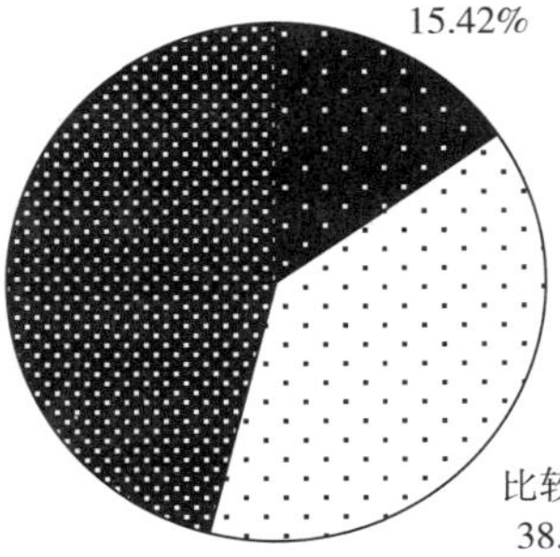

图2-5 受访自然资源产权人对自然资源资本化相关政策的知晓程度

(三)受访自然资源产权人对自然资源资本化市场建设的认知

在试调研中,研究团队发现自然资源产权人对自然资源资本化市场建设的学术表达理解较为困难。因此,把具体的交易对象,如山、水、林、田、湖以及矿产资源,带入到自然资源交易,让自然资源产权人指出其在自然资源交易过程中的直观感受和存在的问题,具体从交易信息的获得性、交易流程的便利性、交易的获利性等方面来评估自然资源产权人对现有的自然资源资本化市场交易的过程及问题(见表2-7)。

表2-7 自然资源产权人对自然资源资本化市场建设的认识

自然资源产权人对自然资源资本化市场建设相关的认识	变量解释
是否经常能获得自然资源交易的需求信息?	1=能;2=不能
你了解山、水、林、田、湖、草、矿产等自然资源交易流程吗?	1=不太了解;2=比较了解;3=非常了解
你是否满意通过自然资源经营权的转让获得利益?	1=不满意;2=比较满意;3=无所谓

从交易流程来看,55.20%的受访自然资源产权人表示不了解自然资源交

易流程，且认为我国目前的自然资源交易流程过于复杂，而且经常需要做各种书面文件，觉得难度比较大，很难理解；44.80%的受访自然资源产权人表示了解自然资源交易流程，并不困难，经历几次流程就会很熟悉。

从交易利润来看，74.60%的受访自然资源产权人表示对当前的市场利润不满意，觉得自己的田地、山林等自然资源的价值远远要高于市场给定的价值；8.37%的受访自然资源产权人对当前的市场利润表示满意；其余的受访自然资源产权人觉得无所谓，不太在乎。

（四）自然资源产权人对自然资源资本化市场建设的政策需求

在自然资源市场建设的政策需求上，80.01%的自然资源产权人认为，如果政府给予一定的补贴会提高他们进行自然资源资本化市场化交易的积极性，减少高污染原料的使用量，19.99%的自然资源产权人认为市场化交易积极性还会受到其他因素的影响。

在积极推行自然资源资本化市场化交易进程中，研究团队从环境、政策和收益方面来了解了自然资源产权人的真实需求。35.83%的自然资源产权人认为自然资源资本化市场交易的推行可以更好地保护其所处的环境形成，50.36%的自然资源产权人认为自然资源资本化市场交易能够带来更加长远的收益，另有13.81%的自然资源产权人主要是为了响应国家的政策。

在现有的自然资源市场交易过程中，自然资源产权人往往会遇到一些困难。39.69%的自然资源产权人认为自然资源交易所产生的收益较低，18.47%的自然资源产权人认为经营过程中存在技术限制，22.38%的自然资源产权人认为自然资源资本交易的销售渠道不够宽松，19.19%的自然资源产权人则受其他因素影响（见图2-6）。

本书在实地调研的基础上分析了自然资源产权人给予的信息，发现绝大部分自然资源产权人能够较好地对问卷进行回答，这说明问卷的设定是合理的，其有效性较强。因此，研究团队通过整合问卷发现，自然资源产权人需要

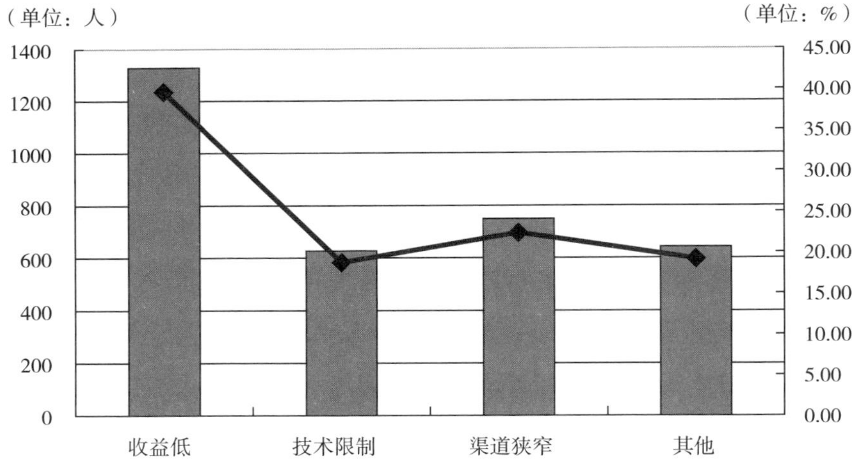

图 2-6　影响产权人参与自然资源市场化的因素

从自然资源资本化的政策支持中获得所产生的收益，自然资源资本化会影响到他们的生计和收入，提高自然资源资本化所产生的经济收益是他们普遍的需求。

在自然资源产品生产方面，自然资源产权人的需求主要分为投入要素补贴和技术要素补贴。其中，投入要素补贴是指自然资源产品生产中对环保型自然资源的投入要素所给予的补贴，如减少使用污染性的生产原料，改用环保型的生产原料。技术要素补贴则是通过加强财政支持来强化运营过程中的技术培训，提高自然资源产权人环保生产的技术水平，进而提高运营效率。

在自然资源产品市场营销方面，由于自然资源资本化要求在保护自然生态环境的基础上生产环保型自然资源产品，而环保型自然资源产品的生产所需的投入要素相对普通产品的投入要素来说价格可能更高，这在无形之中增加了投入要素成本，进而提升环保型自然资源产品的价格，在一定程度上会影响产品的销量以及自然资源产权人的收益。因此，自然资源产权人在销售方面的政策需求主要是希望能通过财政补贴降低市场价格和进一步拓宽销售渠道两个方面。

第三节　自然资源资本化市场需求主体的政策需求调查分析

一、自然资源生产要素需求主体的政策需求分析

（一）企业参与自然资源资本化市场交易的基本状况

在自然资源资本化市场交易过程中，不同的自然资源其交易方式也不一致。农村自然资源交易以土地流转为主，由于农村土地确权工作开展得比较早，确权工作在2018年已基本完成。从调研结果可以看出，农村流转的土地资源都是经过确权、登记并且颁布了证书，流转方式以承包为主。而矿业资源交易方式不一样，以广西为例，2012—2017年共办理矿业权转让445宗，成交价款总计约27.26亿元。其中，采矿权210宗，成交价款约7.96亿元；探矿权235宗，成交价款约19.34亿元。采取协议方式转让432宗，采取招拍挂方式转让13宗。从调研结果也可以看出，矿业资源中以协议方式转让的交易为主。但是矿产资源交易的次数相对来说比较少，就交易类型而言也依然以承包方式为主。

从与自然资源产权人进行自然资源交易的流程规范性来看，80家企业中有72家都会跟自然资源产权人签订正式的书面合同，有8家规模比较小的企业，从企业负责人的采访得知，与土地所有者（自然资源产权人）的关系还有亲属关系，其中有2家企业还存在通过口头协议或者一些非正式性的文件来确定。可见自然资源在进行市场流通时，流程绝大多数是比较规范的。这一方面说明自然资源产权人的权益意识有了明显提高，另一方面也说明自然资源交易的社会化市场服务比较完善、便利。

从自然资源资本化市场服务来说，所有的地方政府都有专门的职能部门或者负责人对接自然资源交易情况。一般市县级有专门的自然资源交易平

台，比如土地流转平台等，因此，整体上的信息供需相对比较便利，土地资源交易也非常频繁。从调研的80家企业来看，56家企业认为自然资源流转过程比较顺利，24家认为过程比较繁琐，对纸质材料的要求比较高，认为操作比较困难。其中，有2家企业是农民自创的小企业，由于其受教育文化程度不太高，所以认为过程繁琐。但是有36家企业都与自然资源产权人出现了流转土地的纠纷，所以自然资源交易需要加强后续的监管工作。

从自然资源产品销售渠道来看，研究团队调研的80家企业都利用了互联网第三方平台和微信平台进行推广，有的企业是推广企业信息，有的企业推广供求信息，有的企业推广服务信息，部分企业兼而有之。但是所有企业都认为互联网第三方和微信平台推广是最节省成本，也是最有效果的一种产品推广和企业推介的方式。有20家企业选择了自建互联网平台推广，自建平台相对来说需要更大的成本和更高的技术能力，需要专人维护，所以需要强大的经济实力和人员配备。有44家企业曾发布过媒体广告，通过传统营销途径来推广产品。56家企业向超市定向供货，8家企业有自营店。总体来说，针对自然资源产品，销售途径比较多样化，而且近年来企业业绩的连续增长，说明自然资源产品有很大的市场前景。

（二）企业对自然资源资本化市场交易的政策需求

从企业获取的财政补贴来看，有72家企业领过政府补贴，有8家企业称没有领过政府补贴。这与从事的行业、企业经营人情况、企业结构、环保行为等都相关。事实上，我国对企业的补贴是非常多样化的。比如从事农业自然资源生产和经营的企业，财政部门对农业生产有三大补贴，对绿色农业产业补贴，对各类农机、器具的补贴，对农业生产材料、农畜等补贴，品类之多，几乎可以覆盖所有农业产业。此外，还有专门的农业自然资源及农业生态保护补助资金，主要用来对草原禁牧补助与草畜平衡奖励等；动物防疫等补助经费主要用来强制扑杀、强制免疫和养殖环节无害化处理补助。相比农业生产而言，从事不可再生自然资源生产型企业，补贴额相对少一些，但是国家一直在大力整治资源型企业的环境污染问题，对于易产生污染的企业进行的环保生产，如购买污染处理设备，使用环保型生产材料，改建节能环保生产线和厂房等，都有相关优惠补贴政策。

从企业融资角度来看，56.25%的企业选择从银行贷款，30%的企业依靠自筹获取资金，7.5%的企业采取内部集资的方式筹资，2.5%的企业通过网络平台筹集资金，3.75%的企业采取其他融资方式（见图 2-7）。

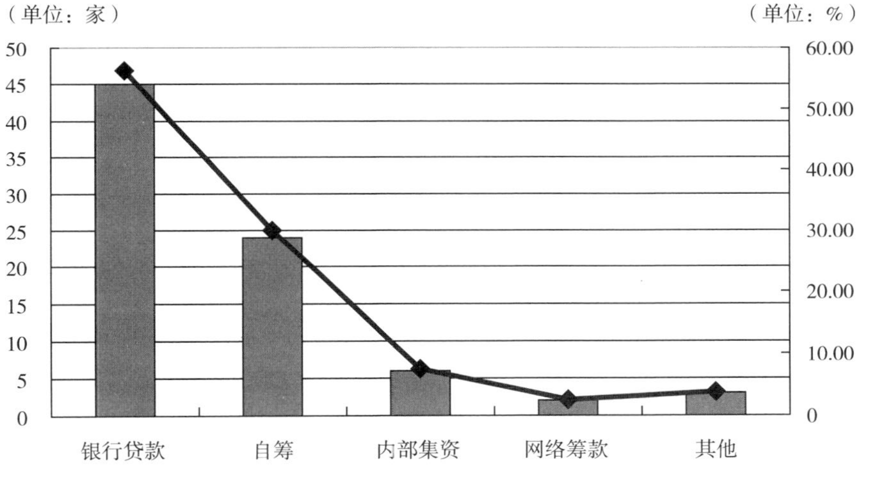

图 2-7　受访企业融资方式

调研发现，只有 16.27%的企业认为容易从银行获得贷款，有 60.47%的中小企业认为比较难从银行获得贷款，有 23.26%的中小企业认为从银行获得贷款十分困难。80.2%的企业认为国家政策偏向国有企业以及大型企业，10.9%的企业认为金融机构存在歧视，2.4%的企业认为企业管理水平低，财务报表不规范，信息不正确才会导致融资困难。总体来讲，现有的金融政策不能很好地解决企业的资金问题，同时在一定程度上难以提升企业的积极性。因此，很多企业希望政府能够创造一个良好的企业融资环境。

从企业政策支持来说，总共有 20 家企业选择了社会服务政策，16 家企业选择了贷款优惠政策，16 家企业选择税收优惠政策，12 家企业认为科技创新政策非常重要，12 家企业认为人才培养政策非常重要，有 4 家企业认为知识产权保护政策被极度忽视了（见图 2-8）。

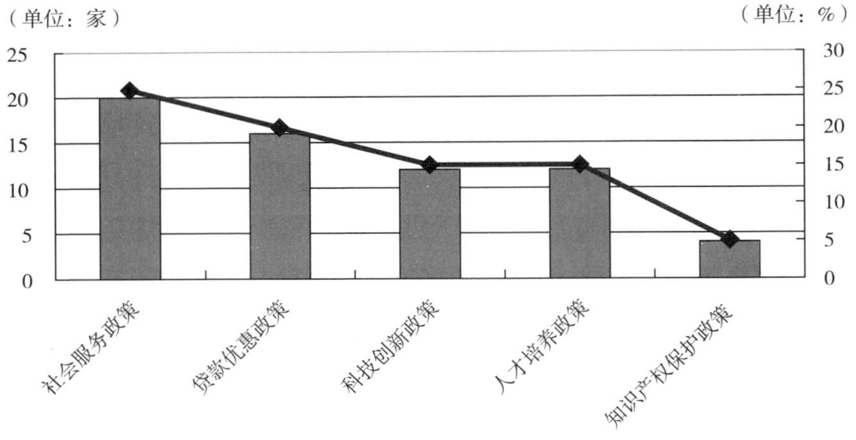

图 2-8　受访企业支持政策需求

本书在实地调研的基础上分析了受访企业给予的信息，发现绝大部分受访企业能够较好地对问卷进行回答，这说明问卷的设定是合理的，其有效性较强。因此，研究团队通过整合问卷发现受访企业在自然资源资本化经营过程中，确实面临很多问题。如自然资源交易的不规范性导致自然资源纠纷频频发生；很多受访企业都碰到过资金链紧张，但由于融资渠道受限，导致融资困难的问题；在生产补贴上，由于国家强制推进环保生产，对污染型企业整治力度非常大，企业被迫进行环保设备和环保生产线的升级换代，对企业来说造成很大的资金压力，但是企业这类环保生产类的财政补贴和金融支持非常少，很多企业认为背负的责任过重。因此，很多受访企业认同税收优惠政策以减轻企业负担，希望能出台更多贷款优惠政策降低企业的资金压力。同时受访企业认同良好的社会服务政策是非常重要的，比如水、电、网络、通信等基础设施、社会医疗、保险以及公众环保教育和意识培育对企业的发展和壮大是非常必要的。同时，自然资源类型的企业人才层次相对来讲比较低，特别是位于县级的自然资源生产型企业来说，很多员工的学历水平都在初中、高中或者大专水平，本科以上的比例都比较低，这跟整个社会的人才结构是不相符的。人才层次低主要会造成这类企业的学习成长水平和与社会对接的步伐较慢，跟不上发展的需要。很多受访企业者都表示希望招聘更多高层次的年轻人。因为在生产过程中，企业出现过很多案例，如因企业人员学习能力不高，无法操作新型环保设备，导致设备损坏的情况，给企业带来巨大损失。此外，受访企业都认同科技创新在企业生产中十分重要，引进先进的生产设备和生产线，能给企业的利润翻上一番，希望在技术创新方面能有更多的支持政策。

二、自然资源产品要素需求主体的政策需求分析

对于自然资源资本化市场的需求主体而言，家庭是自然资源资本化市场产品交易的最主要的消费单元。自然资源资本作为一种生产要素，在利益驱动下必然投入到一定经济生产活动中，在生产过程中与其他资本相结合生产出自然资源产品，然后通过自然资源产品在市场上以交换价值即价格形式实现资本化价值，因此自然资源产品市场是自然资源资本化市场价值实现的最终形式。此部分内容主要通过对需求主体的调查，了解需求主体对自然资源资本化市场建设过程中的行为分析，进而了解自然资源产品要素需求主体对自然资源资本化市场中的自然资源产品消费的政策需求。鉴于自然资源产品的范围非常宽泛，几乎涉及各个行业，在进行微观调研时不可能将所有的自然资源产品类型都囊括进去，所以研究团队采取的方式是在每一类自然资源资本中选取具有代表性的产品做进一步调研。其中选取绿色农产品代表生态安全类产品，选取生态旅游代表生态服务类产品，以充分了解自然资源产品消费者的政策需求信息，以便得到更加高效的调查分析结果。

（一）自然资源产品要素需求主体购买自然资源产品的行为分析

1. 自然资源产品需求主体购买供给安全类自然资源产品的行为分析

根据需求主体调研设计思路，供给安全类产品主要指有机食品、绿色食品、无公害农产品、林木材产品、水产养殖品、中草药材、生态工业产品等，为了方便调研，本书选取绿色农产品代表生态安全类产品。调查显示，96.11%的受访者听过绿色农产品，有3.89%的受访者没听过绿色农产品。对听说过绿色农产品的消费者作进一步调查发现，偶尔消费的占比56.67%，经常消费的占比13.87%，从不消费的占调查总量的27.17%。这意味着大部分消费者未形成长期购买绿色农产品的习惯，只会偶尔购买绿色农产品。

在购买供给安全类自然资源产品时，37.22%的消费者会考虑供给安全类自然资源产品购买地点这一因素，62.78%的消费者并不会考虑这一因素；在产品价格影响购买力方面，69.44%的消费者认为产品价格会显著影响购买力，11.67%的消费者不确定产品价格是否会影响购买力，18.89%的消费者认为产品价格不会影响购买力，这说明大部分消费者的购买力受价格影响；在供给安全类自然资源产品的品牌方面，81.67%的消费者愿意购买品牌具有一定影响力的供给安全类自然资源产品，18.33%的消费者愿意尝试多种品牌的供给安全类自然资源产品；在供给安全类自然资源产品的质量方面，36.11%的消费者认为供给安全类自然资源产品的质量一定会高于普通产品，10.56%的消费者表示不确定，53.33%的消费者认为供给安全类自然资源产品的质量不一定比普通农产品好。

2. 自然资源产品需求主体购买生态服务类自然资源产品的行为分析

生态服务类自然资源产品是指由于生态系统服务能够具有调节自然资源和生态环境的功能，如涵养水源、保持水土、净化空气、调节气候、美化环境等，在此基础上衍生了许多服务类的自然资源服务产品，如休闲观光旅游、人文景观鉴赏、传统民俗文化欣赏、康养保健服务等。由于我国经济发展水平有较大提升空间，环保教育的理念不断被广大公众所接受，优质的生态服务类自然资源产品则意味着能更好地促进身心健康，因此公众对生态服务类自然资源产品的需求巨大。从调研结果来看，对于生态服务类自然资源产品，39.54%的人群经常消费，47.65%的人群偶尔消费，12.81%的人群从不消费。从整体情况看，对生态服务类自然资源产品的消费，深入人心，普遍被消费者所接受。

从生态服务类自然资源产品的消费目的来看，35.16%的消费者选择了娱乐游玩，12.30%的消费者是为了呼吸新鲜空气，12.53%的消费者是为了野外露营，11.01%的消费者是为了疗养保健，10.32%的消费者是为了认知动植物，7.56%的消费者是为了风光摄影，5.02%的消费者选择了度假休闲，4.98%的消费者选择了户外运动，还有1.11%的消费者选择了其他的目的。由此可见，生态服务类自然资源产品能够给消费者带来更多的精神愉悦，也可以预见，随着我国经济进一步发展，居民收入水平不断提高，生态服务类自然资源产品的消费需求会越来越大。

从生态服务类自然资源产品的认知来看，41.34%的消费者选择了关键词“放松身心”“体验美的感受”，认同生态服务类自然资源产品能够带来极大的精神愉悦。22.03%的消费者通过消费生态服务类自然资源产品认识到保护景区生态的重要性，16.54%的消费者认为生态服务类自然资源产品是为了让人类更好地认知自然生态环境。15.07%的消费者认为生态服务类自然资源产品可以更好地了解当地的文化，尊重当地的风俗。5.02%的消费者认为生态服务类自然资源产品能够有效帮助当地发展经济，提升当地民众的生活水平。

从生态服务类自然资源产品的影响因素来看，24.01%的消费者认为价格因素非常重要。生态服务类自然资源产品的价格一般而言普遍高于普通的服务类产品的价格。23.09%的消费者认为地点因素非常重要，大部分的消费者通常会优先考虑居住地周边区域。22.21%的消费者认为区域内的生态环境水平非常重要，17.19%的消费者认为住宿条件好坏直接影响消费质量，10.88%的消费者认为餐饮很重要，特别希望能体验当地的特色餐饮。2.07%的消费者认为生态服务类自然资源产品对服务人员的服务水平提出了更高的要求。0.55%的消费者提出了其他的要求。

以森林康养项目为例，通过调研发现，森林康养虽然在欧美和日本是非常受欢迎的生态服务类自然资源产品，但是在我国尚处于起步阶段，而且森林康养对专业技能要求非常高，因此森林康养在我国的消费比例并不高，且森林康养对消费者的经济基础要求比较高。从调研的结果来看，33.75%的消费者对森林康养有过消费经验，而66.25%的消费者并没有任何消费经验。针对森林进行康养的原因，52.90%的消费者以健康身心为目的，19.03%的消费者是为了丰富生活内容，10.12%的消费者出于好奇和新鲜感想体验一下，14.57%的消费者是为了可以找到年龄相近、兴趣爱好相同的朋友，3.37%是为其他目的。可以预见，随着居民收入水平的提高，对身心健康意识的重视，森林康养项目会越来越受到关注。

由于我国森林康养处于起步阶段，森林康养服务提供机构的服务质量参差不齐，对于消费者而言哪个因素最重要呢？从调研结果看，13.20%的消费者认为优质的森林环境，物种丰富，景观效果良好非常重要；7.20%的消费者认为配套设施丰富，住宿、餐饮、娱乐等设施齐全非常重要，交通条件便利，内部道路通达性强，交通方式丰富；39.20%的消费者选择了服务质量高，提供专业的森林康养医疗服务；17.20%消费者选择了环境静谧安逸，能够享受自然美景；6.8%选择了基础设施好，外部交通通达性优越，水气电网一应齐全。可见，消费者对森林康养最高的关注度在康养服务质量上。

目前我国森林康养产业还处于起步探索阶段，对于该产业的发展，消费者提出一些相关建议，11.20%的消费者认为应当建立统一规范化的行业标准和机制；10.08%的消费者认为应该加大推广和宣传力度，多渠道普及相关知识；11.20%的消费者认为政府应起引导作用，开发商共同参与；6.8%的消费者认为应当结合我国国情借鉴国外成功经验;14.8%的消费者认为应当找准差异化、特色化发展的定位;14%的消费者认为应该研发和设计更有吸引力的旅游产品;12.4%的消费者认为应该培养和引进多层次专业人才;12%的消费者提出形成产业链,实现抱团发展;6.8%的消费者提出了其他意见。

(二) 自然资源产品需求主体对政府支持政策的基本需求

在整理和分析问卷的基础上,本书发现自然资源产品需求主体对政府支持政策的需求主要集中在供给安全类自然资源产品的价格和供给安全类自然资源产品的质量监管两方面,具体如下:

1. 供给安全类自然资源产品和生态服务类自然资源产品的价格

从消费者的角度上来说,产品的价格会极大影响消费者的购买意愿。如果供给安全类自然资源产品和生态服务类自然资源产品相对普通产品和服务来说价格更为高昂,大部分消费者可能会选择购买价格低廉的普通产品和服务。但是,当两者价格相差不大时,大部分消费者更倾向于购买供给安全类自然资源产品和生态服务类自然资源产品。因此,消费者普遍希望政府能加强对供给安全类自然资源产品和生态服务类自然资源产品价格的控制,使其与普通产品和服务的价格相差不大。

2. 供给安全类自然资源产品和生态服务类自然资源产品的质量监管

消费者希望购买到价廉物美的供给安全类自然资源产品和生态服务类自然资源产品,因此,消费者希望政府在加强对经营主体的价格补贴的同时,也要严格监管供给安全类自然资源产品和生态服务类自然资源产品的质量。

总而言之,自然资源资本化市场作为一种制度创新,不管是资源实物形态的转化还是价值的增值,都需要满足一定的条件,在相应的政策支持下,才会以某种方式实现。基于此,本书认为:(1)自然资源资本化市场只有在具备相应的政策支持条件下才会实现。只有人们对自然资源价值的认识不断提高,自然资源产权界定明晰,自然资源资产价值评估合理,以及对应的市场机制的前提下,自然资源才有可能转化为自然资源资本,自然资源资本方可运营增值,自然资源资本化市场才可能实施。(2)在当前经济发展水平下,需要采取多元化的实现方式推进自然资源资本化市场建设。由于我国当前经济发展还处于转型期,各项市场经济制度还未完全符合资本化的要求,加上各地区资源禀赋差异巨大,目前还不能仅仅推动单一的高级资本化形式,而应该允许低级形态与高级形态的资本化同时存在。随着经济体制改革的深化与资本市场建设的推进,资本化实现方式和机制不断完善,转让、租赁等低级的资本化形式逐渐被摒弃或升级,使更多的自然资源选择其资本增值率最高、价值最大化的实现方式。(3)实现自然资源资本化市场,需要强有力的政策支持。一方面,自然资源资本化市场得以实现需要满足相应的条件,而相应条件的成熟又需要政策的支持;另一方面,自然资源资本化市场的实施,仅仅依靠单一的市场机制推进,很难实现,加上我国市场机制的缺陷,市场本身处于发育期,特别需要相应的政策支持。

第三章　我国自然资源资本化市场建设的政策体系框架

要构建自然资源资本化市场建设的政策体系,必须首先梳理我国自然资源政策的演变历程,梳理总结国内外自然资源资本化市场建设中的政策实践。进而基于我国自然资源资本化市场建设政策体系构建的目标与原则,构建出适宜的自然资源资本化支持政策体系总体框架。

第一节　自然资源资本化市场建设政策体系构建的实践基础

一、我国自然资源政策的演变历程

总结我国自然资源开发与利用所处发展阶段的基本特征和自然资源政策发展的一般规律,不断优化自然资源政策设计,有助于构建我国自然资源资本化市场建设的政策体系。自新中国成立以来,我国自然资源政策经历了四个不同的演进阶段。

(一) 第一阶段:起步发展阶段(1949—1977 年)

这一阶段我国的自然资源政策主要集中在森林与草地资源的限制性保护

措施上。针对生态环境面临严重威胁的状况，秉志等五位科学家于1956年9月向第一届全国人民代表大会第三次会议提出了“请政府在全国各省（区、市）规定天然林禁伐区，保护自然植被以供科学研究的需要”的提案。同年，由原林业部牵头制定了《关于天然森林禁伐区（自然保护区）规划草案》，该草案明确指出：“有必要根据森林、草原分布的地带性，在各地天然林和草场内划定禁伐区（自然保护区），以保存各地带自然动植物的原生状态”①。1956年，我国建立了第一个自然保护区——广东鼎湖山自然保护区。1972年，我国政府派出代表团参与了在瑞典首都斯德哥尔摩召开的联合国人类环境会议，并在1973年首次召开的全国环境保护工作会议上制定并通过了我国第一部关于环境保护的综合性法规——《关于保护和改善环境的若干规定（试行草案）》。②

（二）第二阶段：稳步发展阶段（1978—2001年）

这一阶段我国的自然资源政策实现了两个根本性转变：一是经济体制由计划经济体制转变为市场经济体制；二是经济增长方式由粗放型转变为集约型。其中，经济增长方式由粗放型转变为集约型就是要通过创新自然资源利用方式来节约自然资源，发挥市场在配置和管理自然资源中的作用，这就要求不仅要理顺自然资源性产品价格，而且还要建立保护和更新自然资源的价格补偿制度，适当进口短缺性自然资源产品。这一根本性转变已开始关注自然资源开发利用所带来的生态环境效应问题，并强调要依据“个体承包、以粮代赈、退耕还林草以及封山绿化”的原则加强生态环境建设。明确提出要通过实行世界上最严格的土地管理制度来管好、用好和保护好我国的耕地资源；自

① 谷树忠、曹小奇、张亮：《中国自然资源政策演进历程与发展方向》，《中国人口·资源与环境》2011年第10期。

② 何江：《论环境规制中的法院角色——从环境公益诉讼的模式选择说开去》，《北京理工大学学报（社会科学版）》2020年第1期。

然资源开发利用政策倾向于“有水快流、靠山吃山和靠水吃水”的加速自然资源开发政策；自然资源供给政策则倾向于通过扩大自然资源性产品出口以换取必需外汇。

在这一阶段国家密集颁布和制定了一系列重要的环境保护单行法规和环境标准，保证了对大气、水、森林、土地等自然资源环境要素进行治理的需要。这些法规主要包括《中华人民共和国环境保护法》（试行）（1979 年）、《中华人民共和国海洋环境保护法》（1982 年）、《中华人民共和国水污染防治法》（1984 年）、《中华人民共和国草原法》（1985 年）、《中华人民共和国渔业法》（1986 年）、《中华人民共和国土地管理法》（1986 年）、《中华人民共和国大气污染防治法》（1987 年）、《中华人民共和国野生动物保护法》（1988 年）以及《中华人民共和国水土保持法》（1991 年）等 11 部法律，从而基本形成了自然资源政策和利用制度体系。

我国政府不断改变环境治理和保护的思路，提出可持续发展战略。1996 年全国环境保护会议明确提出，保护环境的实质就是保护生产力。这些环境治理和保护战略的提出标志着我国的自然资源政策进入了可持续发展战略的新阶段。此外，国务院在 1996 年发布了《关于环境保护若干问题的决定》，实行环境质量行政领导负责制。与此同时，许多省、市也根据本地的具体情况，在《环境保护法》的基础上出台了具有更为细致明确规定的地方环境保护法规，如海南省制定了《海南省环境保护条例》，上海市制定了《上海市环境保护条例》等。

（三）第三阶段：全面强化阶段（2002—2011 年）

在这一阶段，环境与发展相结合的可持续发展战略被确立为我国发展的基本战略，国家开始将自然资源纳入国民经济核算体系中，转变了过去“发展经济、牺牲环境”的发展策略。此阶段最大的进展主要表现为：尝试系统地以自然资源参与宏观调控；将节约能源和保护耕地列入各级政府的考核体系；推动自然资源市场的支持政策改革。

国家统计局颁布的《中国国民经济核算体系(2002)》,不仅设置了自然资源实物量核算表,还编制了全国土地、森林、矿产、水资源的实物量表;通过和挪威统计局合作,编制了能测算我国八种大气污染物排放量的中国能源生产与使用账户;翻译了联合国出版的《综合环境与经济核算手册(2003)》。在这个阶段中国开始建立起比较全面的资源环境统计制度,将自然资源纳入国民经济核算的范畴中来,为自然资源资产市场的建立提供了较好基础。

2002 年,国家提出在遵守经济规律的基础上发展环保事业,走市场化和产业化的发展道路。胡锦涛同志在 2005 年人口资源环境会议上强调,“调整经济结构和转变经济增长方式是缓解人口资源环境压力的根本途径”。2007 年国务院发布的《国家环境保护“十一五”规划》确定要控制主要污染物的排放量,要加快治理重点流域的污染问题以及城市污水和垃圾处理问题,建立环保评估考核机制,保障饮用水水源安全。在 2008 年 1 月,当时的国家环境保护总局升级为国家环境保护部,这充分体现了国家对环境保护的高度重视,在一定程度上推动了环境保护的历史性转变。2008 年 7 月,国务院首次召开全国农村环境保护工作电视电话会议,把农村环境保护与城市环境保护统筹考虑、全面推进。① 2009 年以后,国务院明确提出以奖促治,积极推进农村环境综合整治。通过前期自然资源政策制度的发展,虽然取得了巨大成就,但是依然存在很多不足,集中表现在政府配置资源存在效率较低、供给不足以及价格扭曲等问题,还需要通过推进市场化深度改革来进一步完善。

(四) 第四阶段:深化改革阶段(2012 年至今)

2012 年,我国自然资源政策进入深化改革阶段,主要表现为以全面落实“两山”理论和推动经济高质量发展方式为标尺,在系统梳理和优化调整现行

---

① 王德良、苏莲芳、郭守云:《大通县农村环境污染的现状和整治对策》,《青海环境》2009 年第 4 期。

自然资源政策的基础上重点强化节约利用和优化配置资源的政策力度。

2012 年，党的十八大报告提出，要深化资源性产品价格和税费改革，建立体现生态价值和代际补偿的自然资源有偿使用制度和生态补偿制度。① 2013 年 11 月，党的十八届三中全会通过的《中共中央关于全面深化改革若干重大问题的决定》中明确提出，要对水流、森林等自然生态空间进行统一确权登记，形成归属清晰、权责明确、监管有效的自然资源资产产权制度。② 2015 年印发的《生态文明体制改革总体方案》也提出，要建立统一的确权登记系统，推进确权登记法治化。2016 年 12 月，原国土资源部、环境保护部等七部委联合印发的《自然资源统一确权登记办法（试行）》，在推进自然资源确权登记法治化的基础上制定了归属清晰、权责明确、监管有效的自然资源资产产权制度。③

基于此，我国在自然资源资产市场化改革的道路上进行了大胆尝试。2017 年，中共中央办公厅、国务院办公厅印发的《关于创新政府配置资源方式的指导意见》，要求通过建立产权制度来实现自然资源有偿获得和使用。2018 年 1 月 1 日，《中华人民共和国环境保护税法》开始实施，对大气污染、水污染、固体废物和噪声污染物进行征税。2019 年，中共中央办公厅、国务院办公厅印发的《关于统筹推进自然资源资产产权制度改革的指导意见》，提出到 2020 年基本建立自然资源资产产权制度，提升自然资源的开发利用效率和保护力度，在保障国家生态、资源安全的基础上形成人与自然和谐发展的现代化发展新格局。④

---

① 郭媛：《资源税从价计征改革的收入分配效应研究》，硕士学位论文，内蒙古财经大学财政学系，2019 年。

② 《中共中央关于全面深化改革若干重大问题的决定》，《农村工作通讯》2013 年第 22 期。

③ 刘西友：《治理环境、股权特征与控制权私有收益》，硕士学位论文，新疆财经大学会计学系，2008 年。

④ 潘玉洁：《宿州市吴中区生态文明制度建设研究》，硕士学位论文，北京林业大学公共管理学系，2017 年，第 10—12 页。

同时,进一步健全了自然资源监管法律体系。2014 年,新的《环境保护法》应运而生。2015 年修订完成了《大气污染防治法》,2016 年修订完成了《环境保护税法》《海洋环境保护法》,2017 年修订完成了《水污染防治法》。[①]这些自然资源监管有关法律法规的修订完成,不仅逐步完善了生态环境领域监管法律法规体系,还明确了其监管部门的职责,强化了政府的问责机制和对企业等社会主体的违法处罚力度。在此基础上,我国政府出台了一系列生态环境检测方案,以保证守住国家的生态底线。例如,2015 年国务院颁布的《生态环境监测网络建设方案》、2016 年国家发改委等九部委印发的《关于加强资源环境生态红线管控的指导意见》、2017 年国务院印发的《关于划定并严守生态保护红线的若干意见》等相关政策。这些政策的出台充分表明了政府在监管政策上不仅加强了对市场各个主体和客体的监管,也对政府本身加强了监管,如 2018 年 10 月国务院印发了《党政领导干部生态环境责任追究办法(试行)》。在新出台的考核办法中,加入了大量的生态指标对政府工作进行业绩考核,建立了生态环境损害责任终身追究制,对领导干部实行自然环境资产离任审计制度。

2018 年修改《宪法》时,将生态文明建设纳入国家宪法的范畴,进一步增强了生态文明建设的法律地位。党的十九届三中全会提出,要综合治理山水林田湖草等自然资源要素及管制生态系统的用途,在整合国家相关部门关于自然资源管理、生态环境保护、污染物防治等方面的交叉职责的基础上,统一行使全民所有自然资源资产所有者职责以及所有国土空间用途管制和生态保护修复职责,逐步实现我国自然资源监管机构的集中统一综合化设置,较好地发挥了我国自然资源政策的引导与保障作用。2022 年党的二十大报告明确指出,我们要推进美丽中国建设,坚持山水林田湖草沙一体化保护和系统治理,统筹产业结构调整、污染治理、生态保护、应对气候变化,协同推进降碳、减

① 袁一仁、成金华、陈从喜:《中国自然资源管理体制改革:历史脉络、时代要求与实践路径》,《学习与实践》2019 年第 9 期。

污、扩绿、增长，推进生态优先、节约集约、绿色低碳发展。合理的自然资源价格是自然资源资本化市场建设的起点与基础，我国在自然资源价格体制改革的道路上才开始起步，任重而道远。

二、基于政策文本分析的我国自然资源资本化市场建设政策重点

通过整理和总结近年来我国中央政府涉及自然资源资本化市场建设的相关重大政策，有助于从政府层面明确在未来一段时间我国自然资源资本化市场建设还需要构建哪些政策或制度。

（一）政策文本收集与分析

本书中涉及的自然资源相关政策文本主要来自于北大法宝、北大法意、中央政府门户网站、自然资源部门户网站、生态环境部、农村农业部网站等。通过使用检索词“自然资源”“生态文明”来进行全文检索，检索时间是 2021 年 12 月 31 日。其中，在北大法宝、北大法意，以“自然资源”为关键字，检索中央法规司法解释 396 篇，包括行政法规 2 篇、司法解释 2 篇、部门规章 382 篇、党内法规 6 篇和行业规定 4 篇；以“生态文明”为关键字，检索中央法规司法解释 73 篇，包括行政法规 1 篇、司法解释 5 篇、部门规章 59 篇和党内法规 8 篇。而在中央人民政府门户网站中，检索“自然资源”类包含土地资源、矿产资源、水资源、海洋资源、煤炭资源、石油和天然气资源等各类自然资源公文 352 篇，以“生态文明”为关键字，包含环境监测、保护与治理以及节能与自然资源综合利用类公文 166 篇。鉴于篇幅原因，党的十八大以来我国自然资源资本化市场建设相关政策梳理详见附录。

从附录可以看出，中共中央和国务院早在 2013 年 11 月就对自然资源和生态环境的开发与保护的方向制定了较详尽的具体思路。根据这一思路，为建立自然资源保护开发的政策体系，保护自然资源和生态环境，我国于 2015

年9月出台了《生态文明体制改革总体方案》。这一方案为生态文明体制改革提供了方向、目标、原则,并且政府也在这一方案的指导下出台了一系列针对《生态文明体制改革总体方案》中有关自然资源保护政策的具体行动方案。可见,我国自然资源政策在不断创新,体现为政府规制、全面负责、促进转型、系统协调和差异设计等方面不断优化和发展。

(二)我国自然资源资本化市场建设的宏观政策重点领域

经过70多年的自然资源管理和保护实践,我国的自然资源及其资本化保护政策得到了长足发展。通过建立与完善自然资源资产产权制度、自然资源总量管理和全面节约自然资源等八项制度,基本形成了产权清晰、多元参与、激励约束并重、系统完整的制度体系。当然仍还有一些制度上的不足,需要在未来加以重点改革以进一步完善,未来我国自然资源资本化市场建设的政策重点领域如下:

1. 自然资源产权管理

从所有权角度看,我国自然资源仍然体现的是"二元"所有格局,即为国家所有和集体所有。但实际上,我国从改革开放后就逐渐形成了所有权和使用权分离的自然资源产权制度。虽然产权分离政策自建立后,对自然资源的高效利用和自然资源的节约程度而言,确实起到了极大的促进和提升作用,但是也带来了很多问题,如各类自然资源产权制度服务于行政管理需要,这将导致各类自然资源的各项产权均相互独立,未形成有机整体。自然资源所有者不到位,权责不清,权益不落实,监管保护制度不健全等,导致产权纠纷事件多发,生态退化日益严重等问题。从文本搜集文献资料的情况看,"自然资源产权管理"是出现频率最高的词汇,其中《中共中央关于全面深化改革若干重大问题的决定》《中共中央国务院关于加快推进生态文明建设的意见》《建立国家公园体制试点方案》《关于健全生态保护补偿机制的意见》《生态文明体制改革总体方案》《关于创新政府配置资源方式的指导意见》《关于统筹推进自然资源资产产权制度改革的指导意见》等都提到了自然资源产权管理问题。[1]几乎所有跟自然资源相关的政策法规或者指导思想，基本都对自然资源产权管理做了具体的要求。产权制度是自然资源管理的核心基础，如果产权不清，要做好管理就会成为一句空话。因此，从国家宏观政策来看，自然资源资本化市场建设的政策需求，首先是自然资源产权管理的需求。

2. 自然资源融资管理

长期以来，自然资源资产保护一直由中央政府主导，市场主体参与度不高，产业资本很难进入，导致社会资本的缺失。自然资源资产保护需要巨大的资金储备，特别是在生态治理和生态修复上，单纯依靠中央政府财政资金是往往不够的，而且长期依赖中央政府财政资金，会导致社会资本缺乏活力，难以调动。而在现有的自然资源资产保护体制中缺乏能够调动社会资本的激励措施，这不仅不利于自然资源资产的保护，还给政府带来极大的负担，同时由于行政配置效率低，也极大地浪费了政府资金。现阶段，自然资源融资管理主要是需要在健全价格、财税、金融等政策支持的基础上，引导各类主体积极参与生态文明建设。自然资源资本化市场建设必须引入企业和个人主体参与，只有调动这一部分主体的积极性，才能推动自然资源资本化市场建设。从文本搜集的情况来看，“自然资源融资政策”或者又叫“自然资源经济性政策”这一词汇出现的频率也非常高。如《中共中央关于全面深化改革若干重大问题的决定》《中共中央国务院关于加快推进生态文明建设的意见》《生态文明体制改革总体方案》《关于健全生态保护补偿机制的意见》《关于构建绿色金融体系的指导意见》《关于创新政府配置资源方式的指导意见》《关于统筹推进自然资源资产产权制度改革的指导意见》等都涉及自然资源经济性政策的改革要求。自然资源融资管理是自然资源资本化市场建设的物质基础。从现有的政策文本分析，自然资源融资管理主要措施集中在自然资源及其产品价格的

---

① 《中共中央办公厅　国务院办公厅印发〈关于统筹推进自然资源资产产权制度改革的指导意见〉》，《中华人民共和国国务院公报》2019 年第 12 期。

市场化改革,深化土地资源、水资源、矿产资源、草场资源和海岛资源的有偿使用,改进税费制度、推广绿色信贷以及建立巨灾保险制度。

3. 自然资源组织管理

一项政策的执行需要强有力的组织管理和具体的实施措施作保障。自然资源管理在过去执行操作的过程中,一直存在管理绩效评价不全面、责任落实不到位、损害责任追究缺失等问题。制度的缺失使得自然资源管理没有上升到一个足够受人重视的地位。从文本搜集的情况来看,每一项政策发布都附带有组织保障措施,这也是国家政策制定的既定模式。从自然资源管理这一角度出发,在《中共中央关于全面深化改革若干重大问题的决定》《中共中央国务院关于加快推进生态文明建设的意见》《生态文明体制改革总体方案》《关于健全生态保护补偿机制的意见》《关于创新政府配置资源方式的指导意见》《关于统筹推进自然资源资产产权制度改革的指导意见》中都涉及到自然资源组织管理的要求。自然资源组织管理是自然资源资本化市场建设的组织保障。① 从文本内容分析,现有的自然资源组织管理主要集中在绩效评价考核和责任追究制度方面,具体内容包括:建立资源环境承载能力监测预警机制,探索编制自然资源资产负债表,对领导干部实行自然资源资产离任审计,建立生态环境损害责任终身追究制度。

4. 自然资源补偿管理

建立健全自然资源补偿制度是自然资源资本化市场建设政策支持的重要内容之一。自然资源补偿有三种形式:一是自然资源价值补偿。自然资源的价值主要体现在人类进行生产与生活过程中对自然资源的耗费,并由此产生的环境污染和生态破坏等进行的恢复、弥补或替换的价值表征。二是自然资源经济补偿。自然资源的经济补偿主要体现在补偿主体通过一定的政策、法律与经济手段将自然资源开发利用的外部性进行内部化,让自然资源产品消

① 何修猛:《习近平生态文明思想的政治意蕴》,《治理现代化研究》2020 年第 1 期。

费者支付相应费用,使自然资源产品生产者或提供者获得相应的补偿报酬。三是自然资源损害赔偿。自然资源损害赔偿主要表现为人类生产与生活过程中污染自然环境、破坏或损坏自然资源、破坏天然的自然生态系统、损害自然生态要素的生态功能,以及其他方面的生态环境污染和自然资源生态破坏,给予补偿、赔偿的一种制度安排。

从有关自然资源政策实施的情况看,我国自然资源补偿一直处于初级阶段,现行的补偿措施都是以政府为主体完成的,补偿体制单一,而且我国自然资源补偿还未普及,只是在局部区域以及少量行业活动中出现,比如退耕还林、天然林保护等。我国自然资源补偿机制在法律规范上几乎是空白的,存在补偿范围窄、补偿主体不明确、补偿力度不足、缺少资金保障等一系列问题。自然资源补偿制度由于其隐蔽性常常被人忽视,但是自然资源补偿却是维系生态可持续发展的一项至关重要的制度。近年来,由于生态文明观念的深入,国家和社会开始重视自然资源和生态环境的补偿问题。从现有的文本分析可以看出,《中共中央关于全面深化改革若干重大问题的决定》《中共中央国务院关于加快推进生态文明建设的意见》《生态文明体制改革总体方案》《关于健全生态保护补偿机制的意见》《关于创新政府配置资源方式的指导意见》均涉及自然资源补偿管理的要求。其具体内容包括:探索建立市场化多元化补偿机制,逐步增加对重点生态功能区转移支付,完善生态保护成效与资金分配挂钩的激励约束机制。

5. 自然资源价格制度

由于自然资源所有者权力与政府行政权力结合得太过紧密,使得我国现行的自然资源政策中的自然资源价格制度严重失衡,市场对自然资源的调节失效,从而导致自然资源利用率低下,且浪费严重。不仅如此,由于我国自然资源的价格主要由政府制定或指导定价,价格形成机制存在明显扭曲,无法完全反映出自然资源的真实价值。比如水资源价格方面,我国人均水资源拥有量是 0.21 万立方米,居世界第 110 位,不到美国的六分之一,不到德国的八分之一,但是我国大部分城市水价非常低,是同期美国水价的 27%、德国的

18%，过低的水价使得民众和企业在利用水资源时不懂得节制，造成大量浪费。政府的过多参与使得市场在自然资源配置中缺位，自然资源的价格难以充分反映出资源的稀缺程度、资源的供求现状以及自然资源的外部环境成本，造成自然资源的低效率利用和大量浪费，不利于自然资源的可持续利用和生态环境的保护。因此，中共中央办公厅、国务院办公厅印发的《关于统筹推进自然资源资产产权制度改革的指导意见》中提出，要大幅度减少政府对自然资源的直接配置，创新资源的配置方式，引入市场机制和市场化手段，大力提高自然资源配置的效率和效益。

第二节　我国自然资源资本化市场建设政策体系构建的目标原则

自然资源资本化市场建设是一个十分复杂的过程，不仅涉及自然资源、自然资产、自然资本、自然产品四种资源形态的依次转化，而且还需要满足产权界定、生态技术支持与市场建设条件。因此，现阶段我国自然资源资本化市场建设仍具有很强的政策依赖性。自然资源资本化市场建设支持政策是为有效推进自然资源资本化市场建设而采取的法律法规、行政制度、相关行动计划及发展策略等。在自然资源资本化价值转换过程中，科学合理的政策支持是建设自然资源资本化市场的基本保障。

一、我国自然资源资本化市场建设政策体系的构建目标

自然资源资本化市场建设政策体系构建目标具有明确的方向性，即通过各类制度、政策、法律等措施保障自然资源资本化市场建设的顺利发展。

（一）不断完善自然资源资本化市场建设相关政策

框架构建是从系统性和整体性的角度分析我国自然资源资本化市场建设

需要建立怎样的政策支持体系。任何事物都不是孤立存在的，都与周围的事物存在千丝万缕的联系，自然资源资本化市场建设亦不例外。首先，就自然资源资本化市场建设本身而言，政府推动市场建设必须考虑建设整个自然资源资本化市场建设的范畴，包括自然资源产权市场建设、自然资源资产市场建设、自然资源资本市场建设与自然资源产品市场建设。而这一系列活动都需要有相应的政策加以规范。其次，就自然资源资本化政策而言，仅一项孤立的政策对自然资源资本化市场建设的作用极其有限，自然资源资本化政策需要一系列政策与之相配套。

（二）切实推动自然资源资本化发展进程

自然资源资本化市场建设政策的落脚点在于推动自然资源资本化的发展进程。通过构建自然资源资本化市场建设政策体系框架，明确需要制定和健全哪些方面的政策，在政策中明确政策客体哪些可为、哪些不可为，以及如何作为等，从而规范自然资源资本化相关权益主体的各项活动。同时，政策具有调节作用，它可以平衡政策各利益相关者的利益关系。比如，自然资源产权人对财税支持与金融支持政策具有迫切需求，但同时自然资源资本化进程中利益分配问题存在一定的争议与纠纷，这就要求制定权益补偿相关的政策。随着相关政策的不断完善，自然资源资本化进程才能不断加快。

（三）维持政策的实质性正义和程序性正义

政策制定的核心要义是正义。如果政策的制定与执行过程中缺乏了正义，即便政策大大地提高了社会运转的效率，该政策也需要被及时停止。自然资源资本化市场以公开化、透明化、公平化、高效化的市场交易形式向社会开放，保证市场主体能够自由、公平地获取所需要的资源，推动自然资源的集约使用和高效利用。自然资源资本化市场建设将政府、集体经济组织、企业和公众纳入其中，赋予各类主体更多的参与权利。一方面自然资源资本化市场建设提高了政府、企业与公众三个主体间的沟通效率，使得更多的企业与民众提高参与政府治理的权利与意识。另一方面自然资源资本化建设有利于提高政府、企业和公众三个主体间的合作效率，激发集体智慧的力量，提高决策的科学有效性。从民主与正义的运行程序与核心内涵来看，民主与正义是共同体。正义包含实质性正义与程序性正义两个方面。自然资源资本化市场建设的实质性正义是建设政策内容的正义，自然资源资本化市场的政策体系框架要贯穿正义。自然资源资本并不是一般意义上的私人物品，而是作为一种公共物品，不属于政府部门，政府有责任与义务尽最大程度向社会开放，从而使市场供需主体能够自由交易，自然资源及其产品和服务的权利不被侵害。罗尔斯的“差异原则”指出，我们需要以最大程度去保护与完善自然资源脆弱群体，提供一种平衡自然资源供给与需求合理化的顶层制度设计。自然资源资本化市场建设的程序性正义是指在形式上，所有可能会受到自然资源资本化市场建设政策所影响到的人，都有资格参与到该政策的制定过程，并且要实现该政策利益相关者的利益平衡，实现各方利益的最大化。在本书研究开展过程中，为了充分了解自然资源资本化市场建设政策利益相关者的利益，通过问卷调查的方式，对利益相关者进行意愿调查，并及时反馈利益相关者对政策的意见与建议，从而实现政策实质正义与形式正义的统一。

（四）促进自然资源资本化模式创新应用

促进自然资源资本化模式创新应用也是市场建设政策体系构建的重要目标之一。由于自然资源短缺的刚性约束，我国经济高质量发展受到较大阻力，使得自然资源价值未能得到有效利用，而政策制定过程中的基本原则就是追求效用最大化。政策的制定需要在有限的资源条件下满足各方面效用，自然资源资本拥有丰富的价值与使用价值，是进一步转化为创新型产品与服务的资源载体。自然资源资本化市场可以激发相关主体参与市场建设，提高自然资源集约使用水平和高效发展能力，为经济的绿色高质量发展提供新动力。

自然资源资本的交易有利于创新现有的服务与知识体系,突破固有的交易载体,从而推动经济社会的创新型发展。① 自然资源资本化市场建设政策体系框架构建的关键是实现自然资源资本的合理有效转化,包括收集、融合、应用等过程,加快自然资源产业升级以及以自然资源为主要支持的能源经济的发展。自然资源资本化市场的建设将自然资源的供给主体串联在一起,将经济系统和生态系统复合成有机的统一体,在更大范围内解决自然资源利用问题,更加珍惜自然资源。而珍惜自然资源的有效途径就是合理、科学地利用自然资源,促进自然资源资本化,发挥市场在配置自然资源资本方面的决定性作用,从而使自然资源资本存量保持非减性,加快自然资源资本增值。我国自然资源资本化市场建设政策体系的构建,可以有效激活市场配置资源的能力,促进市场主体参与到自然资源资本化进程中来,加快自然资源资本化模式创新与推广应用。因此,在政策体系框架构建时既要注重自然资源资本的产权界定、价值评估、价值实现、资源管理、市场评价、交易监督等过程的实质效应,也要提高对不同自然资源类型的区分利用,加强对自然资源资本需求的挖掘,激发自然资源资本创新的活力,发挥自然资源资本新产业的推动作用,形成促进自然资源资本化的新动能,实现整体效用的最大化。

(五) 维护自然生态系统和经济系统的协同发展

美国法学家博登海默认为,秩序指在自然和社会进程中都存在的某种程序的一致性、连续性和确定性。② 自然资源类政策制定以自然资源资本化市场为重要前提基础与根据,政府可以通过自然资源的交易助推公共政策与公共服务。从政府的角度出发,自然资源资本化市场建设有利于政府全面提升新时代的治理能力,营造良好的生活环境。自然资源资本化市场建设不仅必

① 林宣佐:《基于绩效评价的我国森林碳汇支持政策体系研究》,博士学位论文,东北农业大学农林经济管理系,2019 年,第 43—46 页。

② 温芳芳:《信息资源配置协同制度的价值取向》,《图书馆建设》2014 年第 11 期。

须在依法保障自然资源资本公平、公开、透明交易的前提下进行，而且也应该以自然资源刚性规律为基本原则，维护生态系统的稳定性，平衡生态系统与经济、社会系统之间以及生态系统内部各要素之间的关系。其原因在于，作为自然资源资本化市场建设的最后一环，如果不能很好地把握生态规律，考虑生态系统承载力对经济系统的影响，那么自然资源资本市场难以达到好的效果，甚至造成不良后果。自然资源资本化市场建设政策体系的框架构建旨在统筹自然资源资本化市场相关的各类要素资源，规范管理自然资源资本化市场建设过程中的各类措施，为加强和创新社会的秩序管理奠定制度基础。公共政策的良好运行离不开政策主体、客体、环境三者之间的协调运转，同时也离不开不同政策单元之间与同一政策内部要素之间的相互作用。因此，自然资源资本化市场建设政策体系的框架构建不仅要强化不同政策主体、客体与环境之间的紧密衔接，也要注重自然资源资本化市场建设政策体系和其他政策单元体系、自然资源资本化市场建设政策体系内部各要素之间的协同运作。

二、我国自然资源资本化市场建设政策体系的构建原则

（一）追求实效原则

社会经济的发展状况很大程度上会受到政策的影响，而政策设计作为出台政策前的关键步骤，对于今后政策的效果显得尤为重要。在政策设计阶段，设计者应该多去实地调研，防止出现闭门造车的现象。对于自然资源资本化市场建设政策支持，其在政策实施中存在的诸多问题都出自政策设计本身。因此，政策体系构建要遵循追求实效原则，将政策效果发挥到最大。具体而言，自然资源资本化市场建设政策支持应该从以下几方面出发：一是正确地判断自然资源资本化市场建设政策支持想要解决的问题，从实际出发，进行大量的实证研究；二是分析问题，剖析当前实施的自然资源资本化市场建设政策存在的缺陷；三是对当前政策进行调整，设计更有时效性的政策。

（二）合理明晰原则

政策制定的各个过程都要遵循合理明晰的原则，提高政策的运行效率。政策的合理明晰有利于政策的理解与操作，一旦政策的制定含糊不清，政策的执行者便会产生歧义，从而降低政策的执行效果，甚至引发政策执行者谋取私利等现象发生。因此，在构建自然资源资本化市场建设政策体系时，一方面，要提高政策内容的合理性，从自然资源资本化市场的实际情况出发，政策应当准确、清晰，对解决当前自然资源资本化的困境具有明确的指向性；另一方面，政策的制定要与经济社会的发展和生态系统的良性运营相适应，使得自然资源资本化市场建设政策成为推动绿色高质量发展最合理快捷的政策。

（三）落地见效原则

落地见效原则是指在制定政策时要明确政策实施主体，健全政策执行评估机制，发挥政府督查和社会舆论监督作用，形成齐抓共促合力，确保政策措施落到实处。在自然资源资本化市场建设的政策体系构建上，要加强组织协调，政府引领，企业主导，公众参与，每一个实施主体切实负起责任，政府各部门之间、上下级之间要协同配合，形成推进市场建设的合力。在法律的框架下，经济行为主体（生产者、厂商、消费者）应该在遵循市场经济发展规律的条件下，保护自然资源与生态环境。公众（社会团体、民间组织、个人）要充分发挥监督作用，对自然资源和生态环境的政策法规体系建言献策与监督批评。同时，要加大对自然资源和环境保护的劳动力、资金的投入，二者都是自然资源资本化及市场建设中必不可少的力量。要大胆探索创新，在法律法规许可的条件下，鼓励和支持各地各部门大胆探索、勇于创新，建立完善奖惩机制，加快典型案例的经验总结与推广。加强监督机制建设，完善工作运行机制，增强调度推进，确保各项政策目标真正落地见效。

（四）协调稳定原则

政策目标的实现需要各个政策执行部门之间的科学合理有效的协作。中央政府出台的政策是全国的、宏观的、总体性的，中央政府需要协调地方政府的政策制定，对地方政府的政策发挥指导、规范、调整作用。在政策制定过程中，地方政府不能各行其是，需要从地方的实际出发，充分考虑当地特色，在地方政府的权力范围内，对政策进行特色化调整，同时制定一系列的配套政策措施，促进地方政策更好地执行。政策的制定与执行必须保持稳定性。一旦政策的变化频率过高，政策客体便会对政策执行主体失去信任与信心。但是当客观现实发生改变时，政策应该迅速调整和改变。政策的及时调整是政策制定与执行者当机立断的充分体现，自然资源资本化市场建设政策的执行者应当将协调性和稳定性紧密合理地结合起来，推动地方政策的良好实施。

（五）激励相容原则

激励相容是一种制度安排，指的是在这样的制度下，每一个理性“经济人”在追求自己个人利益最大化的同时，正好与集体价值最大化的目标相吻合。激励相容包括两层含义:第一，在相容激励中，制度设计供给者不仅是相容激励的设计者，同时也是激励主体。制度设计供给者对被激励对象进行制度上的管理，从而达到激励相容的状态。第二，达到激励相容状态的制度不仅是科学高效的，同时也是各方利益最大化的。这是一种理想化的状态，在现实的市场经济活动中的实践较难实现。一方面是因为制度的需求者和供给者存在信息不对称，不仅难以激励相容，反而会引起两者之间的相互博弈。另一方面是激励相容的制度由于受到制度供给者和客体之间的现实影响，难以达到效率最高的状态，也受到政策本身的科学合理性的影响。自然资源资本化市场建设政策的制定过程首先要贯彻激励相容原则，充分考虑政策供给者与其他利益主体的真正需求,避免出现政策供给者与其他利益主体出现反复博弈的情形。其次要在激励相容过程中,不断提高激励其他利益主体与政策供给者的相容程度。最后,要加强自然资源资本化市场建设政策本身的科学合理性,为激励相容奠定正确的方向。

需要指出的是,自然资源资本化政策应当具有合理性,即必须实施因势利导的自然资源资本化政策,而不能采取传统的有政府主导的违反比较优势的自然资源资本化政策。同时,要注意政府主导可能带来的系统风险性,自然资源资本化政策可能会治标不治本,而且还有可能会造成资源的极度无效率配置。这是由于:(1)由于政府官员缺乏足够高的市场敏感度,缺乏足够的必要信息和动力,从而难以作出明智的自然资源资本化市场发展抉择;(2)由于政策内生性和信息不对称性,有为政府的自然资源资本化政策往往只在短期或者在局部有用,而中长期的弊端大于短期好处;(3)基于非常有限的信息作出事先的自然资源资本化市场建设政策规划和措施,即使平均期望往往还可以,但方差却可能会很大,以致自然资源资本化市场建设的政策效果往往会走向两极分化。

第三节 我国自然资源资本化市场建设政策体系的总体框架

自然资源资本化市场建设的政策体系是一个有机整体,而不是各个部分的机械组合或简单相加。在我国自然资源资本化市场建设过程中,不同的自然资源资本化市场主体最关心的政策有四类:财政支持政策、金融支持政策、价格激励政策和权益补偿政策。自然资源资本化市场建设政策体系中的各个政策不是孤立地存在,每个政策在体系中都起着特定作用。具体而言,在自然资源资本化市场建设政策的框架体系中,财政支持政策、金融支持政策更多的是属于一种外生因素,而价格激励政策、权益补偿政策则更多是从自然资源资本化市场建设运营主体的市场化利益调节入手，属于一种内生因素。或者说，财政支持政策是前提条件，金融支持政策是重要补充，价格激励政策是关键环节，权益补偿政策是保障措施。

一、财政支持政策

在自然资源资本化市场建设过程中可能会存在不少问题，比如产权制度的制约、企业的恶性竞争、市场交易不公平、市场信息不透明等。对此，政府作为公益人，就要通过财政政策、税收政策等手段与工具来支持自然资源资本化市场建设。其中，财政政策是以干预经济为手段并实现一定的经济目标。财政的投入可以推动经济的发展。财政政策的实施代表政府行为，是国家的风向标。因此，财政资金的流动方向不仅可以加快某一领域或产业的发展，还能引导社会资金的流转，从而获得政府和社会的多方支持，加速某领域或产业的高质量发展和社会生态和谐。自然资源资本化市场建设财政支持政策的制定和实施往往会受社会经济发展水平、国家政治经济制度、政府的财力状况和不同阶段发展目标任务的影响。

财政支持政策是自然资源资本化市场建设政策体系的重要内容。政府通过财政手段对污染进行控制，对自然资源保护给予有效补贴，是当今世界许多国家尤其是发达国家政府普遍采取的一项重要制度。财政政策的作用是矫正市场失灵，弥补价格缺陷，出台合理的财政政策，有助于将自然资源利用的外部成本内部化，进而促进自然资源的合理分配和利用。总体上，自然资源资本化市场建设的财政支持政策大致可以分为两个级别。第一级是一级工具，也叫总体政策工具，通常是指国家政策导向，大政策出台后，省市县等各级主管部门会根据大政策方向出台相应的细节政策，在政策引导下，公共财政也会向政策指定的项目支出，同时也会带动大量的社会资金流入。第二级是总体工具的具体细分，也叫政策工具手段，具体分类如表 3－1 所示。

表 3-1　财政政策工具分类

总体政策工具	政策工具手段
命令与控制	标准方法
收费与控制	产品收费 排污收费 受益者补偿
排污许可证交易	排污许可证交易手段
补贴	污染削减补贴 其他补贴
证券	环境行为证券 废物处理证券 可交易的环境股票

命令与控制政策是指管理者需要不断监督与控制污染者的行为，使污染者不得越过规定的环境质量标准水平，主要分为“环境标准”和“排放标准”。收费与控制方式是指通过税、费等形式将污染赋予一定的成本，当污染成为成本后，基于企业成本最小化考虑，企业会设法减少污染以减轻其支付污染的负担。排污许可证交易是指政府将排污许可证合法交易，在建立排污总量标准的基础上，通过对企业之间的排污权交易，进而达到污染最小化的目标。而政府财政补贴形式非常多样化，包括污染削减补贴、补助金、财政拨款、赠款、政府间税收补贴减免税收、加速资产折旧、银行政策性贷款长期低息无息贷款和基金部门基金、专项基金、环境基金等。证券用于自然资源的财税手段上比较少，只有在少数发达国家试用，付诸实践的有环境行为证券、废物处理证券、可交易的环境股票等。

二、金融支持政策

制度经济学认为，金融制度是一种节约交易费用与增进资源配置效率的制度安排，制度的产生与改变并不是取决于人为的意识，也不是具有随意性的。金融制度不仅是一种既有形式下的固定框架，更是一种经过一系列相互关联的演进过程的结果。当下，我国自然资源市场交易，特别是地区对金融服务的需求日益多样化和高度化，但是现有的金融服务体系不能完全满足当下的需求，金融支持与金融服务出现了金融缺失的现象。金融缺失现象背后存在着各种不同的原因，但是最根本的原因是金融制度的缺失。从现实来看，经济社会的发展水平和市场化程度对金融制度具有重要的影响，但从理论角度来看，金融制度的相关配套制度安排不合理、缺乏必要的政策引导机制引起金融制度的缺失。因此，我国很多年来一直提出要加快改革和创新金融体制，要针对金融需求的特点，建立一种既能弥补“市场失灵”，又能避免“政府失效”的充满生机和活力的融资机制，引导社会资金回流，建立健全功能齐全、结构合理、产权明晰、机制完善、监管有力、具有可持续发展能力的金融体系，加强和改善金融服务，促进社会经济全面发展，满足社会经济发展的合理资金需要。信贷资金在社会经济持续发展中十分重要，曾在很大程度上缓解了我国投入波动造成的不稳定状态。但由于金融系统的商业化，信贷资金获取门槛较高，制约了社会经济的可持续发展。现代的自然资源资本化发展离不开大量资金的投入，除了政府财政和企业投入外，信贷资金同样发挥着重要作用。

在自然资源资本化市场建设过程中，迫切要求我国尽快构建完善的自然资源资本化市场金融支持政策体系。自然资源资本化市场金融支持政策体系主要分为发展支撑类、外部依托类和综合监管类三大类型。其中，发展支撑类主要包括自然资源资本化的绿色信贷、绿色债券、绿色股票指数和绿色保险等，主要效用在于促进自然资源资本化市场金融自身发展，通过自然资源资本化市场中的绿色金融及相关产品吸引社会资本，拓宽融资领域以增加融资量，降低投资交易成本，进而提高自然资源资本化市场交易项目的回报率。外部依托类则以专业机构和基础设施建设为主，包括自然资源资本化市场银行体系、排污权交易市场、自然资源资本化市场绿色评级、自然资源资本化市场数据库建设等方面的支持政策。监管类包括自然环境信息强制披露机制、自然资源资本化市场投资者网络、生态环保教育和确立金融机构自然环境责任等营造良好金融环境的相关支持政策，主要目的在于为自然资源资本化市场金融支持发展营造良好的外部和内部环境。

三、价格激励政策

自然资源资本化市场建设的价格激励支持是国家为达到预定的经济运行目标，在自然资源产品价格上所采取的激励措施的总称。价格激励政策对生产者和消费者的收益分配会产生直接影响，从而可以引导企业进行环境成本内部化。自然资源资本化市场建设的价格激励政策主要包括科学制定反映环境成本的资源价格，规范的定价方法，构建以市场配置为决定性作用的价格体制，同时政府要对自然资源价格进行日常监督，并利用税收或者收费、补偿的手段，运用价格杠杆调节自然资源的开发利用和保护行为。①

在经济学理论中，当价格是由市场竞争形成的时候，其充分反映了市场供给和需求的关系，真正体现了产品本身的价值。市场像一只“看不见的手”，能够使资源按供求关系的变化在各个不同的部门达到最有效率的配置。然而，在传统计划经济体制的框架下，我国自然资源的价格水平一直是由政府所掌控的，与市场定价是绝缘的，其价格无法反映真实的价值，也不能完全反映市场的供给和需求的关系，难以发挥其对生产者、经营者、消费者的激励和约束作用。由于自然资源具有公共品和外部性的特征，在自然资源的价值体系中，其生态系统服务功能在我国现行的市场架构中是没有得到充分体现的，既没有价格，也没有所有权，这种外部性、公共性导致市场机制失效，资源通过市场无法调节，往往会出现资源无效率的浪费和滥用，导致生态环境的污染与破坏。因此，在自然资源资本化市场建设过程中，需要建立能够反映市场供给和需求关系，能够反映自然资源稀缺程度，能够反映其真实价值，符合市场经济规律的价格体制。要发挥市场配置资源的决定性作用，建立市场价格体制，同

① 孟祥松：《环境成本内部化的政府激励政策研究》，博士学位论文，河北大学世界经济系，2016 年，第 10—17 页。

时，也要加强政府监督管理，在市场失灵的情况下，为了避免自然资源的开发、资源利用的可持续性和生态补偿受到阻碍，市场的价格需要在公平的基础上实现成本的合理化，这需要政府通过价格激励机制弥补市场缺陷。具体来说，自然资源资本化市场建设的价格激励政策主要包括科学制定反映环境成本的资源价格，规范的定价方法，构建以市场配置为决定性作用的价格体制，同时政府要对自然资源价格进行日常监督，并利用税收或者收费或者补偿手段，运用价格杠杆调节自然资源的开发利用和保护行为。

四、权益补偿政策

自然资源系统是一个开放与动态变化的系统。随着自然资源资本化的推进，系统的结构、质量、组合方式以及生产能力将发生改变，这就会产生相应的风险。对此，国家应加强各种风险的防范和管理，努力构建生态风险防范体系，其中生态权益补偿政策就是自然资源资本化市场建设支持政策体系的重要内容之一。自然资源资本化市场建设权益补偿是对自然资源产品和自然服务支付补偿费用的一种制度安排。通过向经营者支付自然保护、自然修复、自然发展的直接成本和机会成本，激励经营者改变高消耗、高污染的传统生产方式，采用绿色、低碳化生产方式，以达到保护和改善自然环境、增强自然服务功能、提高综合效益的目的，最终实现经济效益、社会效益和自然效益和谐统一。

自然资源权益是指法律、法规规定的在市场运行机制中进行配置的自然资源产权、自然资源行政权的各种权益的总称。自然资源资本化市场建设权益补偿是对自然资源产品和自然服务支付补偿费用的一种制度安排。通过向经营者支付自然保护、自然修复、自然发展的直接成本和机会成本，激励经营者改变高消耗、高污染的传统生产方式，采用绿色、循环、低碳化生产方式，以达到保护和改善自然环境、增强自然服务功能、提高综合效益的目的，最终实现经济效益、社会效益和自然效益和谐统一。自然资源资本化市场建设权益补偿政策通过明确补偿的主体和对象，确定动态的补偿标准、补偿方式和补偿途径,从而构建完整的自然资源资本化权益补偿网络体系。

尽管自然资源资本化市场建设支持政策作为一个有机整体是不可分割的政策体系,但是财税引导政策、金融支持政策、价格激励政策、权益补偿性政策之间所涵盖的内容却存在相对独立性,通俗来讲,便是它们之间既有联系亦有区别。自然资源资本市场建设的支持政策具有时效性、独立性、表述性特征。时效性是指其支持政策的推行具有时间限制;表述性指该政策的表现形态是简单而机械的;独立性指政策实施作用对象是特定的,不容易随外在环境而发生联动反应。然而,这一政策支持体系却同时具有开放性、循环性、智能性的特点,这一特点有利于自然资源资本市场建设支持政策的实施与动态调整。自然资源资本化市场建设政策体系是一个开放性的结构,它不仅关注其政策本身,又基于各项支持政策之间的关系结构,将其内部各要素融合在一起,使之实现循环、智能式发展。自然资源资本化市场建设的支持政策不仅要推动国民经济持续、健康、协调发展,同时也要突出体现实现自然资源资本化市场建设的发展目标,其作为一个有机的整体,各类制度、政策、法律等措施囊括其中,进而成为其有机组成部分。

第四章　我国自然资源资本化市场建设的财政支持政策

建设自然资源资本化市场，离不开财政政策的支持。财政支持政策主要包括税收、预算、国债、购买性支出和财政转移支付等手段，如何通过调整政府的财政收支政策工具来引导和推动我国自然资源资本化市场建设，是一个值得研究的重要问题。本章从财政政策支持自然资源资本化市场建设的作用功能和路径入手，阐述了自然资源资本化市场建设过程中财政支持政策的设计思路，探讨了自然资源资本化市场建设财政支持政策实施应重视与注意的相关问题，并以浙江省丽水市为例，对财政政策支持自然资源资本化市场建设的实施背景与条件、支持重点与成效、政策优化与完善建议进行了分析，旨在为其他类似地区进行自然资源资本化市场建设提供政策借鉴。

第一节　财政政策支持自然资源资本化市场建设的作用机理

一、财政支持政策的基本功能

自然资源资本化市场建设旨在强调自然资源的生态价值与经济价值的相

互转化与能动统一，并运用市场机制来实现自然资源资本的良性运营。在自然资源资本化市场建设过程中，自然资源资本化市场建设主体若能够获得财政政策支持，则自然资源资本化及其市场建设的内生动力势必得到激发。[①]此时，财政支持政策的激励效应就可通过政策运行机制得以实现，从而进一步推动自然资源资本化及其市场建设。反之，若没有财政支持政策，鉴于自然资源资本化市场建设具有风险高、成本高、周期长等特点，则有可能会打击自然资源资本化市场主体的积极性。

由于自然资源与生态环境具有不可分性，人们在进行自然资源保护和开发利用过程中，往往会对生态环境造成两方面的影响：一方面，是自然资源的开发和利用会对生态环境造成污染和破坏，从而增加了自然资源开发利用的外部成本；另一方面，人类在对自然资源的保护过程中，会产生一些正的外部效应。这些成本和效益却往往没有得到普遍关注与重视。[②] 例如，有些破坏自然资源的单位和个人没有得到相应的处罚，而积极保护自然资源的单位和个人，却无法独享由自然资源开发利用产生的全部效益。在自然资源资本化及其市场建设过程中，政府通过采用“有形的手”将外部性“内部化”，通过财政政策支持自然资源的资本化利用，有利于自然资源资本的保值与增值。可见，财政政策之所以对自然资源资本化市场建设具有支持作用，便是因为财政支持政策体现了政府对自然资源资本化市场建设的总体把握，能引导自然资源合理配置，通过明晰自然资源的产权界定，将自然资源的部分权益进行产权归属，使自然资源资本化的外部性内部化，从而发挥政策导向作用、载体作用、凝聚作用和优化作用，进而推动我国自然资源资本化市场建设。

根据财政收支的不同，自然资源资本化市场建设的财政支持政策可以划

---

① 肖锐：《财政支农对农业绿色生产率的影响研究》，博士学位论文，中南财经政法大学农业经济管理系，2018 年，第 48—49 页。

② 颜瑾：《财政支持农业生态资本运营的需求调查及政策设计》，硕士学位论文，中南财经政法大学农业经济管理系，2018 年，第 11 页。

分为财政支出和财政收入两大类政策工具。(1)财政支出类政策。政府通过给予自然资源资本化市场主体一定的财政补贴或财政转移支付,可以鼓励其进行自然资源资本化并参与市场建设。自然资源资本化市场建设的财政支出类政策工具比较丰富,例如林业小额贴息贷款政策便是一种较为典型的林业资源资本化市场建设财政支持政策,该政策具体是指林农的林权证经林业部门审核、评估、抵押登记,获得农村信用社等金融机构的贷款,贷款到期偿还后,林农凭农村信用社出具的利息清单到当地财政部门办理贴息款领取手续。其优点是手续简便,融资成本低,覆盖面广,使用率高,因此适合于我国广大林业行业。(2)财政收入类政策。国家为了达到对自然资源和生态环境进行保护的目的,对使用自然资源的主体根据其开发、污染或者破坏资源环境的程度进行税费征收,征收的这部分税费就是绿色税收。例如我国开征的资源税主要是指对水、森林、草原、海洋以及石油、煤炭等资源的开发与利用征收的税收,目前采用较多的是开采税、水资源税、林业税等。还有污染税,可分为排污税和污染产品税。排污税就是直接对排入大气、水、土壤等生态环境的污染物征税,常见的排污税有废气污染税、废水污染税、固体废物污染税和噪音污染税等。而污染产品税是指对可能造成污染的产品进行征收的环境税。

事实上,财政支出类政策和财政收入类政策都具有支持自然资源资本化市场建设的激励功能,即便绿色税收政策也可以理解为一种约束性的激励,或者说这种约束本质上是一种反激励,毕竟约束和激励是相辅相成的。财政支持政策通过其政策功能不断调整与优化自然资源资本化市场建设规模和结构,加强绿色生产科技创新与推广应用,制定节约资源与保护环境的配套措施,从而对自然资源资本化市场建设起到激励作用。这种硬约束主要表现为责任和成本约束,即在支持自然资源资本化市场建设过程中,除了能明确自然资源资本化市场建设主体的既得利益外,还明确了自然资源资本化市场建设主体的责任和成本。通过财政支持政策,将自然资源资本化市场建设的外部责任转化为自然资源资本化市场建设主体的“个体责任”,将“社会成本”转化为“个体成本”。

自然资源配置不仅激励和约束自然资源资本化市场建设规模和结构，其对自然资源资本化市场建设效益也有极其重要的影响。财政支持政策通过其导向作用，使得被消耗的自然资源得以再生、重建和“折旧”，存量的资源得以合理有效配置，能改变自然资源资本化市场建设主体目标及经济行为，进而不断调整其自然资源资本化市场建设规模与结构；通过其载体作用，使得自然资源配置以财政支持资金为载体，提升各生产要素资源的配置效率；通过其凝聚作用，引进先进科学技术和高级人才，支持各生产要素与经济资源实现优势互补，从而最终建立起持续、高产、高效、稳定运营的自然资源资本化市场体系。

二、财政支持政策的作用路径

政府通过对公共财政收支的预算估量、执行力度和决策选择方面的考量，根据财政资金的具体情况可以直接针对自然资源资本化市场建设作出合理的相关政策安排。通过对财政相关的收支进行一定的预算和决策，将对建设自然资源资本化市场形成一系列有针对性的直接支持方案与措施。财政支持政策对自然资源资本化市场建设的直接作用机理，使财政在控制其支出方面相较其他方面的支出更有优先权。例如，对于自然资源资本化先行企业及其从事自然资源资本化市场建设相关人员的培训，政府可以通过下发一定的财政资金给相关的培训机构，这些机构进而将这些自然资源资本化先行企业及其从事自然资源资本化市场建设相关人员组织起来进行课程培训，让他们更好地了解自然资源资本化市场建设的相关理论知识。在培训过程中，将自然资源资本化的相关概念及有效的运营手段作为培训内容传授给企业及其相关人员，让他们在实际工作中能够学以致用，增强了政策的实践性，便是财政政策支持自然资源资本化市场建设的一种作用路径。

鉴于自然资源资本化市场建设具有高风险性和不确定性，往往难以吸引社会资本投资，因此有必要出台相关财政政策来进行支持。财政补贴政策以及政府采购或政府组织支持其他企业的采购等事后激励方式，都是政府支持自然资源资本化市场建设的具体政策工具。以财政补贴为例,其能够降低自然资源开发利用成本,提高自然资源产业收益,鼓励社会资本增加对自然资源资本化市场建设的投资。如图 4-1 所示,横轴代表自然资源资本化市场建设,纵轴代表收益或成本。财政补贴能够提高开发利用者边际收益,其边际收益曲线上移进而促使投资增加。由此可见,财政支持政策能够提高自然资源资本化市场的投资总量,而投资额的增加会导致经济整体的连锁反应,带动相关产业和区域整体的经济增长。因此,增加财政补贴获得的投资收益会远远大于补贴自身的金额。另外,政府的财政转移支付在促进资源产业发展的同时,会进一步推动自然资源资本化及其市场建设。

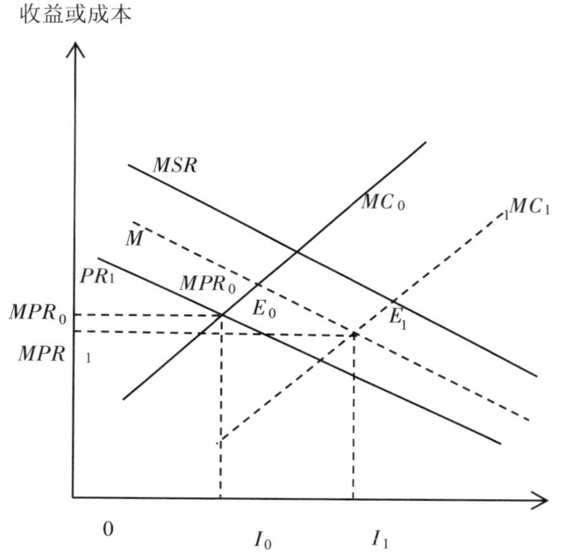

图 4-1 财政政策支持自然资源资本化市场建设的作用路径示意图

当然,财政支持的政策功能不仅仅是增加资金投入,其还具有引导和撬动社会资本向自然资源资本化市场建设投入的导向功能。在自然资源资本化市场建设过程中,基础设施建设、绿色科技研发与推广投入以及市场主体培育等均需要大量资金投入,仅依靠财政资金支持是明显不足的。因此,财政支持政策还需要通过“四两拨千斤”的方式，引导社会资金投入自然资源资本化市场建设，引导社会资金、技术、数据等生产要素向自然资源资本化市场建设领域流动，发挥财政支持政策的主导作用和杠杆效应来撬动市场经济主体投入自然资源资本化市场建设之中，从而切实为自然资源资本化市场建设提供保障。作为一项代表政府决策的政策工具，财政支持政策同时也是一种风向标，社会上很多企业家时刻关注着国家的宏观政策走向，跟随着国家层面政策决策者的步伐，进行合理的投资。当政府将更多的目光放在自然资源资本化及其对应市场建设之中，就会随之将一些社会的关注度吸引过来，使更多的投资者将资金投入到自然资源资本化的相关产业中，为自然资源资本化及其对应市场建设吸引更多的社会资金。

在加强社会对于自然资源资本化及其市场建设的认知度上，由于自然资源资本化的相关概念在我国的普及程度不高，调研发现很多人对此不甚了解，财政的相关支持政策可以进一步打开推广、宣传的渠道。应当通过多种形式提高投资者对自然资源资本化及其市场运营的认知度与认可度，提高对财政支持自然资源资本化市场建设的知晓度，自然资源资本化运营投资者必须充分了解国家对自然资源和生态环境领域的宏观政策，特别是财政支持政策，才能参与并加大对自然资源资本化及其市场建设的投资。这时，务必充分发挥投资者的带动效应，因为成功投资者的投资行为还将引起另一部分投资者的重视和效仿，从而带动周围的投资者进行定向投资，进而会带来更多的资金进入自然资源资本化市场，以弥补财政支持资金的不足。

第二节　自然资源资本化市场建设财政支持政策设计思路

运用财政政策来支持自然资源资本化市场建设，实质上是通过“政府+市场”来推进自然资源资本化，核心问题是处理好政府与市场的关系。就一个完善的自然资源资本化市场建设过程而言,按照过程的递进顺序可以分为四个阶段,也就是四个子过程,本书分别称之为准入过程、启动过程、运行过程和实现过程。第一阶段是自然资源转化为产权明晰的自然资源资产,即自然资源的资产化,这是自然资源投入生产过程的前提和准入条件,故称之为自然资源资本化市场建设的准入过程;第二阶段是自然资源资产作为要素投入到生产过程之中,即自然资源资产的资本化,这是自然资源资本化市场系统的输入端,由此才能启动自然资源资本化运营,故称之为自然资源资本化市场建设的启动过程;第三阶段是自然资源资本在生产过程中通过劳动和技术形成自然资源产品,即自然资源资本的产品化,这是自然资源资本形态变换的具体运行阶段,故称之为自然资源资本化市场建设的运行过程;第四阶段是自然资源产品以商品的形式进入市场进行交易,即自然资源产品的市场化,这是自然资源资本实现价值增值的阶段,故称之为自然资源资本化市场建设的实现过程。自然资源资本化市场建设的财政支持政策设计思路,必须结合自然资源资本化市场建设的每个阶段,尤其是第二三四阶段来进行。

一、自然资源资产资本化的财政支持政策设计思路

自然资源资产产权是国家、集体或个人对于某种自然资源(或某一地域范围内的自然资源)形成的一组排他性的权利,包括自然资源的所有权、使用权、收益权、管理权和规划权等,自然资源资产化的核心问题是自然资源资产产权的可流动性。当自然资源资产作为一种生产要素投入到生产过程中,并与其他要素相整合,就可得到自然资源产品,这是自然资源资本化市场建设中的启动过程,由此才正式开启了自然资源资本化市场建设和运营。

自然资源资产想要顺利地转换为自然资源资本,需要自然资源资产以生产要素的形式投入到自然资源资本化运营过程当中。[①] 自然资源资产资本化

① 陈光炬:《农业生态资本运营:内涵、条件及过程》,《云南社会科学》2014 年第 2 期。

需要大量资金投入，而这种投资回报现阶段无法吸引足够的资金投入，因而主要的资金来源是政府的财政补贴与税收优惠，它起着投资方向的引导作用。现阶段财政政策支持自然资源资产资本化的重点是对自然资源环境质量要素资本化的支持，典型表征便是运用财政政策支持相关产业，如生态旅游业发展。从生态旅游的特征来看，是自然资源资产资本化行之有效的方式之一。目前，我国生态旅游相关的财政政策主要分为两种：一种是开发维护费用，包括旅游资源开发和维护费用、旅游资源开发所带来的生态补偿费用，政府通过收税或收费的方式将自然资源环境这一公共产品的开发、利用和维护所产生的成本费用转移到有关利益方，以促进旅游资源的可持续利用。另一种则是财政补贴，包括对生态旅游经营主体的直接补贴、贷款的政策倾斜以及对开发过程中利益受损的主体的经济补偿等，以此来促进生态旅游产业的发展。合理的财政政策能有效调控生态旅游产业发展，促进自然资源的合理开发利用，实现生态效益、社会效益与经济效益相统一。由于自然资源种类复杂多样，行政管理部门众多，其具体细化的财政补贴与经济补偿的政策细则与清单将是需要继续深入研究的命题。

二、自然资源资本产品化的财政支持政策设计思路

将自然资源资本进行产品化是自然资源资本化市场建设的第三个过程，也是自然资源资本实现价值转化的关键阶段。自然资源资本在生产和运营过程中通过劳动和技术获得自然资源产品，其在形式上表现为自然资源产品的生产过程，但本质上就是自然资源资本通过一些形态变换进行价值转化，进而实现保值增值，这一价值转化和保值增值过程被称之为转化过程。

自然资源资本产品化的关键是要不断地创新与采用新的生态技术。一方面，通过发明新的生态技术，不断发现新的自然资源型生产要素，与其他生产要素相结合，生产出能满足各阶层消费群体对绿色消费需求的自然资源产品，并提供优质安全多样化的自然资源产品和服务。另一方面，通过生态技术创

新促进技术的生态化发展，提高自然资源的利用率和产出率，降低自然资源消耗率，减少污染排放，实现降低自然资源产品生产成本、增加自然资源产品附加值、提高自然资源产品的自然品位、维持较高收益率的目的。

生态技术创新既是自然资源资本化发展的必然要求，也是推动自然资源资本化市场建设持续发展的原动力。一种自然资源资本要素无论怎样通过形态的变换演化成自然资源产品，不管是物理形态的转变，还是化学性质的转变，不论是有形自然资源产品，还是无形的自然资源产品，起决定作用的都是生态技术。如高生态质量和附加值的自然资源产品开发、高生态品位的自然资源产品的生态功能开发，都是运用生态技术开发自然资源中的共生或整体功能，生态技术是自然资源资本产品化的关键，生态技术的应用过程就是自然资源产品的价值凝聚过程。

现代社会的发展需要一定的技术人才，在科学技术的支持下推动更好地发展。这在自然资源资本化及其市场建设过程中，就是掌握良好的生态技术，以便更好实现自然资源产品的价值，提高自然资源产品的效益。因此，财政政策支持要把生态技术推广作为自然资源资本化市场建设的重点给予支持，其支持的力度因不同的自然资源类型、不同的自然资源产品、不同的时段将不同，并根据经济社会发展的需要进行动态调整。

三、自然资源产品市场化的财政支持政策设计思路

自然资源产品是自然资源资本化市场建设的第四步，也是自然资源资本价值的具体实现阶段。当一种自然资源产品或自然资源服务以商品的形式进入自然资源资本化市场，通过交易获得交换价值即实现了自然资源资本的价值增值，故也可以称之为自然资源资本化市场建设的实现过程。自然资源资本作为一种资本必然具有资本的一般属性，即在资本逐利性的支配下必然投入到一定的社会生产活动中去，在生产过程中与其他生产要素相结合生产出特定的产品，然后通过产品在市场上出售，以交换价值即价格的形式实现其货

币价值,因此,自然资源市场是自然资源资本价值得以实现的载体。同理,自然资源产品的市场化是自然资源资本价值最终得以实现的载体。

必须说明的是:自然资源资本化市场建设是一个有机统一的动态循环系统,其准入过程、启动过程、转化过程、实现过程依次递进,循环耦合,前一过程是后一个过程的基础,后一过程是前一个过程的延伸,从自然资源价值链的角度看,又是一条完整的自然资源价值延伸路线,缺少任何一个环节都会导致自然资源价值链的中断。存在价值、使用价值、要素价值、交换价值是自然资源资本价值实现的内在逻辑,正是通过这一价值传递规律,才能实现自然资源资本的保值增值。

相对于自然资源产品来说,虽然对生产技术和生产成本的要求要高于普通产品,但这些自然资源产品的生产过程符合可持续发展战略的内涵,因此加速其市场化是极为重要的。由于价格和知名度等多方原因综合,政府在政策制定方面要达到一定的支持作用,必然促进自然资源资本市场化,例如进行绿色工农业产品的补贴政策。农业自然资源是我国自然资源资本化市场建设的重点领域之一,2016 年 12 月,经国务院同意,财政部和农业农村部(原农业部)联合印发了《建立以绿色生态为导向的农业补贴制度改革方案》,围绕保障粮食等主要农产品供给安全、农民稳定增收和生态环境保护等目标,推进供给侧结构性改革,完善补贴政策。到 2020 年,基本建成了以绿色生态为导向、促进自然资源合理利用与自然资源环境保护的补贴政策体系和激励约束机制,进一步提高了补贴政策的精准性、指向性和实效性,促进了经济社会的可持续发展。

当前,我国正处于大力推进生态文明建设与绿色财税制度改革的关键时期,而自然资源资本化市场建设恰恰就需要得到财政政策的倾斜支持,通过运用财税制度对政府、企业和个人的行为进行规制,便能够支持其进行绿色生产、绿色生活,进而推动我国自然资源资本化市场建设。一方面要完善绿色税收体系,在增值税、消费税等大税种之外健全环境税和资源税等,提高企业污染成本,倒逼生产经营者进行绿色转型;另一方面还要提高绿色财政支出水平,加大对绿色环保企业的扶持力度,促进绿色技术科研攻关,降低自然资源利用者绿色生产的成本,调节自然资源产品市场,进而促进居民绿色消费,在生产、经营和消费全链条上实现自然资源产品绿色化。

第三节　财政支持政策实施应重视与注意的问题

一、加强政策评估工作,增强财政政策支持合力

财政政策对于自然资源资本化市场建设具有支持和引导作用,而政策评估是确保政策执行效果不可或缺的重要手段。政策评估必须涉及政策方案本身、政策执行过程以及政策结果的全过程,在政策方案制定时衡量其科学性、合理性,在政策落地实施时追踪其规范性,最后考察政策结果的高效性,进而对这一政策的效果有全面而公正的判断。尤其是财政支持政策这一类涉及大规模资金支出的项目,必须提前做好预算,对资金使用效率进行全程追踪。我国人口基数大,经济体量大但是发展并不均衡,当前还面临复杂的国际环境,政策的制定和实施难度很大,各类利益主体因其环境、职位和角色的不同对政策的解读会产生差异,进而执行时就很难协调控制。因此,制定自然资源资本化市场建设财政支持政策时必须充分发挥以人为本的精神,综合各相关方的意见和建议,谋求多方平衡,制定能够被更多人理解的方案,确保自然资源资本化市场建设财政支持政策能够最大化落地,实现其政策目标。在财政政策执行时,一方面要加大宣传力度,提高政策知晓率,细化分工,将目标分解至各执行主体,保障政策的执行推进;另一方面要加强过程监督和总结,追踪政策执行是否偏离目标、是否存在阻碍执行的难点以及是否有更加优化的调整方案。只有全盘考虑、不放细节才能保证政策顺利落地,降低政策成本支出,最

大化地实现其目标。

随着自然资源资本化市场建设的深入，财政支持政策的实施必然会伴随一些新问题的产生，因此需要时时关注政策执行情况，并对其进行检视。要坚持统筹兼顾原则，关注多方需求。在现行的财政支持政策中不能仅仅考虑自然资源供需企业经营主体的需求，还要考虑不同层面消费者的需求，从多角度多方面进行思考。例如，在提高自然资源供需企业经营主体的收益水平时，不能一味地考虑提升自然资源产品价格，而要兼顾降低自然资源产品价格以增加消费者的购买意愿等问题，以提高其购买意愿和购买力。

要对自然资源资本化市场建设财政支持相关政策进行统筹规划，打好财政政策组合拳，增强财政政策支持合力。例如，自然资源资本化市场建设的前提是保护自然资源环境，在现行的方式中，不仅要注重自然资源资本化运营投资产生的经济效益和增长的速率，还要将自然资源和环境污染也纳入考虑的范畴之中。财政支持自然资源资本化市场建设不仅仅局限于支出方面，还要充分发挥税收等财政收入政策的作用。因此，为了更加贴近自然资源资本化市场建设需要，在税制设计中应该考虑对自然资源环境的保护和自然资源的可持续利用。要加强和完善相关的税收政策，加大调控力度，协调好自然资源优化配置和生态环境保护之间的关系，进一步促进自然资源资本化市场建设的良性发展。例如，通过征收资源税，向开发利用自然资源或破坏自然环境的人或企业征收一定的费用，依法让其承担相应的成本，以增加自然资源和环境的合理利用效率。

自然资源资本化市场建设的部分财政支持政策还处于尝试阶段，需要不断观察，时时反馈效果，任何事物的发展都具有一个循序渐进的过程，从简单到复杂，从低水平到高水平。财政支持自然资源资本化市场建设的政策也不例外，由于我国自然资源资本种类丰富等多种情况杂糅在一起，财政支持自然资源资本化市场建设的相关政策情况更为复杂。当部分政策出现了意料之外的状况时，要及时调整政策，补充措施，保障政策的良好执行。本质上，财政支持政策是利用相对少量的财政支出资金支持拉动自然资源资本市场建设和运行。这种以社会整体利益出发的公共资金能够释放市场信号,吸引更多社会资金向自然资源资本化市场流动,这既符合市场资本自由流动的规律,又能缓解政府单独支出时的资金匮乏问题。但是我国目前针对这类公共产品的制度体系尚未完善,政府干预缺乏合理的把控,市场主体未能积极参与,导致公共财政压力较大,未能取得良好的投入效果。因此,要健全与完善财政支出制度,充分利用财政政策正确支持对自然资源资本市场建设的投入。

在自然资源资本市场建设的财政支持政策执行过程中,要注意优化政策组合,取长补短,提高政策执行效果。经济学上追求降低风险、获得最高利润,因而会有更多的投资组合来平抑风险,降低损失。我国目前的财政政策体系尚不完善,财政支出往往是专款专用,难以与其他政策形成合力,导致资金使用效率不高,这就给自然资源资本市场运营造成不良影响,不利于长远发展。无论是税收优惠,还是财政补贴,要根据地区特点,有其目标侧重点,使政策执行在不同地区取得最佳效果。此外,只有将各类政策手段形成合力,才能使其政策的受益面更大,执行效果更优。例如,在对高污染企业征收环境税提高生产成本的同时,对绿色环保企业予以补贴降低其成本,将利润差异放大,就能更好地支持企业绿色转型,积极参与自然资源资本市场竞争。

二、规范财政支出管理,提高财政资金使用效率

在自然资源资本化市场建设的财政政策支持过程中,资金的使用效率问题尤为重要。我国财政资金的使用效率仍处于优化治理能力的阶段,政府分管部分较多,资金使用渠道也较为分散,很多资金在各自部门看似是专项专用,实际上存在与其他部门重复的情况,一定程度上造成了资金浪费。自然资源资本化市场建设涉及的部门也非常多,包括农业农村部、自然资源部、生态环境部、商务部、市场监管局等,其费用支出容易被分化到各个部门分管,造成最终资金不足,仅能解决项目的部分问题。当前的财政政策应该扩大税源,促

进财税资金稳定增长；同时向自然资源资本化市场适度倾斜，加大绿色财政支出力度；统筹财政支持自然资源资本运营资金，再细化到各部门分工，使各部门的职能协调统一，共同推动自然资源资本化市场建设。

（一）形成财政支持稳定增长机制

伴随我国 GDP 总量保持稳步增长，财政收入也逐年增加，国家财政在资源环境领域的支出增长成为必然，但是其占总财政支出的比例却未有增加，尚未得到相关法律制度的保障。随着国家推进经济高质量发展，各级财政提高环境资源领域的投入比例成为必然。资金投入加大的同时，必须强化资金用途管理，应该将财政资金更多用于环保基础设施建设和资源环境市场营商环境改善，刺激市场主体自由进出，完善自然资源资本化市场建设。在政府调控层面，需要加强绿色 GDP 考核制度建设，支持各级政府聚焦资源环境问题，彻底摆脱以资源环境换经济发展的老路，让政策向自然生态环境倾斜，统筹生态效益与经济效益，结合地方特色找出一条适宜的高质量绿色发展之路。

（二）加大环保领域投资的财政支持力度

在财政政策支持过程中，要丰富政策支持形式，加大资源环境保护的财政资金扶持力度，提高资金使用效率。除原有的环保产业税收减免和直接补贴外，需要加强对自然资源资本化市场建设，支持社会资本向市场内部流动。同时，自然资源环境保护的核心在于绿色技术进步，绿色技术还存在开发难度大、应用成本高等难题，财政资金应当强化对绿色技术科研攻关的投入，以技术扩大利润空间，进而优化各种市场要素的有效配置。只有绿色技术进步才能降低企业向资源节约、环境友好转型的成本，提高企业收益，进而促进资源与环保产业有序发展。①

---

① 严立冬、何伟、乔长涛：《绿色农业产业化的政策性金融支持研究》，《中南财经政法大学学报》2012 年第 2 期。

（三）拓展财政支持自然资源资本化运营的范围

优化财政支出结构，成立资源环境专项资金，做好顶层设计，对各部门用于资源环境的支出进行统筹分配，确保资金分流到项目关键节点，支持自然资源资本化市场运营。继续扩大财政资金支持规模，制定更多"绿箱"政策来促进自然资源资本化市场体系的健全和有效运行，使稀缺的自然资源能够得到有效配置，实现人口、资源、环境与经济的全面协调可持续发展。"绿箱"政策更多的是提供公共服务，推动基础设施建设，能够有效改善市场环境，降低生产经营难度，增强自然资源资本化市场主体进行绿色经营的信心。与此同时，需要借鉴国外的成功经验，拓展财政支持自然资源资本化运营的范围。加大公私合营项目建设的支持力度，减小政府公共产品投入的同时，通过市场的介入来提高资金的使用效率。①

三、推进财政收入政策改革，着力激发市场主体活力

（一）健全绿色税收体系，发挥政府调控功能

在财政收入政策方面，近几年我国采取了积极的绿色税收改革，以税收杠杆促进自然资源环境保护。《中华人民共和国环境保护税法》《中华人民共和国资源税法》已分别于2018年1月1日、2020年9月1日起正式施行。《中华人民共和国环境保护税法》是为保护和改善环境，减少污染物排放，推进生态文明建设而制定的国家法律；《中华人民共和国资源税法》对资源税的税目、征税对象和税率进行了详细规定，主要包括能源、金属、非金属、水、气和盐等矿产资源。此外，目前我国几乎所有税种都涉及资源环境概念，包括主体税种—增值税、企业所得税等，还包括具有促进合理节约利用自然资源、保护生

---

① 高博：《内蒙古自治区财政支农优化研究》，博士学位论文，内蒙古农业大学农林经济管理系，2016年，第118页。

态环境、支持消费作用的其他税种，如城镇土地使用税、车船使用税、车辆购置税等，初步构建了以环境保护税、资源税为主，以消费税、增值税等其他税种为辅的绿色税收体系。各税目种类繁多，独立征税，所以有必要在体系内部进行统筹协调，明确征税对象和范围，确定合理的税率，避免出现漏征或者重复征税的现象。

科学规范环境税和资源税的征收范围和税目，根据企业生产经营对自然资源环境的影响程度划分不同的税率，由各级政府根据各自的自然资源环境情况，选择适宜的税率加以实施。例如，扩大资源税的征收范围，提高资源税税负，以矫正因资源税率过低而造成资源浪费的行为，逐步改变目前定额征收的方式，对非替代性、非再生性、稀缺性的资源课以重税，起到限制和调节作用。要充分发挥税收调控功能，转嫁公共资源成本，通过税收杠杆调节企业绿色转型和群众绿色消费升级，促进资源节约、综合、高效、有偿使用和生态环境保护，实现人与自然和谐共生发展。

（二）促进外部成本内化，推动企业绿色转型

健全绿色税收体系是推动企业绿色转型的重要举措。绿色税收体系能够有效促进企业减少污染、降低排放、提高资源利用效率，推动产业绿化升级。完善的绿色税收体系能够优化资源的合理配置，企业等市场主体发现了盈利机会就会主动配合转型改造，在规则内开展绿色生产经营，循环利用自然资源，减少资源浪费与环境破坏，化危机为转机，提高生态效益、环境效益与经济效益。因此，要充分发挥绿色税收的产业导向功能。一方面，完善绿色税收体系和加大税收力度，将自然资源的使用和生态环境修复作为资本投入成本内化到企业生产经营中，提高资源投入和高污染排放企业的生产成本，加强对企业污染减排、产业结构调整等支持，推动企业的绿色技术进步，加快绿色转型。另一方面，积极调整税收结构，整合税目，降低环保产业税负压力，鼓励企业清洁高效生产，推动自然资源资本化市场健康稳定发展。对于因资源循环利用、

产业绿色升级造成损失的企业给予一定的减税优惠，对资源产业的龙头企业给予奖励，形成积极的示范作用，鼓励更多企业顺应节能减排趋势进行自我改造，用短暂的利益损失换取未来的可持续发展。

（三）加强生态产品支持，促进消费绿色升级

中央及地方各级财政应加大对生态产品生产的支持力度，支持生态产品规程普及推广，强化生产过程管理、基地投入品监控等重要环节以及基础设施建设。特别要考虑到生产生态产品成本较高的实际，应在继续逐年增加企业补贴标准的基础上，对从事生态产品生产、加工、流通的企业，在补贴标准上给予适当税收政策倾斜，提高生态产品供给能力，激发生态产品市场活力。

另外，消费税的税目需要与时俱进进行调整。随着人民生活水平的提高，消费也正在持续升级，原有的部分高消费变成了一般性的日常消费，原有的部分消费习惯也不符合当下绿色发展新理念的要求，需要通过消费税的升级来支持居民的绿色消费理念和习惯。首先要改变消费税的征收范围，降低或免去已转为日常消费品的奢侈品税，将重金属制品、不可降解的塑料、农药包装、一次性用品等污染较为严重的产品纳入征收范围，对实木家具、皮草等破坏生态资源环境的商品征收高额奢侈税，规制不环保的消费行为，促进消费的绿色升级。总的来说，就是要改革消费税制度，适当扩大征税范围，提高或减免税（额）率，促进资源节约型绿色消费，以支持消费绿色升级来发挥自然资源资本化市场对保护生态资源环境的积极作用。

第四节　浙江省丽水市财政支持政策的地方实践

丽水市地处浙西南，号称“九山半水半分田”，山区自然资源丰富，生态优势突出，是浙江省第一个国家级生态文明建设示范区，被誉为“浙江绿谷”。

近年来，丽水市在推进生态文明建设过程中，将“山区”自然资源作为自然资源资本化市场建设的重点领域，运用财政政策支持山区生态产品价值实现，将自然资源和环境优势转变为生态经济优势，在山区自然资源资本化市场建设方面进行了有益探索，取得了“绿水青山”转化为“金山银山”较为显著的成效。2018 年习近平总书记曾赞誉“浙江丽水市多年来坚持走绿色发展道路，坚定不移保护绿水青山这个‘金饭碗’，努力把绿水青山蕴含的生态产品价值转化为金山银山，生态环境质量、发展进程指数、农民收入增幅多年位居全省第一，实现了生态文明建设、脱贫攻坚、乡村振兴协同推进”。

一、实施背景与条件

（一）经济高质量发展与自然资源保护

发展生态经济是丽水市生态文明建设的重要内容。作为山区农业大市的经济要快速发展，迫切需要大力推进工业化进程，而加快工业化进程，势必给自然环境造成压力，进而使经济高质量发展与自然资源保护的矛盾日益突出。丽水市要实现经济高质量发展，必须正确处理经济发展与自然资源利用和环境保护这一矛盾。丽水市的支柱产业主要有竹木加工、建材、化工等，如果不处理好竹木加工、建材、化工业的高质量发展与自然资源保护之间的问题，不仅将给本市的自然资源和生态空间带来灾难性后果，而且还将会给浙江全省带来严重的影响。据调查，丽水市山区一些农民曾经迫于经济生活压力，乱砍树木，垦林开荒，掠夺性开发山区旅游资源，造成自然资源极大浪费，破坏了当地乡村的生态环境。近年来，通过生态文明示范市建设，丽水市关停并转了重点污染企业，使该市经济发展速度有所减缓，但对加快全市乃至全省的生态环境保护与生态文明建设起到了重要作用。正确处理好山区休闲观光旅游资源开发与自然保护区之间的关系，是丽水市政府面前的“两难”选择。因此，充分认识山区自然资源的价值，将山区自然资源转化为自然资源资产，进而转化为自然资源资本,实现丽水市自然资源资本良性运营,确保其自然资源资本保值增值,这就迫切需要建立健全自然资源资本化市场运营机制。建立健全自然资源资本化市场运营机制离不开各级政府各项政策的支持,在这种背景下丽水市率先进行自然资源资本化市场建设财政支持政策的地方实践。

(二) 优化资源配置与林权制度改革

丽水市根据自身的自然资源优势与山区地理特点,在科学合理利用自然资源的基础上,特别重视自然资源的优化配置与林权制度改革。通过利用市场之手,将原本让渡的自然资源迅速转变成大笔自然资源资本。在自然资源配置方面,对水资源、森林资源、矿产资源等实行市场化配置,充分体现了自然资源资本的价值,保障了自然资源资本存量非减性,并实现保值增值。在林权改革方面,推出“林权 IC 卡”。丽水市林权改革的“林权 IC 卡”使广大林农将“活树变活钱,资源变资产,资产变资本,叶子变票子”,手持的“林权 IC 卡”变成可以随时提现的“小银行”。

(三) 重视并加强农业农村自然资源资本化市场建设

丽水市是一个依山而生的城市,全市大约有 88.4%的土地都是山地。虽然丽水市的农业规模化发展已经有了较大提高,但仍然处于相对偏低的水平,尤其是农业产业化龙头企业、农民专业合作社、家庭农场等新型农业经营主体,仍然有待加快发展。农业农村是丽水市自然资源资本化及其市场建设的重点领域之一,农业发展水平虽然逐年提高,但是农民的整体收入水平仍然不容乐观,只有浙江省平均收入水平的 71%左右,因此,农民收入增加提速迫在眉睫。农民收入的增加与山区休闲观光旅游资源开发有着密切的联系,一方面作为山区要提高农民的收入,必须开发利用其特有的旅游资源,另一方面开发利用其特有的旅游资源必然会破坏自然生态环境,农民收入水平的提高和山区自然资源保护双重压力明显。

二、支持重点与成效

（一）支持基础设施建设，实现自然资源向自然资源资产转换

丽水市在自然资源资本化市场建设过程中，注重对基础设施建设的财政政策支持，以实现自然资源向自然资源资产转换。自然资源资产的转换，体现了自然资源的价值，保护自然资源就能实现自然资源保值增值，而自然资源的保值增值必须强化对自然资源的保护。近年来，丽水市不断加大对自然资源保护的财政政策支持力度。通过对自然资源环境的源头控制和重点区域的污染治理，统筹推进水、气、土地资源面源污染的综合治理等方面取得了明显成效；通过对土地资源中的土壤污染进行监测预警，组织开展保护土地资源的土壤污染治理行动，有序推进了已被污染了土壤的治理，充分保障山区自然资源产品的生产安全；通过把化肥农药的减量化纳入自然资源产品保值增值中，实施农业自然资源绿色化利用的化肥农药减量行动，以此提高了化肥农药的利用率，提高了自然资源产品的品质安全，以实现山区自然资源转化增值与可持续发展；积极推进农作物秸秆资源、农业废弃物资源的循环利用，并有针对性地将农业投入品包装废弃物作为一种资源进行统一回收处置，变成新的动态资源循环利用；通过改善农田基础设施，加快农业“机器换人”“设施增地”，推动耕地资源保护、农田设施完善、农业机械作业，充分发挥基础设施在农业与农村自然资源资本化进程中的作用，全面提升农业与农村自然资源的利用效率。此外，加强对基本农田和高标准农田的管护，积极完善高标准农田建设的基础条件，努力提高农业作物资源的综合生产能力。通过增施有机肥、农艺修复、农牧结合等措施，加大对中低产田的改造力度，进一步培肥耕地地力，建立高标准农田数量、地力等级、质量动态监测管理档案和长效养护机制。创新农业与农村自然资源资本化运营思路，运用财政支持政策措施，大力发展设施农业，积极支持各类农业生产主体开展钢架大棚、玻璃温室、立体栽植、控温控

湿、物联网等高效设施农业装备应用，提高对光、温、水肥资源利用的人工调节、自动化调控能力。在施肥技术上，做到精准施肥、精准滴灌，提高土地资源的复种指数，促进土地资源利用率、产出率的提升。①

需要指出的是，丽水市在推进自然资源资本化过程中不仅积极加强基础设施建设，而且注重产品品牌建设和推广，“丽水山耕”品牌便是典型代表。“丽水山耕”是第一个在全国地级市层面整合全域山区自然资源的大品牌，而其整合全域山区自然资源的一大举措，就是将丽水市下辖的七县一区一市知名特产收归一处，整体打包，以新品牌“丽水山耕”推向市场。毕竟，靠弱小的单个主体去打响品牌实在是太难了，人力、财力、物力，样样都缺。② 倘若以一个小品类为基地来开展品牌建设（如五常大米、西湖龙井等）不仅耗时耗力，还要协调各县、区间的利益纠纷。但将丽水市所有特产聚合一起，则恰好能够破解丽水山区农业小、散、弱的弊端。丽水物产丰饶，经过多年发展，形成了九大主导产业，其中许多产业驰名全国，但品牌过多过滥，难以形成合力，不利于丽水农业整体形象的打造。而由政府出面打造“丽水山耕”这一统一化的大品牌，便有利于形成品牌合力，并树立起对外统一的整体形象。丽水市高度重视区域公用品牌的管理运营，“丽水山耕”提出要以“1+N”的全产业链一体化公共服务支撑体系，形成“丽水山耕+县域品牌（产业品牌）+企业品牌”的母子品牌矩阵，以“母鸡带小鸡”的方式，实现子品牌产品溢价，走活扩大高质量农产品有效供给之路。事实上，很多地方的区域公用品牌在建设成功之后希望再推出一款产品时却发现无力可借，而“大品牌”的合力价值便体现于此。同时，随着东部地区经济的快速发展，城乡居民绿色行为观念得以初步建立，农业绿色产品需求进入新的阶段。丽水市把握市场机遇，努力推动“六次产业”的绿色革命，为东部沿海地区与长江三角城市群提供农业绿色产品与服

① 麦瑜翔：《农业生态资源资本化支持政策研究》，博士学位论文，中南财经政法大学农业经济管理系，2018 年，第 119 页。

② 李志起：《“丽水山耕”品牌建设之我见》，《农产品市场周刊》2018 年第 7 期。

务。在“丽水山耕”的助推下，好产品卖出了好价钱，农民由此增收致富，为丽水市“打好五张牌、培育新引擎、建设大花园”贡献力量，践行了“绿水青山就是金山银山”理念。同时，“丽水山耕”品牌发展对当地的农民既富了“口袋”，又富了“脑袋”，同时也富了希望；让当地政府对农业发展也有了有效抓手；对当地的农业企业也有了一个可依靠的载体。

（二）支持结构调整，提升自然资源产品的附加值

在自然资源资本化市场建设过程中，丽水市立足山区特点和良好的自然资源条件，在“两山”理念指引下，加强乡村生态文明建设，从财政政策的角度重点支持乡村自然资源资本化市场建设，通过调整山区自然资源利用结构与生产结构，加快乡村自然资源资本保值增值。具体做法包括：一是在山区农业的空间布局上，充分遵循生态规律。丽水市乡村得天独厚的山区自然资源是自然资源资本化的基础与条件，进行农业与农村自然资源资本化市场建设，要将保持自然资源环境承载力作为其建设的前提与基本原则，大力推广绿色、循环、低碳农业与农村发展模式，促进乡村自然资源的合理开发与利用，拓宽了农业与农村绿色发展空间。二是积极推进自然资源科学合理利用的产业集聚发展。在充分考虑丽水市的自然资源地理特征与区位优势后，划定山区自然资源产业集聚建设区域，通过一二三产业联动发展，充分拓展丽水市农业自然资源产业价值链，显著提升山区自然资源产品附加值。三是在山区自然资源的功能布局方面，充分发挥农业与农村自然资源“三生一体”功能，即生产、生活、生态一体的农业与农村自然资源科学利用的功能布局。通过财政政策支持，加快乡村振兴步伐与城乡协同发展，围绕城乡居民对自然资源产品的消费需求变化，建设了一批具有丽水特色的生态精品农产品生产基地。

（三）财税支持为引导，建立市场化多元化投入支持保障机制

近年来，虽然丽水市的财政收入增速在浙江省名列前茅，但对于全省重点

发展的山区来说,其财政收入的总量仍然很小,人均财政收入水平仍然比较低。随着丽水市各种社会保障制度需求不断加大,公共财政支出增长已经高于财政收入的增长速度。在财政收入增长低于公共财政支出增长速度的情况下,丽水市在推进自然资源资本化市场建设过程中,仍然不断强化自然资源资本化的产业开发。通过加大财政投入、贷款给予贴息、项目扶持等多种方式,因地制宜支持与推动自然资源资产资本化、自然资源资本产品化、自然资源资本产品市场化。在此基础上,丽水市积极构建多元资金投入支持自然资源资本化市场建设的保障机制,建立以政府财政投入为导向、经营主体投入为主体、社会力量积极参与的投入支持机制,并通过税收政策支持自然资源资本化市场建设。具体做到了如下几点:一是努力获得上级财政税收部门资金和项目的支持,进一步整合各级、各部门资金,优先将资金投入到乡村休闲旅游资源市场建设的各类项目上。二是通过税收政策支持农业与农村自然资源资本化市场建设。对自然资源及其产品,实行税收减免政策,对利用先进的生态技术,保护自然生态环境的自然资源产品生产企业实行低征税或减免部分税收入;对粗放型自然资源开采或产品生产企业实行高征税,以鼓励支持自然资源资本化市场建设的良性发展。三是鼓励民间资本积极投入到农业与农村自然资源资本化市场建设中,通过制定农业与农村自然资源资本化市场建设的补贴和贴息贷款等方面优惠政策与激励措施,支持民间资本参与农业与农村自然资源资本化市场建设的全过程。

三、政策优化与完善建议

自然资源资本化市场建设的进程并不会自发产生与演进,需在人们思想认识到位、产权制度完善、资源价值评估科学、市场发育良好等条件下,依托宏观政策的支持,才能顺利推进。因此,既需要遵循市场经济规律,也需要重视宏观政策的支持作用,同时还需要注重政策对人们资源价值观的支持作用,积极推进资源产权制度改革,完善自然资源资产的价格体系,通过对资本化市场体系的健全，以此发挥政策的支持效果。客观而言，政府的支持政策要以提高自然资源利用效率、实现资源利用与生态保护相统一为目标，通过完善政策调控目标、优化政策调控工具组合来提升政策的效力等级与政策供求匹配度，以此提供政策层面的保障，达到推进自然资源资本化市场体系运营的有效目的。展望未来，丽水市自然资源资本化市场建设的财政支持政策优化需要重点关注以下几个方面：

（一）动态调整财政支持政策的调控目标

在制定和提出相应的财政政策时，明确政策的调控目标是政策制定首要考虑的问题。因此，政府在制定财政支持政策时，需要先行确定好政策出台的具体目标，要使政策能够真实反映自然资源资本化市场实情，通过政策方案的设计解决自然资源资本化市场体系中的各类困难，从而推动自然资源资本化市场建设有效推进。因此，在制定自然资源资本化市场建设财政政策目标时，丽水市需要在自然资源资本化市场建设的资产化、要素化、产品化与市场化四个过程中，构建目标明确、层次多元的政策体系，使各项政策能够达到调控的预期目标。进一步来说，丽水市在自然资源资产化过程中以资源产权改革政策为导向，以破解产权制度对资源转化为资产的障碍因素，盘活自然资源为目标的财政支持政策；在自然资源资产要素化过程中，需要以资产管理政策为导向，以健全自然资源资产价值评估为目标，优化资产价值体系，确保资产价值构成完整，以致形成客观反映资产经济价值与生态价值的价格体系；在生态要素产品化过程中，需要以产品补贴政策为导向，通过加大生态技术研发与补贴、生态产品补贴等政策，实现山区自然资源资本从要素形态向产品形态转变与资本增值，进而提高自然资源产权人的收益和市场对资本品的调节功能，实现自然资源资本品最大限度的增值。

可见，不管是自然资源资本化市场建设的哪个阶段，都需要有明确的政策调控目标；只有明确了政策调控目标，政策实施才能有效解决资本化过程中各类难题。而丽水市自然资源资本化市场建设的有效实施，对自然资源的高效可持续利用、为社会经济发展增加活力，最终实现社会经济发展与生态环境保护的协调共生。当然，丽水市制定自然资源资本化市场建设各过程的分目标时，需要以总体目标为纲，统筹协调总体目标与分目标之间的关系，确保各项目标的协调统一。

（二）重组自然资源资本化市场建设财政支持政策工具

任何一项政策目标的实现都是目标与工具的有机结合。虽然丽水市政府在财政支持政策实施过程中，对自然资源产权人实施的政策工具存在差异，但却均倾向于直接获得补贴政策的政策工具，而不热衷于资产管理政策等间接政策工具。这就需要丽水市在现有政策工具进行重组的情况下，让政策工具更加符合政策供给和需求主体的需要，实现政策调控的目标。一方面，丽水市政府要积极深入基层调查研究，在倾听自然资源产权人在自然资源资本化市场建设过程中的诉求的基础上，调整各项政策支持的力度，按照政策需求主体需要实施差别化的政策工具，从而使政策工具能够最大限度地促进自然资源资本化市场建设。另一方面，丽水市政府在重组政策工具时，要基于自然资源资本化市场建设的长远考虑，需要发挥不同政策工具的替代效应，适当提前实施一些有效的政策工具，逐步化解一些制度性、市场环境等制约因素，通过创新外部环境，为自然资源资本化市场建设的运营创造良好的政策条件。

（三）提高自然资源资本化市场建设财政支持政策供求匹配度

通过调研发现，自然资源产权人比较偏向于补贴政策，而对资产管理政策比较淡化。这就要求丽水市在财政政策供给中从政策需求主体的角度出发，给予政策供给一定的针对性，提高补贴政策的力度，从而提高政策的供求匹配度。为保障政府政策的高效有效运行，政策需要从顶层设计角度出发规划财政支持体系，保证政策实施效果。

一方面，丽水市要立足政策顶层设计视角，对不同政策需求主体的政策需求进行调查研究，以实际政策需求来供给相应的政策。丽水市政府应根据自然资源资本化市场建设过程中，自然资源产权人政策需求的差异性，通过全面调研并结合当地资源禀赋，对各项政策要点进行细化。对于已经实施的政策，需要根据自然资源产权人等政策需求主体的差异性，对政策要素进行适当调整与优化，进一步完善政策体系。对于契合度较低的政策，如果供给大于需求，就需要从政策的重复性、有效性等方面进行分析；若供给小于需求，则应该对主体范围的偏移或政策体系进行完善。对于契合度较高的政策，可以对政策重点或需求主体范围进行偏移。

另一方面，政策信息的获取及反馈，也应充分发挥产业联盟、商业协会、集体经济组织、农业专业合作社等组织的作用，将其成为政策宣传和反馈的重要基地。鉴于自然资源资本化市场建设是一个复杂的过程，自然资源产权人或许会在资本化过程中对多项具体政策进行选择，如果仅依靠单一的政府主体进行政策宣传与反馈，其覆盖面较窄，力度有限，往往会因为渠道不畅，而使相关政策没有及时使自然资源产权人与企业获知，从而降低政策实施的效果。而农业企业联盟与农业专业合作社则相反，是政府与自然资源产权人沟通的桥梁，它们更加了解自然资源产权人在自然资源资本化市场建设过程中的现实困境，可将实际需要的政策真实地反映到政府决策层，从而有利于改进政策要素，走出政策供需衔接不畅的困境。

（四）优化自然资源资本化市场建设财政支持政策环境

财政支持政策的有效实施需要良好的环境进行保障。因此，需要在制度环境、经济环境、社会环境、文化环境等各方面，形成对自然资源资本化市场建设高效运营的有利氛围。在制度环境方面，要重点完善与自然资源资本化市场建设有关的法律法规，合理界定农地、水资源、森林资源等自然资源流转的范围，适时修改对农地资本化流转、水权交易、林权交易有阻碍的行政法规。

在经济环境方面，应构建生态市场经济发展体系，摒弃那些只注重经济效益而忽视生态效益的弊端。在生态市场经济中，应通过健全以绿色生态为导向的财政政策体系，支持自然资源利用向资本化利用转变，从而带动经济发展向绿色生态环保转变。在社会环境方面，应通过提高自然资源产权人社会保障力度来降低自然资源产权人对农地、水资源、森林等自然资源的依赖度，从而提高其参与自然资源资本化市场建设的意愿程度。在文化环境方面，应加大对绿色理念的宣传力度，增加自然资源产权人对自然资源的认识，树立起自然资源资本的理念，以此形成绿色生态生产、生活文化氛围。

第五章　我国自然资源资本化市场建设的金融支持政策

任何经济资源都必须经过合理、有效的配置才能推动一定时期内经济的增长。在现代经济体系中,金融资源是经济资源中流动性最强、组织性最高的资源之一。[①] 金融资源内涵多种、形态不同,依据金融资源的产业属性,可将其划分为工业金融资源、农业金融资源以及其他产业金融资源等。自然资源资本化市场建设需要金融资源的支持,其中金融资本资源和组织资源在金融支持自然资源资本化市场建设中发挥着重要作用。在推动自然资源资本化中,金融资本资源代表金融机构拥有的以货币化形式存在的资源,金融组织资源则指金融机构所蕴含的对于各类货币资本进行合理调配的能力。[②] 本章分析了金融支持自然资源资本化市场建设的传导机理和作用路径,提出自然资源资本化市场建设中金融支持政策的设计思路和政策建议,并以重庆"地票交易"的金融支持政策为案例,剖析了其金融支持政策实施流程与成效,提出政策优化与完善建议。

---

① 张家寿:《壮族区域经济开发的金融支持研究》,博士学位论文,西南交通大学工程与运营管理学系,2009 年,第 40 页。

② 王永龙:《中国农业转型发展的金融支持研究》,博士学位论文,福建师范大学经济学系,2004 年,第 128 页。

第一节　金融政策支持自然资源资本化市场建设的作用机理

一、金融供求失衡剖析

（一）金融支持自然资源资本化市场建设的制度滞后

虽然我国金融机构的管理体系日益完善，但是在自然资源资本化市场建设方面的金融制度依旧滞后，甚至存在某些空白，亟须完善。自改革开放以来，我国金融业务向专业化方向发展，采用一元式的中央银行制度。在这种框架下，建立了以央行为核心，以四家国有商业银行为主体，以其他金融机构为重要组成部分，共同发展、相互协作的金融体系。当前，由于合作性金融机构、商业性金融机构以及政府主导性金融机构的职能划分不够明确，并没有发挥各自应有的作用，导致整个金融体系市场化程度不高，国有银行垄断情况较为突出。随着互联网金融、地方性民营银行的积极改革和探索，金融市场化进程不断加深，竞争也越来越激烈。总的来说，自然资源资本化市场建设相关的金融制度建设还处于初期阶段，应该依据自然资源资本化市场建设的发展形势来完善应有的市场准入、监管和退出等机制。

（二）金融支持自然资源资本化市场建设的环境复杂

外部环境在很大程度上影响着自然资源资本化市场建设的步伐。首先，自然资源资本化市场建设面临复杂的宏观经济环境。金融政策作为宏观经济调控的政策工具之一，其稳定性对于自然资源资本化市场建设的推进非常重要。其次，社会发展水平也会对金融支持自然资源资本化市场建设的有效性产生影响。市场主体在利益的驱使下很可能产生“只借不还”等“道德风险”行为，这会降低金融机构的放贷意愿，不利于金融支持自然资源资本化市场建设。最后,经济发展水平直接影响企业的生产经营状况和社会的总需求。经济发展水平较高往往会刺激企业的投资行为,扩大企业的信贷需求,促进自然资源资本化市场建设;经济发展水平较低则会抑制生产消费,使企业融资需求下降,对自然资源资本化市场建设产生制约。

(三) 金融支持自然资源资本化市场建设的管理缺失

受传统金融管理体制的影响,金融政策支持自然资源资本化市场建设的过程中存在较多管理问题。由于中小企业信用风险管理制度不够完善,经营能力以及财务管理能力不强,企业的信贷成本较高,所以在一定程度上面临融资难的困境。政府财政的支持和政策性银行发挥的作用是有限的,以信用社为代表的合作性金融往往也存在"内部人控制"的现象,难以形成现代化的企业管理体系。因此,必须从体制机制、创新产品、优化流程等多方面大力推进企业信用体系建设,解决中小企业的无抵押担保的问题,降低企业的融资成本,使商业银行真正融入自然资源资本化市场建设的过程中,从而克服资金限制,扩大贷款资金的规模。

二、金融政策传导机理

自然资源资本化市场建设过程可以分为四个步骤:第一步是自然资源转化为自然资源资产,这一步由自然资源的使用价值与稀缺性决定;第二步是自然资源资产作为生产要素投入而形成自然资源资本,是在自然投资与产权界定的共同作用下形成的;第三步是通过自然资源资本形态的转变生产出自然资源产品(或自然服务),生态技术在这一过程起着决定作用;第四步是自然资源产品(或自然服务)通过自然市场的自然消费与交易实现其交换价值,这是自然资源资本化运营的最终结果,即实现自然资源资本价值的货币化。在此基础上,将所获得的收益中的一部分以实物、技术、资金和劳动力等形式再投入到区域自然生态环境保护与建设中,不断增加区域自然资源资本存量,从而实现区域自然资源资本化运营的良性循环。[1] 在自然资源资本化市场建设过程中,金融政策需求主要集中在自然资源资产资本化、自然资源资本产品化与自然资源产品市场化阶段,即自然资源资本货币化过程。自然资源资本货币化过程中需要大量的资金投入以维持自然资源资本的保值与增值,金融政策支持可以有效缓解资金压力,促进自然资源资本积累、自然资源资本集中与自然资源资本集聚有效运转。

(一) 金融政策支持自然资源资本积累

自然资源资本积累是实现自然资源资本化运营的前提,自然资源资本积累对自然资源资本化进程有着积极的作用。金融政策对于自然资源资本积累的支持,主要是通过加大资金的投入力度来推动绿色收入的增长。具体传导机理如下:自然资源资本的积累不仅受资本数量的影响,更取决于积累规模、积累率、积累结构和积累效果等因素。其中,自然资源资本积累率的提高既可直接影响自然资源资本积累,也可间接通过提高积累效果来提高自然资源资本的积累。[2] 因此,可以通过提高积累率来增加自然资源资本积累。自然资源资本积累率和绿色收入之间是互为因果的相关关系,一方面增加绿色收入可以提高自然资源资本积累率;另一方面在消费率不变的条件下,绿色收入的增加会促进自然资源资本积累率的增长。金融政策的引入会促进绿色收入的成倍增长,进一步促进自然资源资本积累率和绿色收入之间的相互作用。因此,金融政策形成了对自然资源资本化市场建设的支持。

(二) 金融政策支持自然资源资本集中

我国自然资源具有分散性、小规模性、产权分隔性等特点,且存在大量闲

---

① 严立冬、陈光炬、刘加林、邓远建:《生态资本构成要素解析——基于生态经济学文献的综述》,《中南财经政法大学学报》2010 年第 5 期。

② 秦涛:《中国林业金融支持体系研究》,博士学位论文,北京林业大学林经系,2009 年,第 54 页。

置或利用率不高的自然资源。自然资源资本集中通过将分散的自然资源资本汇集,从而形成规模化的自然资源资本,为后续自然资源资本化市场的建设形成有力支撑。鉴于当前我国面临的自然资源资本化中金融政策缺位的难题,通过建立完善的金融政策支持体系,调动民间资本参与支持自然资源资本集中,引导社会闲散资金投资支持自然资源资本化市场建设,以投资引领自然资源资本集中配置,形成规模经济效应。通过培育良好的金融环境和制度环境,建立有效的投资激励机制,促进自然资源资本化金融支持的发展,从而提高自然资源资本化市场中各类自然资源的交易活跃度,增强自然资源资本化市场的流动性。

(三)金融政策支持自然资源资本集聚

在自然资源资本产权激励机制比较健全的前提下,自然资源资本集聚以自然资源资本产权为纽带,以自然资源资本产权收益为核心,形成自然资源资本合作,从而实现自然资源资本集聚效应。通常,自然资源资本集聚以产业集聚为导向,以金融集聚为支撑。通过在日益完善的金融市场直接和间接融资为产业发展提供资金,以金融集聚促进产业的长期稳定和规模化发展,进而实现产业集聚,为以产业集聚为导向的自然资源资本化过程提供强力支撑。"公司+基地"是金融政策支持自然资源资本集聚最常见的模式,"公司"作为"龙头",为产业化提供增长动力。通过发挥"龙头"的带动作用,一方面由于金融集聚效应提高了其融资能力,另一方面以产业化方式推动了自然资源资本集聚效应。

三、金融政策作用路径

金融政策支持自然资源资本化市场建设的作用路径主要有两条,即国家金融信贷投资渠道和市场化金融服务渠道,二者之间的有机联系构成了支持自然资源资本化市场建设的基本途径。

（一）货币政策的作用机理

货币政策是支持自然资源资本化市场建设的有效途径之一，也是中央银行调控宏观经济的重要政策工具。中央银行在运用货币政策时通过控制中间目标变量，实现金融政策对经济调控的目标。货币政策对自然资源资本化市场建设支持的作用机理也由金融政策的中间目标变量加以传导。在可供选择的主要中间目标变量中，货币供应量是中央银行的首选。在经济发展的不同阶段，通过实施相应的货币政策，对基础货币量和基准利率进行调节，最终在货币乘数作用下，货币供给量也会发生相应的变化。与此同时，基准利率作为各类市场利率的基准，其变化会对各类融资成本产生影响，最终影响货币供给量。作为货币政策的三大法宝，法定准备金政策、再贴现政策以及公开市场操作是中央银行进行货币政策调控的主要手段。在经济处于繁荣甚至有过热趋势的时期，中央银行将采取紧缩性的货币政策来抑制总需求和通货膨胀，通过提高法定存款准备金率和再贴现率或在公开市场上卖出债券降低流动性，进而减少流通中的货币供给量。在商业银行体系中，由于货币创造乘数的作用，存款的减少将引起流通中的货币供给成倍减少。货币供给不足会导致利率水平上升，进而抑制企业的投资需求和居民的消费需求，避免经济过热。在经济处于衰弱或者萧条的时期，中央银行将采取扩张性货币政策，通过降低法定存款准备金率和再贴现率或在公开市场上买进债券以释放流动性，从而增加流通中的货币供给量。商业银行通过加大贷款投放力度派生出更多货币，从而使流通中的货币量成倍增加。货币供给的增加会引起利率水平的下降，从而降低企业的融资成本和居民储蓄率，进而提高企业的投资需求和居民的消费需求，带动经济增长。不同经济体的经济态势不同，货币政策传导渠道发挥的作用也不同，但是任何经济体的经济增长都需要适量货币的支持。中央银行通过实施如公开市场操作、存款准备金率调整等经济政策进而对货币供给量进行调控，最终对经济发展产生影响。当然，货币供给量应该和经济发展水平相匹配,货币供给量过多将会导致通货膨胀,过低则可能造成流动性不足、通货紧缩等问题。①

在中央银行对货币政策进行调控的过程中,商业银行在货币政策传导中发挥着积极的作用。无论是调节存款准备金率还是提高或降低再贴现率,都可以通过影响商业银行的流动性,进而影响商业银行对存贷款利率的调整,影响政府、企业以及居民的投资、消费和储蓄行为,最终对就业、物价水平、总产出等影响宏观经济的变量产生影响。②

(二)利率变动的作用机理

在各类支持自然资源资本化市场建设的金融政策中,利率政策是重要手段之一,也是货币政策的重要组成部分和主要手段。中央银行通过调整利率结构和利率水平,影响资金的供求状况,最终实现既定的货币政策目标,促进经济的平稳发展。随着利率市场化改革的逐步深入,我国中央银行加强了对利率政策的运用,并逐渐由直接调控向间接调控转变,利用利率与经济增长间的负相关关系,把利率的调整当作逆周期调节的工具。通过上调利率水平,抑制通货膨胀;通过下调利率水平,降低融资成本,刺激投资,拉动经济增长。利率政策对于经济发展的影响主要表现在以下几个方面:(1)利率是货币资金的价格,利率的变动对货币供求会产生直接的影响。高利率水平会增加企业的融资成本,降低企业的投资热情,从而降低货币需求;低利率水平会降低企业的资金成本,刺激企业加大投资,促进经济的发展。(2)作为衡量企业融资成本最直接有效的指标,利率的变动对投资的影响十分明显。通过对利率水平和利率结构的调整,利率政策会对投资规模和投资行为产生不同的影响,并

① 江娅:《金融政策与经济发展相关性研究》,博士学位论文,合肥工业大学工商管理系,2012年,第28页。

② 胡斌:《缩小城乡收入差距中的金融政策研究》,博士学位论文,江西财经大学政治经济学系,2015年,第39页。

在投资活动中产生经济杠杆效应。作为价格指标,利率具有合理引导投资、高效配置社会资源的作用。在经济衰退期通过降低利率,减轻企业债务负担;在经济过热期,通过提高利率,降低企业融资意愿,避免经济泡沫,从而引导企业根据经济环境作出理性的投资选择,促进经济平稳健康发展。(3)利率变动对存款利率的影响会对国民的储蓄行为产生影响。市场利率水平的变化和利率结构的调整,会对存款利率产生影响。当市场利率走高,人们会减少当期消费,将更多货币存入银行以获得更多的利息收入,社会的总储蓄量会增加;当市场利率降低,人们更愿意增加当期的消费,持有更多现金,减少银行存款,社会的总储蓄量会降低。利率变动不仅会影响人们对储蓄形式的选择,也会影响储蓄结构。当短期利率水平上升,人们会增加对短期金融产品的选择;当中长期利率水平上升,人们则更倾向于选择储蓄期限更长的金融资产。(4)利率变动也会影响居民的消费成本,对人们的消费行为产生影响。当利率水平较低时,相比于投资,居民更倾向于增加当期消费,消费成本的相对下降提高了消费需求,拉动了经济的增长;当利率水平较高时,消费带给人们的效用低于投资带来的效用,人们当期消费的机会成本增加,因而消费需求下降,内需不足。相比发达经济体,我国长期实行高利率政策,调整空间较大。①

(三) 信贷政策的作用机理

信贷政策也是货币政策中对自然资源资本化市场建设发挥支持作用的金融政策之一。信贷政策主要包括贷款供应政策和贷款利率政策。根据国民经济发展的目标制定相应的信贷政策,从而对贷款的投向、规模、贷款利率水平等进行调控和监督,以信贷投向和信贷结构优化产业结构,促进经济的协调发展。信贷政策的作用机理主要从两方面体现:其一,中央银行通过信贷政策对经济发展规模进行调节。由于我国金融市场还不够完善,大多数中小企业主

① 张玄:《金融集聚影响区域民营经济成长的机理与实证研究》,博士学位论文,重庆大学企业管理学系,2017年,第146页。

要通过银行贷款融通资金。中央银行通过实施信贷政策，影响流通中的货币量，进而影响商业银行对企业的贷款规模。企业融资规模的变化，将直接影响企业的投资规模，进而影响经济发展的规模水平。其二，信贷政策常与产业政策等宏观调控政策形成政策合力，对经济发展结构进行宏观调控。中央银行一方面通过“窗口指导”①以及引导商业银行限制信贷资金向某些行业投放，另一方面通过差别利率、贷款贴息等手段，鼓励引导信贷资金流向有利于宏观经济长期发展的行业。② 信贷资金结构的不断调整会促进产业结构的优化，最终引领经济的高质量发展。

第二节　自然资源资本化市场建设金融支持政策设计思路

商业性、合作性、政策性三种金融支持政策，是构建合理的自然资源资本化市场建设金融支持体系的基本要素，三种政策的支持效率决定了政策体系的总体支持效率，但是当体系构建不合理、三类金融支持政策之间出现分离时，效率便会大打折扣。因此，有效构建三种基本政策支持要素，是实现预期效率的关键。③ 基于此，本书提出了一个关于自然资源资本化市场建设金融支持体系的“三维构建模型”（见图 5-1）。

一、政策性金融支持政策的设计思路

由于自然资源资本化市场建设资金需求量大，且面临“市场失灵”和外部性问题，一般的商业资金不愿意主动进入该领域。因此，自然资源资本化市场

① 窗口指导是指中央银行根据产业行情，物价变动趋势和金融市场动向，规定商业银行的贷款重点投向和贷款变动数量，以保证经济中优先发展部门的资金需要。

② 金洋：《信贷政策与信贷结构调整效应研究》，《金融经济》2011 年第 6 期。

③ 安增龙、姚增福、王乐玲：《黑龙江农业产业化金融支持体系构建的理论研究》，《时代金融》2007 年第 6 期。

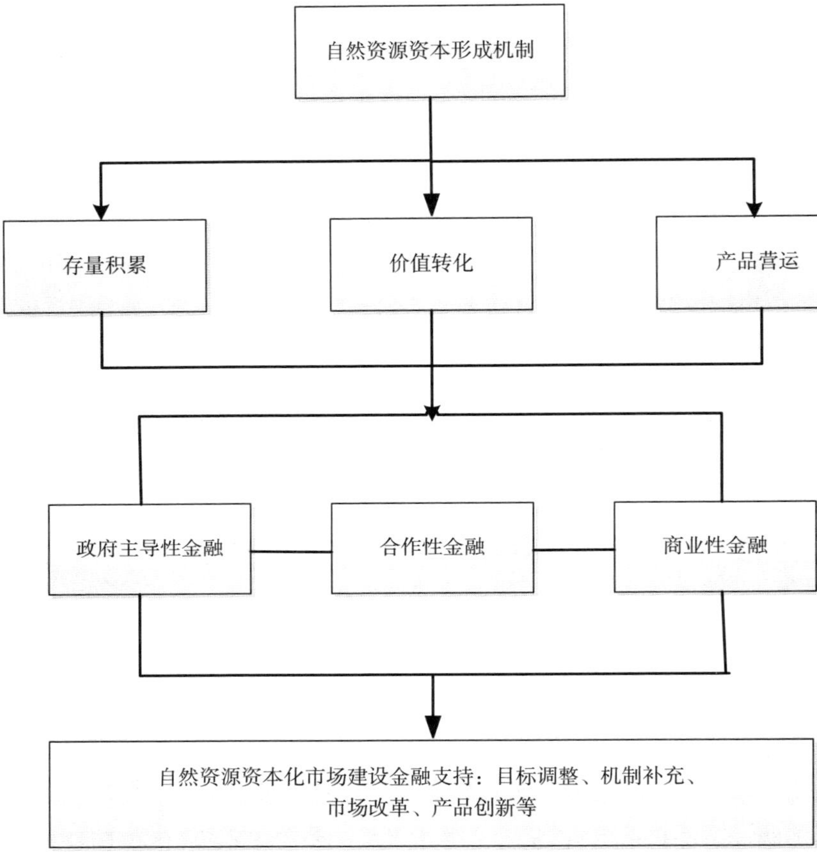

图 5-1　自然资源资本化市场建设金融支持体系的"三维构建模型"

建设的金融支持政策体系设计的首要任务是完善政策性金融支持体系。通过总结实地调查结果，发现政策性金融支持自然资源资本化市场建设存在政策导向不明、金融工具单一、资金投入不足等主要问题。因此，政府主导性金融支持政策的设计思路应围绕这些关键问题展开。

（一）明确政策性金融的支持目标

目标是政策提出的前提，也是政策出台的目的，同样的道理也适用于政策性金融支持体系。自然资源资本化市场同样符合一般市场内在的经济周期，均衡与不均衡、协调与不协调等各方面的矛盾经常在发展过程中出现，为保持自然资源资本化市场平稳运行，引导自然资源资本化市场主体投资结构和方向，政府通过金融手段对自然资源资本化经济行为加以控制和引导。因此，明确政策性金融支持自然资源资本化市场的支持目标，增强政策性金融支持政策的明确性与导向性具有重要现实意义。要明确政策性金融支持应围绕自然资源资本保值增值营运活动，为自然资源资本存量积累、价值转化与产品交易提供资金方面的政策帮扶。

（二）构建多元化的政策性金融支持手段

从我国政策性金融支持自然资源资本化市场建设手段来看，主要依托的方式是政府财政投入，但是所取得的成效并不显著。我国自然资源资本化市场建设尚处于起步阶段，自然资源资本化市场不成熟，对政策性金融支持依赖性较强。为优化自然资源资本市场结构，政策性金融支持应转变思路，运用多元化的金融支持手段，重"引导"而轻"注入"，灵活使用金融政策。可以直接投入政策性资金支持具体的自然资源资本化项目，还可以以金融手段鼓励商业银行从事支持自然资源资本化市场建设的活动，扩大"乘数效应"，有重点地扶持区域性自然资源资本化市场经营主体发展。政府以政策性资金为主导，吸引商业性资金投资，带动商业性信贷资金发展，为自然资源资本化市场建设提供有力支持。另外，还应推动金融机构创新和业务创新，扩大政府主导性金融机构对自然资源资本化市场建设的支持效能。①

（三）完善开发性金融融资机制

完善开发性金融融资机制，运用金融机制降低主导性资金投入成本，能缓解政府主导性资金投入的压力。开发性金融是指在市场机制形成不完善的情

---

① 刘红林：《发展循环经济中的金融支持作用与优化机制问题研究》，博士学位论文，河北大学经济学系，2010 年，第 101 页。

况下，政府运用金融机制给予相应的支持，开发建设市场，强调市场化运作，以带领商业性金融、推动经济发展的金融关系和金融活动的总和。其核心内容是以国家信用为基础，以市场业绩为支柱，通过金融手段贯彻国家政策，实现政府发展目标。由于自然资源资本具有公共产品或准公共产品的特性，从事这些经济活动有较大的风险性和不确定性，因此，必须充分利用开发性金融的作用。① 一方面，要合理有效地运用开发性金融的体制优势，通过中央政府组织提高公信力，推动市场制度体系建设和完善，为金融可持续发展的制度建成奠定基础，促进自然资源资本化市场经济发展和国民经济整体运行效率的提高。另一方面，为确保资金的安全，政府在整个管理过程中发挥重要作用，资金使用监督办法必须由政府与开发性金融机构共同制定，且政府对开发性金融借款主体及其投资项目的资产处理承担主要监管责任。构建科学的管理模式，有利于促进自然资源资本化项目规范管理，提高自然资源资本化市场主体的投资和运营效益。

二、商业性金融支持政策的设计思路

商业银行的稳健运营原则决定了其不可能成为起步阶段的自然资源资本化市场建设的主要金融支持机构。但是，如果出台相应政策，由政府对自然资源资本化市场经营主体的银行贷款提供信用担保，降低商业银行贷款的风险，商业银行在自然资源资本化市场建设中仍然可以发挥重要作用。

（一）引入政府信用担保计划

在自然资源资本化市场建设的商业性金融支持政策设计中，首要问题是解决商业性银行的参与问题，而引入政府信用担保计划是可行性较高的政策措施之一。公共信贷担保计划在各国已经成为一种为中小企业等市场主体提

① 刘红林：《发展循环经济中的金融支持作用与优化机制问题研究》，博士学位论文，河北大学经济学系，2010 年，第 102 页。

供信贷机会的有效工具，政府在其中发挥不可替代的作用，政府通用方式包括直接成立机构或提供再融资和担保支持。① 政府可以根据自然资源资本化市场发展状况和市场环境等因素，确定重点支持对象，并监督担保资金的运作规范性，评价其运营绩效。政府信用担保计划有效替代了抵押品，增加了自然资源资本化市场经营主体中部分中小企业获得贷款（或更好贷款条件）的机会。但需要指出的是，引入政府信用担保也会出现逆向选择和道德风险的问题，从而导致资源分配效率低下，在自然资源资本化市场建设的后期应予以限制或废止。

（二）深化资源资本化市场改革

深化多层次资源资本化市场改革，将自然资源资本纳入资源资本市场。一方面，成立自然资源资本创业板证券市场，通过自然资源资本创业板证券市场的创建引导社会资金向自然资源资本流动，使资金与项目相互对接，同时促进自然资源资本上市企业形成科学的现代化管理模式，推动企业现代化发展。② 另一方面，进一步完善自然资源资本市场，为自然资源资本化市场建设中新能源、清洁生产技术等环保科技创业型企业融资和风险投资的退出提供通畅的渠道；继续鼓励机构投资者的发展，降低个人投资者的比例，提高投资者理性长期投资行为的比重。

（三）推进商业性金融产品创新

金融支持自然资源资本化市场建设，必须积极推进金融创新。为此，要积极开发金融服务新功能，丰富金融服务产品。根据市场发展的不同阶段，有针

① 赵全厚、黄蓉：《中小企业政策性融资担保国际经验借鉴》，《地方财政研究》2019 年第 6 期。

② 付剑：《山西资源型经济可持续发展的金融支持研究》，博士学位论文，山西财经大学金融学系，2019 年，第 156—157 页。

对性地开发满足自然资源资本化市场需求的金融新产品，为市场主体提供贷款以外的金融授信业务，为上市企业提供全面的体系化金融服务，搭建自然资源资本化领域上市企业与银行供需平台，促成银企合作。一是要围绕核心企业实现“横到边、竖到底”的纵深服务。从核心企业入手，设计金融产品和服务，借助核心企业向外发展金融业务，贯穿整个自然资源资本化市场的上下游企业，对上游企业重点开拓质押融资、保理等产品，对下游企业提供动产和货单质押等产品，然后再以这些核心企业为中心，拓展自然资源资本化市场融资服务，形成金融支持网络。二是要结合市场需求与产品创新提供个性化服务。商业银行应从市场需求出发，研发服务新品，为企业提供具有针对性的个性化系列创新服务。另外，对技术改造项目潜力大而资金不足的自然资源资本化市场建设型企业，采取先信用后抵押，对产品有效益、有信用、有还款能力的企业，适当降低贷款门槛，发放信用贷款等。① 三是要实现流程再造进而提高服务效率。世界先进银行的经营实践表明，流程银行有利于银行更好地为客户提供迅捷、有针对性的服务，而这正是自然资源资本化市场建设融资所需要的环境。② 因此，加快流程再造是完善自然资源资本化市场建设金融支持的关键，流程银行有利于促进自然资源资本化市场建设的健康发展。

三、合作性金融支持政策的设计思路

合作性金融支持政策主要应用于自然资源集体产权经营部分。在我国，集体自然资源产权较为明晰的集中在农村地区，法律明确规定农村部分自然资源产权属于农村集体经济组织所有，为适应农村集体经济组织自然资源资本化市场建设需要，应加强农村合作性金融支持组织创新。(1)在考虑我国自然资源资本化市场建设的情况下，建设一套完整的合作金融法律法规体系，根据我国当前相关法律发展情况，将新型农村合作金融纳入《中华人民共和

① 冯静生：《供应链金融：优势、风险及建议》，《湖北农村金融研究》2009年第11期。
② 曹庆中：《商业银行供应链金融业务思考》，《合作经济与科技》2013年第17期。

国专业合作社法》,可确保其法律地位不受打击,确认合作性金融组织的产权结构安排,防止部分利益主体利用制度“漏洞”破坏其产权结构。[①] 减少一些利益团体“钻空子”获取不当利益的机会,减低租值消散。(2)政府相关主管部门为适应农村自然资源资本化运营的需要,逐步减少对合作性金融组织相应的行政管理,增强村民自主性。但由于村民认知有限,政府部门可配套开展协调与服务,例如成立一些政策性的保险公司对新型农村合作性金融组织进行支持。(3)应保障农村自然资源公共利益,合作性金融机构的组建要符合“自愿、互信、合作、自治、互助”的特点,并培养合格的“民有、民享、民治”的农村合作性金融主体。[②] (4)在自然资源资本化市场建设中应充分尊重市场相关利益者的主观意愿,建立合作性金融组织行政重组或依法退出机制。(5)在合作性金融支持自然资源资本化市场建设中,应积极推行自下而上持股、自上而下服务的合作性金融组织模式,增强合作性金融支持体系的稳固性。

第三节　金融支持政策实施应重视和注意的问题

一、完善商业性金融支持多元体系,强化政策支撑保障作用

(一)推动商业性金融支持战略转型

第一,加快信用社机构的经营业务战略转型。为了加快自然资源资本化市场建设步伐,要求在我国金融中占有重要地位的信用社加快经营业务战略

① 杨焱:《现代合作性金融制度的产生、变迁及功能研究》,博士学位论文,辽宁大学金融学系,2016年,第138页。

② 杨焱:《现代合作性金融制度的产生、变迁及功能研究》,博士学位论文,辽宁大学金融学系,2016年,第138页。

转型，发挥县域及县以下商业金融主渠道作用。在拓展大中城市较大客户的同时，立足于自然资源资本化市场建设的金融需求，支持县域及县以下的优质成长型中小客户，创新金融服务，提高自然资源资本化市场建设经营效率，有效防范金融风险，实现自然资源资本化市场建设的可持续推进。

第二，促进邮政储蓄银行的资金回流。在实施邮政储蓄业务分账核算的基础上，要赋予邮政储蓄银行更多自主运用资金的权力，并承担相应风险。在扩大邮储银行资金自主运用范围的同时，务必加强其对自然资源资本化市场建设的支持功能，加快建立完善的邮政储蓄银行资金有序回流的机制，实现“取之于民，用之于民”的良性循环。

第三，推行乡村银行模式。乡村地区的自然资源是我国自然资源构成的主要部分，情况比较复杂，推行乡村银行模式对于我国自然资源资本化市场建设非常重要。乡村银行支持自然资源资本化市场建设新模式包括新建民营银行模式和存量改革民营银行模式。民营银行模式类似于孟加拉国的乡村银行，是指在合适条件下，完全以民间资本投资组建新的乡村银行，并按市场机制营运和管理。存量改革民营银行模式，则是以部分商业银行和信用合作社在县以下的分支机构合并重组替代新设立的民营银行。

（二）完善商业性金融支持多元体系

第一，建立多样化的商业性自然资源资本化市场建设支持金融体系。一方面，应该继续发挥商业性金融支持自然资源资本化市场建设的主力军作用，为各类大型盈利性项目提供贷款。此外，对于利润较低、风险较大的自然资源资本化市场建设项目，应该提供相应的补偿和政策激励，吸引商业性金融进入传统的政府主导型项目领域。另一方面，商业性金融的发展离不开政府主导性金融的支持。应该积极扩大政府主导性金融的服务领域，发挥政府主导性金融的杠杆效应，带动社会资本向创新领域，以及推进工业化、城镇化和农业农村现代化发展等促进经济结构转型升级的领域投资。总的来说，对于竞争性较强、利润率较高、市场化程度较高的项目，应该仍以商业性金融为主导。在公益性、外部性较强、利润较低的自然资源资本化市场建设项目上，则在政府主导性金融参与的基础上，积极探索吸引商业性金融参与的体制机制。

第二，构建多元化的政策扶持机制，协同推进商业性金融发展，加快自然资源资本化市场建设进度。首先，科学合理地制定各类政策。政策制定应该与经济、社会发展所处的阶段相适应，避免与实际情况相脱离。其次，应该加强各类政策制定部门、实施部门之间的长期交流合作，既要保持政策本身的独立性，又要建立各类政策之间的协调机制，形成政策“组合拳”，合力扶持金融发展。最后，从政策分类来看，财政政策主要从税收优惠、费用减免等方面减轻金融机构的经营负担，激励金融机构开展普惠性的金融服务，在经济发展水平落后地区开展金融服务；产业政策则通过引导产业机构调整以及扶持特定的民族产业，引导金融资金投向的调整和结构的变化。通过对商业性金融发展实行差异化的监督管理，建立多元化、多层次、适应我国自然资源资本化市场建设需要的政策扶持体系。

第三，促进融资担保行业发展，推进商业性金融稳定发展，为自然资源资本化市场建设提供强有力支持条件。在自然资源资本化市场建设的新阶段，自然资源产权个体和群体始终面临融资难、融资贵的问题。首先，应该积极发挥政府性融资担保行业的作用，支持国家融资担保基金以及各级政府性融资担保机构建设。其次，除了政府性融资担保公司之外，在经济发展水平较高的地区，可以由政府和社会资本共同出资设立商业性担保公司，进行自然资源资本化市场的运营。最后，融资担保行业的发展是以支持企业融资，推动自然资源资本化市场建设为目的，因此，应该在风险可控的范围内对中小企业扩大担保业务范围，约束融资担保再担保公司的业务范围，通过降低担保费率和再担保费率，扩大抵押质押担保的范围，聚焦自然资源资本化，将更多金融资本引向自然资源资本化市场建设。

二、加快合作性金融机构改革,大力发展自然资源资本市场

(一)加快合作性金融机构改革步伐

第一,适时调整监管措施,降低准入门槛。自然资源资本化市场建设的重点区域通常是乡村地区,合作性金融也通常在基于熟人社会的乡村发展得比较成熟。相比于商业性金融,应该适当降低资金互助社、信用社等合作性金融机构的准入门槛,降低对注册资本、营业场所等成立要求。通过市场准入门槛的降低,吸引更多民间资本参与设立合作性金融组织。宽松的监管环境有利于合作性金融的市场扩张。对于合作性金融的监管,应该充分利用乡土文化中村规民约以及熟人社会中各种非正式制度的约束,降低金融机构的监管成本,提高监管效率。

第二,拓宽资金融通渠道,增强合作性金融服务功能。其作为解决乡村地区自然资源资本市场建设融资难的重要途径之一,在金融监管部门与地方政府的共同监管下,在建立和完善风险防控机制下,出台相关扶持政策,拓宽合作性金融组织的资金来源渠道,引导自然资源资本化市场建设。通过引导具备条件的主体对信用合作社、村镇银行等进行参股,稳妥推进资金互助合作组织等合作性金融组织的发展。鼓励合作性金融组织与生产性的合作组织合作,加强信息、技术等要素的流动,实现利益共赢共享。

第三,运用政策组合,出台扶持措施。根据自然资源资本化市场建设的自身特征,需要政府因地制宜,出台相应的政策支持合作性金融组织的发展。一方面,政府应该转变职能,运用更多经济手段而不是行政手段做好政策的制定、宣传和落实工作。通过出台税收减免、专项津贴等财政扶持政策,以及通过降低再贷款利率等货币政策工具,来支持资金互助社等合作性金融组织的发展。另一方面,应该加强对合作性金融相关人才的培养,出台相应人才支持政策。建立健全相关监督管理制度,为资金互助合作社支持自然资源资本化

市场建设的健康发展铺垫道路。

（二）加大合作性金融支持政策力度

应加大合作性金融支持政策力度，稳步推进自然资源资本化市场建设。金融领域资金需求的特点决定了由受政府监管的正规金融机构提供服务，并无法完全涵盖经济领域所有融资交易。对于合作金融而言，如果正规的合作金融不能保证“绿色产业”的融资需求，为了填补巨大的供需缺口，将会出现许多非正规的合作金融组织。在我国，由于民间合作金融大多处于不透明、半透明的状态，形式十分隐蔽，很难得到真实的统计数据。因此，走统一的改革道路既不现实，也不可能实现。由于地区发展不平衡，必须采取自下而上的改革方式。现实表明，非正规合作金融组织层出不穷，具有很强的生命力和适应性，有些已融入当地自然资源资本化市场建设之中，并解决了参与自然资源资本化运营主体的资金需求问题，有利于促进自然资源资本化市场建设。

在市场经济发展的大潮中，任何经济组织都离不开市场运行规律的调控。合作金融组织的发展也离不开市场力量的推动，必须引入市场机制来发展自身。但根据不完全竞争市场理论，由于信息不对称、市场失灵等问题，既需要依靠市场机制的引导，也需要政府适当干预以弥补“市场失灵”，才可能培育出一个健康的金融市场。在政府无法取代市场的前提下，合作金融组织特别是非正规合作金融组织，迫切需要市场的推动和政府的引导。反观我国历史，合作组织完全由政府意志建立的，企业自身只是被动地接受，完全丧失了主体意识，这使得企业很难自发组织和建立合作金融组织。因此，建立合作金融组织迫切需要外部力量的支持。更重要的是，农村合作金融组织成立后，面临生存和可持续发展的问题。只有可持续的合作金融组织，才能为弱势群体、低收入群体提供长期有效、可持续的金融服务。因此，为推动非正规合作金融组织更好地发展，更好地服务于自然资源资本化市场建设，应采取以下措施：

第一，为保障机构内部成员的民主权利，防止不民主现象的发生，有效解决民间合作金融组织“内部人控制”的普遍现象，政府应制定统一规范的制度。由于其发展过程缺乏有效监管，各级政府和银行业监管部门应尽快出台专业合作社内部基金互助规范，加强对内部资金互助的指导，明确规定资金互助要分开核算，严格区分产业资本和金融资本，消除金融发展中可能存在的隐患。

第二，为了让合作金融组织内部管理人员提高工作质量，更好地为成员服务，政府还应给予他们适当补贴。地方政府要借鉴已有的成功经验，积极探索合作金融组织发展新模式。对不能加入合作金融组织的企业或其他主体，要提供资金帮扶，解决实际问题，满足它们的资金需求。特别要加强对非正规合作金融组织的培训和管理，规范其经营管理制度，提高管理者的金融素养和管理水平。

第三，通过专业合作社现有的监督主体，对专业合作社内部的共同基金组织实施全面的监督。为提高监管效率，降低监管成本，解决管理职责不清、监管不力的问题，建议下放金融监管机构的审批权和监督权，可以由当地政府或者受当地政府委托的有关职能部门进行批准和监督。

三、探索政策性金融支持创新模式，提升政策整体运行效率

（一）创新政府主导性金融支持的多元方式

从资金外流情况分析可以看出，大力发展多形式商业金融机构主体，并不能完全从根本上解决金融有效供给不足的问题，政府主导性金融所发挥的积极作用也是解决问题的关键要素。[①] 当前，我国政府主导性金融虽然在吸引社会资本回报方面发挥了积极作用，但其方式单一、业务范围狭窄，不能完全满足自然资源资本化市场建设的资金需求。只有加强政府主导性金融支持，

---

① 陆强：《城镇化进程中的农业政策性金融支持研究》，博士学位论文，江西财经大学政治经济学系，2014 年，第 25 页。

建立风险降低、风险转移、风险分担和风险补偿机制，才能更好地引导社会资金回归金融供给。

第一，拓展政策性保险业务，建立灾害风险补偿机制。生产自然资源产品面临的主要风险之一是突发流行病和自然灾害的出现，而保险是应对突发性灾难事件的重要手段。由于其最初的劣势和高风险，如果完全采用商业化模式，则保险经营主体将无法自行消化运营成本，这会抬高保险价格、减少品种，从而抑制了相关主体的购买需求。只有依靠政府主导和政府主导的金融机构，充分发挥财政资源配置作用，以全面、共享、适度补贴的政策性保险机制为保障，才能减少逆向选择，降低道德风险，将保险成本控制在合理区间。目前，我国政策性保险处于主导性地位，产业保险作为适当补充，成为金融机构和政府参与的保险体系的主体。

第二，拓展自然资源产品期货经纪业务，充分利用市场风险对冲机制。政府主导性金融机构的客户以中小型自然资源产品生产企业为主，面临较大的价格风险。通过提供期货经纪业务，鼓励和帮助自然资源产品生产企业特别是中小企业参与套期保值业务，这会帮助企业分散和转移风险，同时可以提高自然资源资本市场价格信号的有效性。企业可以根据期货价格信息，及时了解未来市场可能出现的价格变化。通过"先买后卖，后生产"的模式，可以提前锁定销售自然资源产品的价格和成本，分散和转移价格风险，减少生产的盲目性，形成稳定合理的收益。

第三，拓展政策性担保业务，建立风险转移机制。以政府主导、金融参与的金融机构为龙头，开展政策性担保业务，建立风险转移机制，可以更好地解决中小型自然资源产品生产企业无担保贷款问题。结合套期保值和保险等措施，可以有效降低经营风险，引导商业金融机构加大资金投入，有效缓解发展资金不足的问题。

第四，拓展政策性风险投资业务，建立风险分担机制。技术和资本投资具有高风险、高回报的特点，然而银行信贷资金会追求低风险、稳定回报的项目，因此，自然资源产品生产企业主要依托自有资本。通过拓展政策性风险投资，引导风险投资投向具有特殊发展潜力的自然资源产品领域，可以实现自然资源资本化、投资收益与风险相匹配，促进科技成果商品化和项目孵化。随着项目进入稳定发展期，政策性风险资本可以逐渐通过上市股权转让等方式退出，获取收益。

（二）强化政府主导性金融支持的引导作用

目前，我国自然资源资本化市场建设的政府主导性金融支持是以国家信用筹集资金，并将资金投向有利于国民经济发展的自然资源行业和产业，服务于"资源产业"的绿色经济发展。首先要明确政府金融支持的目标和职能定位，然后强化政府金融支持自然资源资本化市场建设的主体地位。

由于自然资源资本化和经营主体的特点，融资需求呈现出长期性、风险性和总量巨大的特点。同时，它还具有受自然灾害、市场价格波动等因素严重影响，以及经营风险高的特点。这与商业金融机构所追求的低风险、高收益的盈利原则相违背。此外，金融机构可能面临信息不对称、征信体系不完善等问题，这些都会抑制金融机构投资的积极性，造成金融机构的抽贷、压贷和断贷行为。因此，对于这些领域，需要政府主导的金融机构"搭台"，引导商业金融机构"唱戏"，通过政策性金融支持，降低商业性金融承担的风险，吸引多元化的资金参与投资，以达到支持自然资源资本化市场建设的目的。

在明确职能定位的基础上，明确政策性金融支持的范围。在市场化运作的领域，应该以商业性金融为主导，遵循市场机制，降低政府的参与度。在需要政府介入的领域，特别是难以从商业金融机构融资的领域，比如基础设施建设、小微企业融资等领域，政府为主的金融机构应加强金融干预，以弥补"市场失灵"的不足，通过鼓励政府与商业性金融之间的合作，加强金融资源优势互补，促进金融行业的协调发展。

协调政策性金融支持与商业金融支持的业务关系。政策性金融支持要发挥引导金融投资的作用，与其他商业金融机构开展业务合作。比如，在供给安全类自然资源产品生产项目贷款方面，支持能够带动龙头企业发展的项目，通过金融支持降低投资风险，增强商业金融机构的投资信心，吸引和倡导商业银行、合作银行等社会资金从事资源产业贷款和投资，推动社会资金在自然资源资本化市场建设领域以较少的政策性金融支持进行自然资源产业投资，形成乘数效应，实现共同支持自然资源资本化市场建设和发展的政策目标。多年来，政府金融机构开展了粮食信贷业务等，聚集了一批熟悉、精通粮食行业经营和市场规则、能够为企业提供专业服务的信贷人员，发挥政府和其他金融机构在粮食产业经营和市场发展中的作用。因此，政策性金融支持可以根据自身的专业服务和协调能力，为各类自然资源产品生产的企业提供贷款担保，吸引各类社会资本流入自然资源资本化市场。通过创新金融市场的产品和服务，建立多元化的金融服务体系，优化自然资源资本化市场建设。

第四节　重庆“地票交易”金融支持政策的地方实践

自然资源资本化及其市场建设，往往是自然资源的“资源属性”逐渐减弱但其“金融属性”却逐渐增强的动态过程，土地与生俱来就孕育着“金融”的因子。农村土地资源是我国自然资源资本化及其市场建设的重点领域之一，虽然其具有空间位置的固定性和不易分割性，但农村土地资源资本化实质上是农村土地资源产权的资本化，即在不改变我国现行的农村土地制度的情况下，只要能够明确土地资源的产权所属，就能够推进农村土地资源资本化市场建设，重庆“地票交易”便是较为典型的土地金融化政策支持的地方实践。

一、实施背景

长期以来，农村金融服务供给明显不足，由于农民通常缺乏能够有效抵押的资产，而无法从金融机构获得基于资产抵押的信贷供给。事实上，农地本身具有资产属性，通过完善农村土地产权制度，将土地资源资本化，发挥农地的财产功能，为农民融资提供抵押，能拓宽农民融资渠道。[①] 伴随重庆市工业化、城镇化的不断发展，重庆本地的大量农民从农村转移到城市务工，既造成了城市用地的紧缺，也造成了农村宅基地的大面积浪费，从而造成了严重的土地资源浪费。2007 年 6 月，重庆获批为全国统筹城乡综合配套改革试验区，也正逢重庆成立直辖市 10 周年，城镇化加速推进，同时人口流动与土地配置不相匹配的问题逐渐凸显出来。在这种背景下，重庆市政府对农村集体用地流转交易展开“地票交易”市场设计，并在 2008 年 12 月 4 日组织了第一单“地票”交易。[②]

重庆“地票交易”的实施背景，正是我国长期实行的城乡分割土地制度。按照法律规定，原则上城市市区土地属于国家所有，郊区和农村土地属于农村集体经济组织所有。同时，针对建设用地建立专门的审批制度，所有开发和利用国有建设用地的单位和个人都必须提前申请购买，也就是俗称的“买地”。国有建设用地是国家统一规划、将暂无他用的集体土地收归国有、用于经营建设的土地，然后对土地进行再次分配、提高土地利用率，而农村集体经济组织所拥有的土地不能直接入市。政府征收了农村集体经济组织所拥有的土地之后，拿出一部分补偿给失地的农民。可见，政府经营土地或者说“土地财政”在经济发展中发挥了重要作用，甚至有人说它是经济增长的发动机，为城市建设筹集了大量资金，要知道，很多的县级政府财政都是“吃饭财政”，税收只够发工资，搞建设只能靠卖地。但随着征地规模的日益扩大，弊端越来越突出，至少有以下四大弊端：

---

① 董德利：《布罗代尔钟罩视角下的农村土地金融分析》，《山东行政学院学报》2018 年第 5 期。

② 慕卫东：《重庆地票制度的功能研究：制度经济学视角》，硕士学位论文，西南大学土地资源管理系，2016 年，第 21 页。

一是在一定程度上侵害了农民和普通市民的利益。地方政府征用农民的土地，将征来的土地高价拍卖，但给农民的补偿款远低于市场价格，从而获得高额收益，侵犯了农民的土地权益。农民往往不满意，不愿意卖地，一些地方政府“暴力拆迁”，致使农民因土地问题而到各级政府上访的现象时有发生。地方政府为了把土地价格卖得更高，一方面采用“饥饿营销”手段，故意减少供应量，直接抬高地价；另一方面与开发商联合起来抬高房价，房价高了地价自然也会涨，进而间接抬高地价。地价节节攀升造成房价虚高，发达城市的房价成倍数增长，远远超过了工薪阶层的收入增长速度，很大一部分外地人，尤其是年轻人“望房兴叹”。

二是浪费了宝贵的土地资源。我国已经实施了多年的耕地保护政策，要求用好城市土地存量，提高土地利用效率，但是效果欠佳，各地的城市建设往往走的还是“摊大饼”的老路，不停地往外扩，占用良田。最主要的原因是政府经营土地，不少地方只能靠不断征地、不断卖地，才能有钱搞建设。客观地说，政府卖地以后，确实搞了许多惠民的基础设施建设，但同时也有少数地方搞了不少超级大的广场、超级宽的马路、威严气派的大办公楼、豪华的酒店、奢侈的会所等。

三是孕育着财政和金融风险。地方政府对土地财政依赖过大，而比土地财政更令人担心的是地方政府的土地金融问题，即拿土地向金融机构抵押或质押融资，这通常是地方政府的普遍做法，其规模或许已经远远超过了土地财政，所谓“地方债”，绝大多数便是属于土地金融。有些地方一届政府的负债，下届甚至下几届政府都不一定能还清，潜在的风险很大。

四是导致政府行为扭曲，助长不正之风。在市场经济中，政府是管理者，但经营土地之后，政府又成了直接经营者。当管理职能和经营职能发生冲突时，政府常常不能一碗水端平。同时，土地出让金难以真正纳入财政预算管理，土地抵押融来的钱如何使用，就更加难以监管。

在这种背景下，2008 年重庆市政府提出的“地票”得到了中央的支持，并在《国务院关于推进重庆市统筹城乡改革和发展的若干意见》中指出,“设立重庆农村土地交易所,开展土地实物交易和指标(即地票)交易试验”。

二、实施流程与成效

“地票”是可交易的资产凭证,是指农村居民在自愿的前提下通过将闲置的农村宅基地及其附属设施用地、乡镇企业用地、农村公共设施和农村公益事业用地等农村集体建设用地进行复垦,变成符合栽种农作物要求的耕地,经由土地管理部门严格验收后腾出的建设用地指标,可以通过土地交易平台(重庆市农村土地交易所)进行公开交易,购得地票的权利人可以在全市范围内选择拟落地地块,该地块经过国家征收后,购得地票的权利人通过参与“招拍挂”等法定程序取得土地使用权后可以进行项目开发,项目落地时地票价款可以冲抵新增建设用地使用费和耕地开垦费。① “地票”的定义来源于“股票”,指一种可交易的土地资产凭证,其属于资本化市场交易的权利凭证,②本质上仍然是一种城乡建设用地增减挂钩指标。③ 实际上,“地票交易”是为农村土地资源建立资本化市场。为了节约土地资源、提升土地资源拥有者的资源变现能力,“地票交易”的运行机制是鼓励和引导土地拥有者将其闲置的宅基地等建设用地重新开垦成耕地,在不影响其自身生存和发展的情况下,用重新开垦的耕地换取建设用地指标,通过“地票”凭证进行建设用地指标的流转,进而保证耕地资源不减少的前提下增加建设用地,促进当地经济发展。具体流程如下:

(1)复垦。复垦的应有之义是村民在当地或者其他地方另有居所导致其拥有的农村土地出现闲置,为了充分利用这部分土地资源,按照相关政策自愿

---

① 周少甫、许舜威:《城乡建设用地统筹下市场机制引入对居民收入的影响——基于重庆市地票交易制度的实证检验》,《城市问题》2021 年第 5 期。

② 方令:《城乡统筹中的土地问题探索》,《中外企业家》2010 年第 19 期。

③ 邱继勤、邱道持、石永明:《城乡建设用地挂钩指标的市场配置》,《城市问题》2010 年第 7 期。

申请将其还原成农用地，以换取建设用地指标。至于农民是单户还是联户申请，或者复垦后在当地建新房或村落，还是在城镇购房，都遵循申请人的意愿，而不进行强行干涉。政府有关部门只需要审批复垦申请并且验收复垦后的农用地是否符合标准。验收合格后，“地票”就成为具备法律效力的建设用地使用权凭证，以土地勘测面积控制复垦范围，并根据实际计量结果确定有效建设用地面积，并严格遵守复垦的技术标准。例如，土壤层厚必须达到40厘米以上，但坡度应小于15度。[①] 由于“地票”是有价凭证，并具有抵押融资功能，因此可以为复垦提供前期资金上的支持。

（2）交易。“地票交易”实际上是一种指标交易，结合“建设用地增减挂钩”政策，通过地票凭证让建设用地指标入市实现价值转换。因为“地票”是政府审批复垦申请并验收后得到的法律凭证，证明其指标产权并赋予持有人自由进入交易市场的权利。权利持有者（农户或村集体经济组织）可以凭借地票将自身的建设用地指标放在重庆农村土地交易所出售，其他有购买意愿、具备购买能力的个人或者组织都能够按照规定和程序自由购买建设用地指标，按照供求关系形成的市场价格进行公平交易，在交易所内买卖双方信息公开透明。原有的征地操作方法是“征地指标”和“挂钩指标”，“地票交易”则是将“复垦”指标换成建设用地指标，放在公共交易中，就像外汇指标一样。市场功能一旦发生，将对行政权力产生限制。换句话说，“地票”不再以行政之手来实现过去的目标，而是通过开放的土地市场，以招标竞拍等市场手段实现土地资源指标的资本化。“地票交易”明确了指标的产权，打破了城乡用地的壁垒，实现了土地资源的资本化运营。

（3）落地。为了保证“地票交易”的顺利实现，规范土地指标交易市场，重庆市制定了一系列计划指标的规制办法。将“地票交易”涉及的建设用地指标提前纳入城市规划和土地规划的增减挂钩指标中，明确“地票”在土地开发

① 徐成峰：《我国耕地保护经济补偿机制研究》，硕士学位论文，首都经济贸易大学土地资源管理系，2018年，第17—18页。

建设中的主体地位，在“地票交易”过程中，用地需求方必须通过“地票交易”获得建设用地的开发权利，交易的程序仍然需要满足现有的土地征收和转让要求。此外，必须在规划限制内开展指标交易，满足土地开发建设需求的同时不违背整体的城市规划和土地规划。

（4）分配。“地票交易”市场建设的前提是明确界定土地产权。重庆“地票”的基础是农民可以转让复垦土地的建设开发权，然后建立公开交易的市场，以市价引致转手。通常情况下，土地征用的范围缩小，集体建设用地进入市场，这势必削弱政府一级土地市场的垄断地位，或者将很大一部分权利让渡给农村集体经济组织和农民。在操作过程中，扣除土地开垦成本后，重庆“地票交易”的收益由村民和农村集体经济组织共同享有，其中村民个人占总收益的 85%，农村集体经济组织占 15%。其中，属于农民的，通过土地交易所直接打入农民的银行账户；建设用地为农村集体经济组织使用的，复垦交易后的“地票”收益归集体经济组织所有。重庆还制定了最低交易保护价格，以确保农民的“地票”收益不低于 180 万元/公顷，农村集体经济组织收益不低于 31.50 万元/公顷。经复垦形成的耕地，所有权属于农村集体经济组织所有，原则上由原农民承包经营管理。

任何公开竞购“地票”的胜出者都有权利凭借“地票”所代表的指标对城市规划内的土地进行合理的开发利用，土地开发利用的利润由持票人享有，需按照税法的相关规定纳税。这样，当农村建设用地被“转移”到城市时，土地增值收益将在农民、农村集体经济组织、城市土地开发主体和政府之间，按“地票”制度界定的权利进行分配。重庆的“地票”制度来源于“城乡建设用地增减挂钩”制度，其经济功能是相似的。将农村闲置、废弃、低效占用的建设用地，“搬到”土地价格较高的地方使用，从而释放了土地价值，进而实现了农村土地资源价值的资本化。

2016 年 1 月 1 日，《重庆市地票管理办法》正式实施（之前遵循 2008 年出台的《重庆农村土地交易所管理暂行办法》），对“地票”制度和“地票交易”做了进一步的规范要求。从重庆“地票交易”实践效果来看，仅 2019 年，重庆便成交地票 2005.80 公顷、60.68 亿元，均价 302.55 万元/公顷，其中：初次交易 1871.60 公顷，储备地票再交易 118.33 公顷，转让交易 15.87 公顷。可以说，通过实施“地票交易”政策，重庆市搭建了城乡、区域间土地发展权的互动通道，从而以土地要素为纽带实现了资本、劳动力等多要素在城乡区域间的互动，成效显著。① 一是有利于统筹城乡土地资源利用，提高土地资源利用效率。“地票”交易建立了农民退出宅基地及附属设施用地的市场通道，发挥了市场在土地资源配置中的决定性作用；复垦和盘活了农村闲置、废弃的建设用地，促进耕地集中连片；突破了城乡建设用地的界限，以市场化方式引导农村建设用地“人走地减”，促使建设用地资源部门实现科学配置，顺应了“产业跟着功能定位走、人口跟着产业走、建设用地跟着人口和产业走”的思路，提升了城乡建设空间布局优化。同时，“地票”是一种有偿使用的指标，促使城镇用地者更加理性用地、节约用地。二是有利于实现“先补后占、占补平衡、多补少占”，守住耕地保护红线。由于“地票”交易要求先复垦，再验收，最后才能交易和使用，从而确保实现耕地先补后占、占补平衡。同时，由于建立了一整套的复垦标准体系，使新增耕地质量更有保障，有效避免了“占优补劣、占而不补、占多补少”现象的出现，确保耕地总量不减少、质量不降低。三是有利于建立农村财产处置变现平台和城市反哺农村的制度通道，对促进城乡均衡发展起到积极作用。这项举措为农民提供了宅基地市场化退出途径，增加了农民财产性收益，确保了农民增收和农村发展，使其与城镇市民一样享受到工业化、城镇化带来的红利——“地票”净收益的 85%支付给农户，15%支付给农村集体经济组织；农民最低每公顷可获得 180 万元，农村集体经济组织每公顷可获得不低于 31.50 万元的收益。“地票”制度通过远距离、大范围的置

① 顾汉龙、刘忆莹、王秋兵：《土地发展权交易与区域经济增长的时空溢出效应——基于重庆地票交易政策的实证分析》，《中国人口·资源与环境》2020 年第 3 期。

换，还使边远地区分享到城市周边土地开发的级差收益，实现区域协调、城乡共荣。①

三、政策优化与完善的建议

为了避免透支农村地区地票复垦潜力，造成使用区域超额落地地票，需要综合考虑农村地区“人减地减”“人增地减”“人减地增”“人增地增”等复杂耦合关系，②完善差异化的地票复垦生产及落地使用政策。③ 重庆市“地票交易”政策的优化和完善，是在权利登记确认的基础上，结合“所有权、资格权、使用权”三权分置改革，实现大规模的征集、保管、整合，以及分散式自然资源的整合、修复、优化。结合现代农业、乡村旅游、医疗保健、文化创意、生物技术等新兴产业和新形式的发展，引入市场化机制，由专业经营者负责特色资源的整体运作，形成规模化、专业化、产业化的运行机制，实现自然资源向自然资源资产的转化，自然资源资产与产业资本的连接，将自然资源转化为自然资源资产，并最终转化为自然资源资本。展望未来，重庆市农村土地资源资本化建设的金融支持政策优化需要集中在以下几个方面：

（一）充分利用金融工具，避免不同地域产生“外热内冷”现象

农村土地资源资本化也是金融融资工具的市场化，即通过市场手段有效配置社会资源和资金。在现行制度中，重庆的任何地区或县的“地票”都可以在符合规划的前提下“降落”在主城区和其他县（市、区）。主城区周围的农民由于距离城区相对较近，其土地价值远高于偏远农村，他们希望通过征用获得

① 桑士达：《重庆“地票”交易改革的经验和启示》，《浙江经济》2015 年第 16 期。

② 刘燕、杨庆媛、何星：《重庆农村居民点用地与农村人口变化耦合关系研究》，《农业工程学报》2019 年第 15 期。

③ 刘燕、杨庆媛：《重庆地票交易时空特征及其与人口流动的耦合态势》，《自然资源学报》2021 年第 11 期。

较高的征地补偿费，并不愿意将自己的闲置土地换成由市场决定价格的“地票”，因而并不关注“地票交易”制度。然而，偏远农村地区的农民由于地处山区，土地难以建设开发利用，除了耕种外很难挪作他用，经济价值较低，实行“地票”制度后他们参与意愿更大，会更加积极地按照规定复垦土地以获得“地票”。在政府协调下，换取“地票”后失去宅基地的农户能够凭借“地票”统一搬迁到新社区，生产生活环境得到极大改善，这在一定程度上促进了城镇化，能够改善山区农民的生活现状。以前，重庆最偏远、经济欠发达的城口县的建设用地指数价格仅为每公顷 30 万元—45 万元，但在交易所拍卖后，最高价已超过 255 万元/公顷，溢价达八倍以上。调查发现，城口县等偏远地区已成为大量的“地票”供应户，农民和村集体对土地整理的积极性非常高。①

“地票”制度的初衷是整合农村闲置的土地资源，推动农民闲置资源的资本化进程，提高农村生产生活条件，推进农村宜居宜业。然而，远近地区村民对待“地票”制度的不同态度则违背了初衷，由于溢价严重，很多偏远地区为了追求“地票交易”的高额收益，甚至会将本不闲置的土地进行复垦用于换取“地票”，如村庄里的基础设施用地和公共服务用地，这种短期利益的获取就使农村更加缺乏活力而难以长远发展。

在“地票”交易的早期，“外热”并不是一个坏现象，这说明“地票”交易制度能够为边远地区带来实质性利益，能够有效整合土地资源，实现脱离土地区位的土地权益自然流转。而随着城市建设的不断推进，不愿参与的近郊地区被纳入到城市范围内，而曾经的边远地区逐渐变成郊区，其土地价值得以升值，参与“地票交易”的热度就会根据市场价格和预期收益产生变化。当前的优先事项是设法确保“外热”不是“虚高”。政府需要加大宣传力度，以减少处于远郊的农民的信息不对称，从而避免农民因为他们不知道相关的支持政策而作出错误选择。除此之外，还需要制定相关法律法规以实施强制性措施，以

① 陈燕、姚佳威：《重庆地票继续试》，《决策探索（上半月）》2011 年第 2 期。

限制换取过多的“地票”。另一方面,所有农民都是追求利益最大化的理性个体,对于近郊农民而言,其土地开发可能带来的补偿收益远大于参与“地票交易”带来的收益,因而“内冷”是趋利的正常结果。从制度设计来看,“地票交易”本来就是为了解决闲置土地的低价值状态,促进闲置资源资本化,本身价值估值较高的近郊土地本就不在制度设计的初衷之内,因此“内冷”并不会影响“地票交易”制度的实际效果。根据重庆市现行户籍制度改革和土地改革的现状,自愿撤离其土地的农民工和其他对土地指标有需求的人是进行“地票”交易的主体,以收益最大化为目标是推行“地票”交易的目的。

(二)克服金融交易信息不对称,确保农民在“地票”交易中切实获益

值得注意的是,给予农民更多的土地权利通常还意味着更高的集体行动成本,或者通常意味着农业生产的基本条件难以改善,进而导致土地资源分配效率降低。目前,尽管农民可以自己聘请土地整理公司,并以个人名义拿出指标进行拍卖,获取直接收益。但是,由于重庆市人均土地占有率低,个体农民买卖的土地相对分散,难以集中管理。虽然经农民同意,由区或县政府成立的土地整理公司会整合复垦所得来的建设用地指标,由其代理“地票”在交易市场上的运营操作,所得收益在按照“地票”原归属分配的方式解决了上述问题,但是这种代理形式必然会产生一定的代理费用,土地整理公司可能会以收取“地票交易”代理费用为由扣除农民的收益。此外,农民作为知识储备相对不足的个体,在交易市场上的信息渠道和经营手段都不如企业(公司)主体,在市场竞争中处于劣势,其交易所得极有可能会因为这种不对等关系而大打折扣。重庆市政府于 2010 年 9 月发布了一项文件规定,必须将“地票”收入反哺“三农”领域,其中 85%属于农民,15%属于村集体。但是在具体的政策落实中,土地整理公司收取了多少代理费用、各级政府有无收取额外的交易费用、农民和村集体的分成比例是否得到贯彻等问题,都难以做到公开透明,政

策执行仍面临不小挑战。

由于土地整理公司在与农民个体的竞争中处于优势地位，其在“地票交易”市场中的经营行为会更多以自身利益最大化出发，这往往会给农民利益带来一定损害，市场也能难以自发调节这种因信息不对称产生的“市场失灵”，政府干预成为了必然选择。首先，政府在选择土地整理公司时就需要选择信誉较好、公益服务性较强的企业；其次，在市场交易过程中，要加强规范和监管，成立委托代理关系时要事先明确代理费用的比例和范围，对可能出现的交易情形进行约束和限定，保障整个委托交易公开合理；最后，政府还需要强化参与交易农民的知识水平，成立更容易获取信息、信息更加通俗易懂的交易平台，引导委托人随时跟进监督交易过程，降低信息不对称，避免利益损失。

保障农民利益是“地票”交易的根本宗旨，而在自然资源资本化及其市场建设过程中，农民利益更需要科学、严密、严格、透明的流程管理来保障。建立、完善自然资源资本化及其市场建设，应该重视农民的主体地位，充分保障农民的合法权益。

（三）优化“地票”金融性指标“双轨制”运行，提升企业参与积极性

根据《城乡建设用地增减挂钩试点管理办法》的相关规定，土地投标人在满足城市规划和土地规划要求的条件下，选定了准备开发利用的地块之后，需要向政府有关部门提交申请，政府审核申请后要协调土地用途并将其转化为建设用地并展开招标竞拍，同时投标人还需要在“地票交易”市场购买对应数量的“地票”进而获取对应的建设用地指标资格，只有拥有对应“地票”并且在土地竞拍中胜出的企业才能最终获得土地开发经营权利，两种条件缺一不可，这就是土地开发的“双轨制”。如果投标人在投标时未能胜出，其购买对应“地票”的成本就会成为沉没成本，而如果没能获得对应“地票”，其土地投标也会失去意义，浪费了人力、物力和财力。

政府作为“地票”和“招、拍、挂”的程序制定方，要及时跟进实际操作中存在的问题，适时调整落地方式来促进两种招标的对接，减少交易成本的浪费。一方面要提高企业的参与热情。企业可以通过购买更适合“地票”交易的竞价和挂牌制度，或针对已经在拍卖中获得“地票”的公司颁布相关的金融支持政策，来实现企业购买“地票”而无法获得土地的风险。另一方面要减少由于企业热情低对“地票”交易系统的影响。政府可以规定当地的法律法规只能将土地用于经营土地。重庆市已经制定了相关政策，规定主城区的经营用地只能使用“地票”。

总之，土地既是一种生产要素，同时也是一种资本性要素，农村土地资源资本化市场建设的金融支持政策便是要盘活土地资产，为农民的生产生活提供资金保障，最终实现土地由资源转化为资产，资产转变为资本，实现价值增值。

第六章　我国自然资源资本化市场建设的价格激励政策

在经济学理论中,当价格是完全由市场竞争形成的时候,就充分反映了市场供给和需求的关系,价格便真正体现了产品本身的价值。市场像一只“看不见的手”,能够使资源按供求关系的变化在各个不同的部门达到最有效率的配置。因此,我国自然资源资本化亟须建设有效竞争的市场体系,通过价格激励机制,让市场在自然资源资本配置中发挥决定性作用。本章从价格政策激励自然资源资本化市场建设的作用机理入手,对自然资源的价格表征及其定价原理和模型做了分析,在此基础上,阐述了我国自然资源资本化市场建设价格激励支持政策设计思路,探讨了价格激励政策支持自然资源资本化市场建设过程中应重视和注意的问题,并对广西苍梧县珠江流域碳汇造林的价格激励支持政策实践进行了系统性归纳和总结,指出了价格激励支持政策实施困境并提出了政策优化建议。

第一节　价格政策激励自然资源资本化市场建设的作用机理

生态经济复合系统可视作是由各利益相关者组成的子系统构成,为了保证自然资源系统的有效运行，实现自然资源资本化价值最大化，达到利益相关者对自然资源资本化价格的心理预期及价值效应，各利益相关者都会对自然资源资本化价格提升作出不同的反应和贡献，以实现其利益相关者价值共创。

一、价格及其功能分析

在中国特色社会主义市场经济体系下，价格的功能强调的是对社会生产力的促进作用，通过价格功能激励人们创造财富的能力。从价格激励生产力的路径划分，价格功能可以归纳为导向功能、杠杆功能、保障功能与服务功能。自然资源资本化市场是新时期我国市场经济的重要组成部分，充分发挥价格导向、杠杆、保障与服务功能，是建立自然资源资本化市场体系的题中应有之义。

（一）价格的导向功能

自然资源资本价格的导向功能是指政府价格主管部门运用价格信号，包括价格政策、定价策略、价格监督检查、价格舆论、价格信息传播等，引导自然资源配置、消费需求向特定方面聚集的功能。[①] 政府价格主管部门通过价格信号能够直接与间接作用于自然资源资本化市场运行过程，引导自然资源资本化市场主体的生产与消费活动，提高自然资源资本化市场要素配置效率。具体而言，在自然资源资本化市场中，自然资源资本化运营者会根据市场价格信号来对自身生产经营活动进行调整，自然资源资本化的消费者会根据自然资源产品价格变化与自身价格预期来决定自身的消费选择。因此，合理运用自然资源资本化价格导向功能，是政府价格主管部门应掌控与驾驭的基本职能。在自然资源资本化市场体系建设中，应加强政府价格主管部门的能力培育，增强对价格信号准确释放的把控，充分利用自然资源资本化价格的导向功能。

---

① 朱绍华：《实践新功能 再开新局面——对价格“四项功能”之浅见》，《粤港澳市场与价格》2009年第7期。

（二）价格的杠杆功能

自然资源资本价格的杠杆功能是指运用价格调节自然资源资本化市场运行的一种手段。自然资源资本价格在自然资源资本化市场调节中如同机械运动中的杠杆，对自然资源资本化市场运行能起到传动、省力、变速等作用。在自然资源资本化市场建设初期，价格的杠杆作用尤为显著。通过政府价格主管部门对特定自然资源及其产业发展的价格支持与对特定自然资源产品的差别定价，能够有效动员自然资源资本化市场主体的经营热情，提升自然资源资本化市场建设和运行活力。与此同时，政府价格主管部门对价格杠杆功能的运用，能够促进自然资源资本化市场收益分配的公平性，推动自然资源资本化市场向既定方向运转，保障自然资源资本化市场建设和运行的平稳性。然而，自然资源价格杠杆功能并不是毫无风险的，不合理的价格杠杆功能的使用，会导致自然资源资本化市场泡沫的加速形成。因此，科学合理地运用自然资源资本化价格的杠杆功能，是对自然资源主管部门的基本要求。在自然资源资本化市场体系中，价格的杠杆功能是一把“双刃剑”，应强化政府价格主管部门的决策能力与风险意识，增强对价格杠杆功能的使用能力，逐步掌控自然资源资本价格的杠杆功能，充分发挥其在自然资源资本化市场建设和运行中的功能作用。

（三）价格的保障功能

自然资源资本价格的保障功能是指政府通过制定自然资源价格政策，以定价、批费、规定价格等形式，调节自然资源资本化市场经营主体的压力，确保一定时期内自然资源资本化市场平稳运营的功能。在自然资源资本化市场发展初期，自然资源产品市场尚不成熟，自然资源资本化市场主体的生产经营活动面临较大的市场风险。而承担市场风险的自然资源资本化市场主体的生产经营活动对经济可持续发展与人民幸福感的提升具有积极的正向作用，即具有较强的正外部性。因此,政府价格主管部门应合理运用自然资源价格政策工具,对自然资源合理开发利用的自然资源资本化市场经营主体的自然资源产品生产与经营活动进行价格支持。例如,对废弃物循环利用所生产的资源产品定价管理政策,对农村休闲观光旅游资源开发的支持政策,对城市园林绿化、森林公园的基础设施建设材料等的定价政策等。因此,合理运用自然资源资本价格保障功能,是政府自然资源主管部门的基本职能。在自然资源资本化市场体系中,价格保障功能是自然资源资本化市场建设初期应充分利用的基本价格功能,应强化政府价格主管部门价格保障功能的使用,确保自然资源资本化市场建设起步期的稳定运作。

(四) 价格的服务功能

自然资源资本价格的服务功能是指政府价格主管部门履行价格监管、价格认证、价格分析等面向自然资源资本化市场经营主体的功能。其中,价格监管服务功能旨在保护自然资源资本化市场稳定,通过规范自然资源产品价格保障消费者权益。价格认证服务功能主要是为了帮助企业更快地赢得消费者的信任,更好地参与自然资源资本化市场建设。价格分析服务功能主要针对的是为自然资源资本化市场建设中政府政策与上下市场经营主体的策略调整提供数据支撑工作。因此,尽职提供自然资源资本化价格保障功能,是政府自然资源主管部门的基本要求。在自然资源资本化市场体系中,价格服务功能是自然资源资本化市场建设和运行过程中必不可少的核心要素,应提升政府主管部门的价格服务功能,推动自然资源资本市场稳步发展。

二、自然资源的稀缺性及其价格表征

(一) 自然资源的耗竭本质上是一个价格问题

自然资源价格不但具有信息功能,还具有配置功能。自然资源价格为自然资源供需主客体进行经济决策提供了参考,并引导自然资源要素流向效率更高的领域。如果自然资源资本化市场能够切切实实地运用价格信号,就会让破坏未来和创造未来的行为进行公平竞争。自然资源资本价格形成机制既是自然资源资本化运营的市场基础,也是调节自然资源资本化运营的重要方式。

(二)自然资源稀缺性的价格表征

根据霍特林法则,如果不考虑环境价值和开采成本,自然资源价值的增长率与贴现率相等。这是哈罗德·霍特林(Harold Hotelling)于 1931 年发表于《政治经济学》杂志上的《自然资源经济学》一文的核心思想,也成为后来资源经济学价值决定论的主要依据。霍特林法则严格的假设条件①在自然资源资本化市场建设中是不容忽视的因素,过于简单地处理自然资源价值问题,并不能反映自然资源的稀缺程度对自然资源价格的影响。同时,霍特林法则及其估价原理所表达的自然资源稀缺信息往往与实际不一定完全吻合。② 自然资源稀缺性租金受到产权、成本构成、未来不确定性三种因素的影响,这使得自然资源价格的实践意义大打折扣。

自然资源价值、自然资源价格及其边际生产成本的变动都会在一定程度上反映其稀缺性。传统经济学理论认为,自然资源的稀缺性程度越高,自然资源的自身价值就越高,自然资源稀缺性信息完全反映在自然资源的价值里。实际上,自然资源自身价值的计算结果取决于自然资源的价格和自然资源的边际生产成本。在自然资源价格与自然资源边际生产成本的变化规律和原因尚不明确,或者受到干扰而不真实的情况下,自然资源自身价值就不能准确地反映其稀缺性。因此,应同时研究自然资源价值、自然资源价格和自然资源边际生产成本的变动及其原因,并指出三者反映出的自然资源稀缺程度。

---

① 如完全竞争条件、矿产资源的开发成本不变、不考虑环境价值等。

② 如交易成本、垄断现象对价格机制的影响,会扭曲自然资源稀缺性的信号。

需要指出的是，自然资源稀缺性表征指标在表征自然资源稀缺性时，要满足以下几个基本要求：一是具有前瞻性，即要能较好地描述自然资源稀缺程度的发展状况，而不是具体地描述自然资源的稀缺程度；二是具有可比性，即能够在不同种类的自然资源中表现出稀缺状况的轻重缓急；三是具有可操作性，即能够从权威易得的统计资料中获得相关数据，并能以此计算出所需要的结果。

三、自然资源资本化定价的作用机理

（一）自然资源价格与其成本—收益的关系

如前所述，自然资源价格信号决定自然资源配置和其生产要素流动的方向，自然资源价格是商品价值的表现形式，是反映自然资源资产、自然资源资本、自然资源产品及劳务的市场供给与需求状况的信号。合理的自然资源价格机制下产生的真实价格，可以大大提高自然资源的配置效率；而扭曲的自然资源价格机制下产生的失真价格，则可使自然资源利用效率降低。因此，自然资源价格政策是调节自然资源供需主客体或相关企业生产和流通的强有力杠杆。长时期以来，我国对自然资源及农牧业等初级产品，由政府定价，这对维持物价稳定、支援工业发展起到了积极的作用，但这将成为导致我国自然资源利用、生态环境保护水平低下的主要原因之一。生态与经济不协调的根源还在于自然资源价格没有准确表达自然资源的价值及其稀缺程度，没有客观反映自然资源对经济增长的贡献。在图 6-1 中，横轴 Q 表示自然资源的数量，纵轴 R/C 表示开发这些自然资源的边际收益或边际成本，MC_2 表示不考虑自然资源价值的边际成本曲线，MC_1 表示考虑了自然资源价值的边际成本曲线，MR 表示获得这些自然资源后所得到的边际收益。由图 6-1 可知，a 为自然资源本身的价值，Q_1、Q_2 表示不同边际成本下自然资源的消耗数量。在生产经营者不考虑自然资源价值时，其使用成本低，这样对自然资源的需求就旺盛。

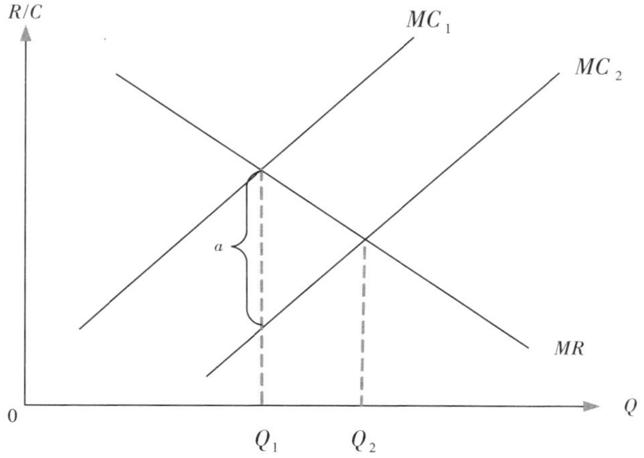

图 6-1　自然资源价格与成本—收益的关系

自然资源的价格应能充分反映其价值,自然资源的价格应当由自然资源开发成本、环境修复成本和使用者利用成本组成,而且这些价格都应随自然资源及其自然资源产品的市场供求关系的变动而变动。也就是说,要让市场机制在自然资源价格形成上起决定性作用。但是,在自然资源市场价格的基础上,作适当的调整也是必要且可行的,因为自然资源价格也是政府对自然资源资本化市场调控的主要经济手段之一。当然,政府对自然资源价格的调节,要立足于自然资源的合理利用,立足于这一新兴产业的有效保护,立足于生态环境的改善,从而保证自然资源资本化市场价格出现偏差时及时纠正。

(二) 自然资源稀缺的市场响应

在有效的自然资源资本化市场机制下,自然资源资本约束的强弱表现为价格的高低,换言之,自然资源资本价格变动能真实地反映自然资源资本的稀缺程度。自然资源资本的稀缺性靠价格反映出来,是通过自然资源资本价格传导机制来体现的(见图 6-2)。

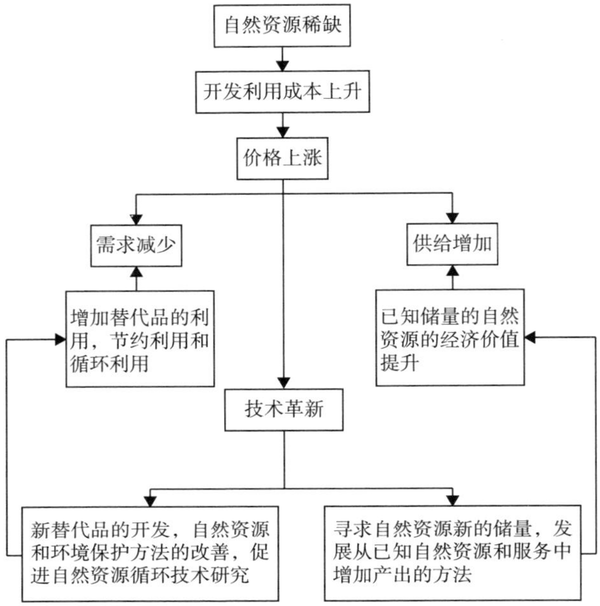

图 6-2　自然资源稀缺的市场响应

（三）外部性内部化的自然资源资本定价

外部成本内部化为提高自然资源资本的价格提供了一个最好的支持。由于自然资源的类型千差万别、自然资源资本未来预期收益的不确定性、不同群体对自然资源资本价值认识存在差异及自然资源资本价值构成的度量和手段随着科学技术的进步而变化，人们对自然资源资本的价格估算方法还没有形成统一认识。但是，自然资源资本定价的基本原则是自然资源资本的价格要反映自然资源资本获取成本，与获取和使用相关的环境成本及由于当前使用单位资源而放弃的未来收益。从自然资源资本定价所要求的完备性、可持续性、区位性和动态性的角度出发，综合影子价格法和机会成本法的优点，可采用以自然资源资本利用的边际社会成本法对自然资源资本进行定价。

在政策操作上，自然资源和价格主管部门要调整自然资源型产品与最终产品的比价关系，不断完善自然资源资本的价格形成机制。通过发挥这些政策手段的作用，初步解决自然资源资本化运营的价格障碍。

要实现自然资源向自然资源资本的最终转换，通过市场途径进行有效交易，以实现自然资源的收益，就需要明确自然资源资本的价值构成及其评估方法，采取合理的定价方式。

四、自然资源资本化价值评估与定价模型

自然资源能否从实物形态转化为价值形态的自然资源资本，关键是有无科学的价格体系。只有自然资源以一定的价格形式参与到资本化市场建设过程中，依靠价格的发现与调节功能，资本增值才能得以量化，自然资源资本化才能顺利实施。对此，建立健全自然资源资本化价格体系，发挥好价格的调节功能就很有必要。而要建立科学合理的自然资源资本价格体系，需先明晰自然资源的价值构成，只有明确了自然资源资本价值成分，自然资源资本价格构成才能完整，并依靠科学的价格评估方法，从而制定合理的自然资源资本化价格激励政策。

（一）准确评估自然资源资本化价值

准确评估自然资源资本化价值，有利于破解价值的不完整性，消除市场价格与相对价格异化。建立健全自然资源资本化价格体系，首先要合理确定自然资源的价值，只有自然资源资产价值明晰、价值构成完整，形成的自然资源资本化价格体系才会合理。自然资源资本化价值不是由单一的价值单元组成的，而是诸多价值形态的集合，除了存在价值之外，还有稀缺价值、劳动价值、生态补偿价值等。因此，认识自然资源资本化价值，要从其存在价值、劳动价值、稀缺价值、生态补偿价值等多方面考虑，单方面考虑必然会造成自然资源资本化价值构成的缺陷，从而不能准确评估自然资源资本的价值。[①] 存在价

① 严立冬、张亦工、邓远建：《农业生态资本价值评估与定价模型》，《中国人口·资源与环境》2009 年第 4 期。

值是天然孕育的价值，是大自然的恩赐，是商品价值中物的属性。劳动价值则是人们开发和利用自然资源带来增值的那部分价值，是商品价值中人的属性。生态补偿价值是人类利用自然资源造成生态服务功能受损而弥补的那部分价值，体现的是自然资源维持生态系统平衡，修复生态环境的服务属性。在自然资源资本化价值得以明确以后，市场价格才能反映自然资源资本的稀缺程度，才会按照价值规律进行市场调节，从而使自然资源资本的市场价格与相对价格更加接近。

1. 自然资源资本化的功能价值

功能价值论认为，在自然资源资本化过程中，其物理、化学和生物的性质都可能发生变化，质量随之下降，功能随之减退。当不考虑其他功能时，根据热力学第一定律，可以把自然资源资本化的某一功能作为其质量的函数。假设自然资源的资本化质量为 C_m，对应的功能为 F_m。当自然资源资本化的质量和功能属性发生变化时，理论上可以通过计量功能的变化值来核算自然资源资本化的价值。如在状态（C_m，F_m）下的功能为：

$$K = \frac{b}{Q}\left(-\frac{\mathrm{d}F}{\mathrm{d}C}\right) \tag{6-1}$$

式（6-1）中，K 为自然资源资本化功能价值；F 为自然资源资本化功能；C 为自然资源资本化质量；b 为自然资源资本化的某一功能价值参数；Q 为自然资源资本化数量。

当自然资源资本化从状态 T_1 变化到 T_2 时，其功能降低值或损失为：

$$\Delta F = F_{T_2} - F_{T_1} = -\int_{T_2}^{T_1} \frac{b}{Q} K dC \tag{6-2}$$

式（6-2）中，ΔF 为自然资源资本化功能降低值或损失；FT_1 为自然资源资本化在状态 T_1 时的功能值；F_{T_2} 为自然资源资本化在状态 T_2 时的功能值。

通过对有限的 $F=f(C)$ 曲线外推，可以求得（C_0，F_0）状态下的 K，即为自然资源资本化的功能价值。但在实际应用中，公式（6-1）中的价值参数难以利用现在的市场价值来直接外推，要进行一定的变通转换和调整。

当然，这种价值对于自然资源资本化的使用价值可以评价，但对非使用价值则无法用这种价值衡量。

2. 自然资源资本化的时间价值

自然资源资本化的时间价值是指自然资源资本化用途时间的变化，以及自然资源资本化价值本身随时间而产生的变化，主要是与投资估值有关。因为任何资本都是有时间成本的，其时间价值可用贴现率来表示。此外，自然资源资本化在不同地区，其价值体现在不同的方面，因此，其价值可能不一样，在对比其价值时必须要对其差异进行调整。

综合来看，自然资源资本化价值是其功能价值和时间价值的集合体。功能价值体现自然资源资本化的自然功能，而时间价值则将用时间的调整系数调整自然资源资本化的价值，可以反映其社会属性，从而使之能够更为充分地体现自然资源的价值。

（二）改进自然资源资本化价格评估方法

自然资源资本化的价值评估是自然资源资本化运营的基础，只有合理评估自然资源资本的价值，才可能保证自然资源资本化运营有效地进行。适用于自然资源的资本化价值评估方法主要有：

1. 边际机会成本法

边际机会成本是根据资源和环境的观点，从经济学角度对资源开发利用后果或从社会学角度对经济活动后果的一种抽象与度量。[①] 其计算公式为：

$$MOC = MPC + MUC + MEC \tag{6-3}$$

式（6-3）中，MOC 为边际机会成本；MPC 为边际生产成本；MUC 为边际使用（或耗竭）成本；MEC 为边际外部环境成本。

① 黄铭、白林：《生态资本价值的计量》，《特区经济》2008 年第 12 期。

2. 总经济价值法

根据效用价值理论，总经济价值法将自然资源价值（TEV）按效用不同分为两大类：即使用价值（UV）和非使用价值（NUV），又将 UV 细分为直接使用价值（DUV）、间接使用价值（IUV）与选择价值（OV）。其计量关系为：

$$TEV = UV + NUV = (DUV + IUV + OV) + NUV \tag{6-4}$$

式（6-4）中，DUV 是指自然资源直接满足人们生产和消费需要的价值，表现为物质性服务功能，可根据市场价值法进行计量；IUV 不直接进入生产和消费过程，但可为生产和消费创造必要条件，表现为自然环境容量和资源舒适性功能，可采用生产函数法、损失规避法、预防支出法等进行计量；OV 是人们愿意保护现有自然资源环境以备未来使用的支付意愿，相当于消费者为一项未使用的自然资源环境所愿意支付的保险金，表现为自然资源环境的自行维持功能；①NUV 表示人们对自然资源的永久享用价值与自然资源潜在功能价值的合理评估。DUV、IUV 可应用于历史成本、现行市场价格等属性进行直接或间接计量，可靠性高；OV、NUV 仅能采用价值评估法进行计量，主观性较强，可靠性偏低。

3. 租金或预期收益资本化法

根据地租理论和财务管理理论，租金或预期收益资本化法将预期的自然资源在未来一定年限内（如一年）产生的两大价值（即预期的租金或收益）按社会贴现率折现后的现值作为自然资源价值。其计量公式为：

$$V = V_1 + V_2 \tag{6-5}$$

$$V_1 = qR_0/r \tag{6-6}$$

$$V_2 = A(1 + K)/(nQ) \tag{6-7}$$

式（6-5）、式（6-6）、式（6-7）中，V 为自然资源价值；V_1、V_2 分别表示自然资源的商品价值与服务价值；R_0 表示基本地租或基本租金；r 为地租率或平均

① 李世聪、易旭东：《生态资本价值核算理论研究》，《统计与决策》2005 年第 18 期。

利息率；q 为资源等级系数；A 为投入总额；Q 为受益资源总量；n 为受益年限；K 为资金利润率。该方法应用了未来现金流量现值属性，能比较准确地反映自然资源的未来经济利益。

4. 净价格法

净价格法也是对自然资源资本进行估价的方法，不同的是该方法不对未运营（或开采）的自然资源资本化价值进行贴现。① 这样处理的理由是无论何时运营（或开采），自然资源（资本）的内在价值都是相同的。其计算公式为：

$$V_t = \frac{S_t - C_t - R_t}{Q_t} \sum Q_t \tag{6-8}$$

式（6-8）中，V_t为 t 期某自然资源资本的全部存量价值；S_t为自然资源资本在 t 期的销售价格；C_t为自然资源资本在 t 期的开采费用；R_t为自然资源资本在 t 期投资的"正常回报"；Q_t为自然资源资本在 t 期的开采量；$\sum Q_t$ 为自然资源预计开采总量。

5. 替代市场价值法

所谓替代市场法就是找到某种有市场价格的替代物来间接衡量没有市场价格的资源环境物品的价值，主要有后果阻止法和资产价值法。自然资源资本的替代市场价值法是在自然资源供给的稀缺性与人类需求的无限性两者之间的矛盾下产生的。自然资源可分为可再生资源与不可再生资源，但无论是可再生资源还是不可再生资源都是相对稀缺的，人们对自然资源资本的需求本质是对自然资源特性的需求。自然资源资本的资源特性不可以被替代，但其物质特征可以被其他的资源所取代。

6. 影子价格法

"影子价格"理论的首次提出者是荷兰经济学家詹思 · 丁伯根，他将资源的边际贡献定义为资源的影子价格。随着研究的深入，萨缪尔森进一步从三

① 任龙：《以生态资本为基础的经济可持续发展理论研究》，博士学位论文，青岛大学经济学系，2016 年，第 71 页。

个方面延伸并拓展了“影子价格”理论：首先认为“影子价格”是一种以线性规划方法得到的一种价格；其次认为“影子价格”是一种“资源价格”；最后认为“影子价格”的基础是边际生产力。

影子价格是社会资源供给与配置决定的价格，它往往反映了市场的供求状况与资源稀缺程度。从理论上看，它是指在其他生产要素投入不变的情况下，每增加一单位生产要素所带来的收益。影子价格是一种名义价格，与市场价格不相等，反映的是按照国家要求衡量的商品或服务的社会价值，有利于促进资源的优化配置。影子价格法也将成为自然资源资本价值计量的方法之一。

虽然目前对自然资源资本价格评估有上述诸多方法，但除了收益—现值法外，其他方法或多或少存在不少缺陷，几乎都很少考虑资产的预期收益，也就不适合评估需要量化未来贴现的自然资源了。收益—现值法通过资产未来预期收益的现值来判断资产价值，利用资本投资回报与收益折现的手段评估出资产预期产出能力与盈利水平，能够准确计算出自然资源资本价值的增值率。但是现有的收益—现值法只考虑自然资源经济成分中的存在价值与劳动价值，而忽视了生态补偿价值，未能完整地评估自然资源的价值。对此，还应改进现有的收益—现值法。即在考虑经济价值的基础上，将自然资源的生态服务补偿价值纳入价格构成部分，组成新的收益—补偿现值法，将生态补偿价值部分的评估按照原先的收益—现值法模式进行折现，并与存在价值和劳动价值的折现部分加总，从而形成新的自然资源资本价格。这样既实现了自然资源的经济价值，又兼顾了生态服务价值，有助于确保自然资源资本价值的完整。

（三）自然资源资本化的定价模型分析

假设 Cobb-Douglas 生产函数为：

$$Y = A\,(KM)^{\alpha}\,(L)^{\beta}\,(KN)^{\gamma} \tag{6-9}$$

式(6-9)中，$A,\alpha,\beta,\gamma>0$，$\alpha+\beta+\gamma=1$，Y 为总产出，KM 为人造资本，KN 为自然资源资本，L 为劳动投入。在完全竞争条件下，在式(6-9)中，$\gamma=0$，$\alpha+\beta=1$。假定式(6-9)中 KM 非线性边际价值生产函数与总量线性需求函数($D_{KM}=f(KM)$)近似，且 KM 的边际成本为常量 P_{KM}。因此，可以得到：

$$Y=\int_{1}^{KM_1}f(KM)\mathrm{d}KM \tag{6-10}$$

$$OS=P_{KM}\cdot KM_1 \tag{6-11}$$

$$SW=Y-OS \tag{6-12}$$

式(6-10)、式(6-11)、式(6-12)中，KM_1表示 KM 的实际利用水平，OS 表示 KM 的所有支付总量，即生产剩余，SW 表示 L 所有支付的总量，即工资总量。

在非完全竞争条件下，KN 不再保持完整性且存在机会成本。若劳动力市场为非完全竞争，SW 将不再是 L 机会成本的真实估计，因此，用它的影子价格(SW_s)来表示，SW_s可表示为：

$$SW_s=\int_{0}^{KM_0}f(KM)\,\mathrm{d}KM-(P_0\cdot KM_0) \tag{6-13}$$

当 KM 市场为非完全竞争时，OS 不再是 KM 机会成本的真实估计，因此，用它的影子价格(OS_s)来表示，OS_s可表示为：

$$OS_s=P_{KMS}\cdot KM_1 \tag{6-14}$$

在非完全竞争条件下，根据公式(6-9)，分配给 KN 和 Y 的比例为：

$$(\gamma\cdot Y)=(SW-SW_s)+(OS-OS_s) \tag{6-15}$$

不难看出，价格差(P_0-P_{KMS})变成了 KN 机会成本价值的指示器，即这个差值越大，偏离完全竞争也就越远，其机会成本就越大。KN 为 0，相应地(P_0-P_{KMS})也就为 0，因此，将 KN 的价格(P_{KN})定义为(P_0-P_{KMS})。服务于 Y 的 KN 的大小为：

$$KN=\frac{\gamma\cdot Y}{P_0-P_{KMS}} \tag{6-16}$$

根据以上对 SW_s、OS_s 的定义，在非完全竞争条件下，式(6-9)中描述 Y 的要素贡献系数可定义为：

$$\alpha = \frac{OS_s}{Y} \tag{6-17}$$

$$\beta = \frac{SW_s}{Y} \tag{6-18}$$

$$\gamma = 1 - \alpha - \beta \tag{6-19}$$

常量边际成本的假设能使 KM 的价格等于平均成本，因此，从式(6-11)、式(6-14)可得到价格 P_{KMS} 和 P_{KM} 的值分别为：

$$P_{KMS} = \frac{OS_s}{KM_1} \tag{6-20}$$

$$P_{PM} = \frac{OS}{KM_1} \tag{6-21}$$

$D_{KM}=f(KM)$ 为线性函数，假设 $f(KM) = \varphi - \lambda KM$，则 P_0 为：

$$P_0 = \varphi - (2 \cdot \lambda \cdot SW_s)^{\frac{1}{2}} \tag{6-22}$$

式(6-22)中：

$$\lambda = \frac{\varphi - P_{KM}}{KM_1} \tag{6-23}$$

$$\varphi = \frac{2SW}{KM_1} + P_{KM} \tag{6-24}$$

因此，KN 的价格估计为：

$$P_{KN} = \varphi - (2 \cdot \lambda \cdot SW_s)^{\frac{1}{2}} - \frac{OS_s}{KM_1} \tag{6-25}$$

资本价格由利率和折旧率两部分组成，由于 KM 的资本消费(替代)的数据可从国民收入和生产核算账户中获得，因此，便可以通过国民收入和生产核算账户直接估计 KM 的折旧率 δ_{KM}：

$$\delta_{KM} = \frac{KM_c}{KM_1} \tag{6-26}$$

KM_C为累积资本存量等于KM_1期间的资本消费量。

由于可通过国民收入和生产核算账户直接估计P_{KMS}和δ_{KM}的值,根据戴尔·乔根森的资本定价公式,可得到KM的利率i_{KM}:

$$i_{KM}=\frac{P_{KMS}}{D}-\delta_{KM} \tag{6-27}$$

式(6-27)中,D为资本存量紧缩指数。

基于KN和KM的等价关系,可以进一步估计KN的利率i_{KM}。比如,在某个时期,KN和KM利用的数量分别为KN_1和KM_1,则:

$$i_{KN}=i_{KM}\frac{KM_1}{KN_1} \tag{6-28}$$

将戴尔·乔根森的资本定价公式扩展到KN的情况下,可得到KN的折旧率δ_{KN}:

$$\delta_{KN}=\frac{P_{KN}}{D}-i_{KN} \tag{6-29}$$

自然资源资本的消费量(KN_c)为:

$$KN_c=\delta_{KM}\cdot KN \tag{6-30}$$

比率$\frac{KN_c}{Y}$就表示KN稀缺程度的重要指数。

应该指出的是,本书仅仅提供了有关自然资源资本定价的可供选择的简单模型。依靠一些简化假设,可以通过国民收入和生产核算账户直接加以估计,但其结果可能只是指示性的,自然资源资本内涵本身就是一个值得深入研究的问题。因此,在制定自然资源资本价格激励政策时,需要坚持以市场为导向,同时辅以政府的宏观调控,把两者有机结合起来,从而发挥两者相辅相成的协同定价作用。一方面,要根据自然资源的稀缺程度、开发难易系数对自然资源分等定级,运用市场机制,确定自然资源资本的市场价值;建立资本化市场主体平等交易机制,扩大市场化方式形成资产价格的范围,使其资产价格能够及时反映资产市场供求与资产价值。通过建立一个充分体现自然资源紧缺状况，以节约和优化配置资源、提高自然资源利用效率、促进自然资源可持续利用为核心的市场定价机制，逐步使价格反映自然资源资本价值，促使自然资源资本经营主体实现市场化经营。另一方面，政府要推进自然资源资本价格管理模式市场化，转变长期以来对自然资源资本价格管制只注重经济效益的目标的状况；政府应主动弥补市场定价的缺陷，制止自然资源资本价格只注重经济效益而忽视生态效益的定价行为，积极督促市场主体充分考虑自然资源的生态服务功能，从而促进高效利用自然资源，减少环境污染，保护生态环境，进而实现自然资源永续利用。

第二节　自然资源资本化市场建设价格激励政策设计

加强对自然资源资本化市场建设价格激励政策的顶层设计，建立能够有效体现自然资源资本稀缺程度、环境破坏与修复成本的激励机制，有助于明确自然资源资本市场中资源价格、治污成本以及价格间的关系，通过引入市场机制，实现自然资源资本供求关系的动态及时反映，能提高自然资源资本使用率以及推进各地区自然资源产品均等化，助推“五位一体”全面发展，为自然资源资本化构建交易平台和政策上的倾斜。

一、自然资源产品价格激励政策的设计思路

在中国特色社会主义市场经济条件下，价格机制是其关键。由于自然资源的价格受供求变化影响，而我国目前并未形成完善的自然资源产品价格政策体系，导致了定价机制不够健全。因此，要推动自然资源利用方式的转变，通过政府调节使得扭曲的自然资源价格恢复到合理水平，将企业破坏自然资源环境的成本内部化，加大在自然资源节约、资源有效利用率提高、生态环境修复等方向的资金、技术、政策倾斜。

价格机制要坚持以市场为主、政府调节为辅的原则，充分发挥市场在自然资源配置中的决定性作用，建立能有效反映市场供求关系和自然资源产品稀缺程度，生态环境破坏和污染治理成本的价格机制。通过形成自然资源价格调整与自然资源价格形成机制改革两者间相互协同的模式，促进价格机制的完善。

改革现行不合理的自然资源管理制度，以市场为导向，减少政府对自然资源产品价格的干预，纠正政府的单一定价行为。完善自然资源资本化市场体系，促进自然资源行业内外有序竞争，解决自然资源产品横向和纵向部门的垄断问题。自然资源产品具有稀缺性，其价格与真实的市场供求关系存在一定差异，同时对市场生产经营状况具有反向作用。因此，在制定自然资源产品价格政策时，要充分体现自然资源产品价格形成的普遍性，同时还需要考虑自然资源产品生产经营的特点。根据自然资源产品各个生产经营阶段的特点，进行动态化的自然资源产品价格政策设计和调整。

以水资源为例，在进行产品价格激励政策设计时，需要从不同地区的水资源存量和水资源的不同用途等实际情况出发，进行科学合理的定价。一般包括两个层面：第一，水资源的价格主要是由水资源成本、生产成本、环境成本三部分组成，因此，合理的水资源价格是由三个成本价格与一定的利润形成。第二，由合理的水资源价格可知，由于水资源的供给有限性与市场对水资源的无限需求之间的矛盾，合理的水资源要随着市场对水资源的实际需求量变化而变化，使得最终的水资源价格不仅能体现其稀缺程度，还能反映其内在的水资源产品价值。因此，国家应当制定资源价格指导政策，对水资源使用的各个过程进行完善，形成统一的国家指导水资源价格。各地区应当具体问题具体分析，从地方的水资源用途特点与需求情况出发，制定合理科学的水资源价格，提高水资源的利用效率，促进水资源的优化配置，完善水资源价格的调节机制。不同的水资源质量，生产出不同质量的水资源产品，体现不同的水资源产品价格，参与到水资源资本化市场竞争中。因此，要通过制定水资源产品价格激励政策,以促进水资源资本化市场建设。

现有的价格激励政策对东部地区高污染产业转移到中西部地区具有一定的控制作用,但随着中西部地区工业的进一步发展,不断提高了中西部地区的污染程度与治理成本。因此,自然资源产品价格激励政策要防止自然环境污染在地区之间的相互转移,要从根本上减少生态环境污染的产生。通过自然资源产品价格政策的相互作用,促使中西部地区污染的最小化,完善自然资源产品价格激励政策。加大对西部地区的自然资源产品价格激励力度,扩大中西部地区在自然资源产品保护的比重,增加自然资源产品发展资金以减少市场交易的外部成本。

二、自然资源环境成本补贴激励政策的设计思路

成本补贴主要是对生产成本与消费成本两者进行适当补贴和激励。由于自然资源和生态环境具有外部性和公共产品的属性,市场主体不愿积极实施自然资源和环境成本的内部化。环境补贴率是企业的自然资源环境成本内部化的关键,二者呈负相关。因此,政府应对自然资源和环境成本补贴激励政策进一步完善,以推动企业和其他有关市场主体积极开展自然资源环境成本内部化活动,以提高自然资源产品的社会效益和生产过程中生态环境质量管理水平。

与其他绿色发展导向的环境政策相比,自然资源环境补贴不存在较大技术操作方面的问题,能够有效鼓励自然资源产品供求双方自觉维护生态环境,抵制生态环境污染,推进环境污染从末端治理向源头控制转变。但是,自然资源环境补贴的资金来源是财政资金支出,加大补贴的力度与范围会加大政府的财政压力和制约地区社会经济发展水平。因此,实施自然资源环境成本补贴需要制定科学的补贴方案,确定合理的补贴额度。

生产阶段的自然资源和生态环境成本补贴激励政策。政府直接补贴应针对积极参与自然资源产品生产环境成本内部化的企业,降低企业的内部化成

本系数，提高企业对自然资源产品生产的环境成本进行内部化的热情。政府部门应该以不断扩大自然资源产品生产环境成本内部化产出为标准的补贴范围，减少以自然资源产品生产环境成本内部化投资为标准的补贴范围，不断建立健全自然资源产品生产环境成本的政策激励作用的动态补贴机制。在生态环境政策的实践中，发达国家在对生态环境污染治理上取得了一定经验。比如，德国鲁尔区政府通过优惠政策扶持，包括价格补贴、税收优惠、投资补贴、矿工补贴、环保资助、研究与发展补助等方式，积极促进能源转型，增加对清洁能源的开发和利用。

自然资源产品生产环境成本内部化需要相关的技术支撑与科研服务。但目前的相关技术与科研服务组织无法对自然资源产品生产环境成本内部化的产出进行直接衡量，同时也存在积极性不高等问题。因此，在健全政府自然资源产品生产环境成本的补贴激励政策时，需要加大对自然资源产品生产环境成本内部化的技术支持，同时按照自然资源产品生产环境的市场消费特点，建立自然资源产品生产的环境成本与价格科技研发专项经费，提高自然资源产品生产企业的主体性，通过加大对企业的财政投入，引导企业在生产经营过程中注重生态环境的改善，进行自然资源产业的转型升级，为自然资源资本化供需主客体提供更大的技术支撑。

消费环节的自然资源和生态环境成本补贴激励政策。在消费环节，自然资源与市场具有紧密的联系，自然资源产品供给主体通过市场载体进行交易获利。因此，在消费环节的自然资源和生态环境成本的补贴政策不仅需要注重政策实施的经济效益，还需要重点把握政策对经济的具体作用程度与方向，形成自然资源环境成本补贴政策与社会经济之间的相互作用、相互促进。在我国，不容否认的是环境政策在提高清洁能源产业发展的同时也带来了一定的副作用，在设计自然资源环境补贴激励政策时应考虑到这一因素。第一，自然资源环境成本补贴能够进一步扩大人们对自然资源的需求，单一的对自然资源产品的消费补贴可能会造成盲目刺激消费的后果，从而阻碍企业将自然资源环境成本内部化。第二,从消费者的角度出发,由于自然资源环境成本补贴会增加环境消费者的预期收入,从而改变消费者的原有市场消费预算,对市场调节机制产生一定误导作用。因此,自然资源环境成本激励政策需要实行动态化调整,根据市场供求实际状况,制定适宜的激励力度与方式。第三,从生产者的角度出发,由于实施消费阶段的自然资源环境成本激励政策,自然资源市场信号可能失真,生产者在信息不对称下无法有效组织生产。

从优化自然资源环境成本补贴政策的角度出发,消费环节的自然资源环境成本激励政策设计需要充分考虑以下因素:首先,自然资源环境成本激励政策需要具有针对性。针对特定的自然资源环境的特定阶段设计特定的补贴激励政策。例如,新能源消费补贴要针对具有一定规模的风能、太阳能等的新能源产业在生产环节进行补贴激励,以及受地域限制条件相对影响较大的地热能、海洋能、生物质能等新能源在消费环节进行补贴激励。其次,自然资源环境成本补贴政策需要结合不同市场的消费特点选择对应的补贴激励政策,重点向清洁能源倾斜。加大对清洁能源企业的补贴力度,减少自然资源环境外部成本,促进自然资源环境成本的内部化。最后,政府应该建立自然资源环境补贴政策动态调整机制,根据自然资源环境成本内部化的实际情况,动态调整,做到自然资源环境补贴激励政策"有进有出"。

三、自然资源环境保护的价格激励政策的设计思路

自然资源环境保护的价格激励政策是与环境污染排放和环境保护直接相关的价格政策。自然资源环境保护的价格激励政策是在谁污染谁治理、谁保护谁受益原则下,通过排污费、污染处理费、环境保护奖励等手段强制自然资源环境破坏者承担生态环境修复补偿的责任,保障自然资源环境保护者的生态经济行为能获得既定利益。因此,设计合理的自然资源环境保护价格政策尤为重要,有利于充分发挥自然资源资本价格的杠杆与调控作用,在促进自然资源环境成本内部化的同时,激励自然资源资本化市场主体共同参与自然资

源生态环境质量保障活动。回首我国自然资源环境保护的价格政策设置，最先进入实践部门的是污水处理费的征收。20 世纪 90 年代，我国工业化快速推动，水资源环境出现严重的污染问题，我国以重要城市为试点开始探索与建立污水处理费制度，征收的对象主要是企事业单位排放的污水与部分城市的生活污水。经过 10 年的探索期，于 2003 年我国污水处理费制度才进入全国实施阶段，规定全国所有城市必须征收污水处理费。在全国范围内征收污水处理费的标准也并不是一成不变的，从 2003 年开始，全国污水处理费征收标准的决定权逐步下放，由全国统一征收标准向各地自行设置征收标准转变，并给予排污企业更多的政策选择。由此可见，任何一项自然资源环境保护价格政策的制定必须经过时间与实践的检验，循序渐进是政策推行应遵循的基本规律。

由此观之，自然资源环境保护的价格政策设计思路应遵循政策推行的一般规律。一是要做好自然资源环境保护政策中的自然资源资本化市场经营主体发展的价格激励工作。通过自然资源环境保护税费与奖惩制度，保障自然资源资本化市场经营主体走绿色化发展之路，不能脱离自然资源环境保护的基本原则。二是要做好自然资源环境保护政策中部门职能的划分，要将自然资源定价政策主体与监管政策部门进行分离，提升自然资源保护政策运行的有效性。三是要构建自然资源环境保护政策绩效评价体系，结合第三方评估等手段对我国自然资源环境保护政策实施效果进行动态评估，为进一步政策调整提供科学决策依据。四是要创立自然资源环境保护的价格激励制度。在自然资源资本化市场建设初期，自然资源产品市场不健全，自然资源资本化市场经营主体盈利能力较弱，应适度设置相应的激励政策。

第三节　价格激励政策实施应重视和注意的问题

在自然资源资本化市场建设和运行过程中，需要建立能够反映市场供给和需求关系，能够反映自然资源稀缺程度，能够反映其真实价值，符合市场经济规律的价格体制。然而，由于自然资源具有公共品和外部性的特征，在自然资源的价值体系中，其生态系统服务功能在我国现行的市场架构中没有完全体现出来，既没有价格，也没有所有权，这种外部性、公共性导致市场机制失效，资源无法完全通过市场调节，往往会出现资源无效率的浪费和滥用，导致生态环境的污染与破坏。因此，在自然资源资本化运营过程中，要发挥市场配置资源的决定性作用，建立市场价格体制，同时，也要加强政府监督管理，在“市场失灵”的情况下，在自然资源开发与利用后为实现可持续循环、代际公平的合理补偿，必须要在交易体系中使得价格能充分反映出产品的生态价值与社会成本，同时还需要兼顾效率与公平，弥补市场的客观缺陷。

一、厘清自然资源的经济属性，重构自然资源价格形成机制

厘清自然资源的经济属性，即确认自然资源是否从属于市场资源。正确处理政府与市场的关系是价格机制改革的核心。浅层次来看，正确处理好政府与市场的关系是为了使得政府与市场主体能各自发挥其自身的作用，同时可以互相配合弥补各自不足，从而达到提高经济运行效率的结果；从深层次看，其背后所蕴含的机制原理是要将商品和服务在经济属性与非经济属性的主次地位进行区分与明晰。换言之，在经济系统中，政府与市场的作用与分工有着明显的区别：政府的作用主要体现在对非经济属性产品和服务的供给，比如社会属性或文化属性更强的一些公共产品供给；而市场的作用更多是在经济属性产品的供给方面，比如消费品以及经济属性较强的公共产品。

所谓正确处理政府与市场的关系，其关键点在于正确认识商品和服务的两种属性。将此概念细化到自然资源上，它究竟从属哪种属性？客观角度而言，自然资源是作为一种产品或要素进入经济体系中的，其对经济社会发展的贡献主要是在资源供给方面，所以本书认为自然资源资本化的一个重要方向就是最大程度、最大效率地还原自然资源的经济属性，以及挖掘其背后关联的

价格属性和金融属性。价格机制能否发挥对自然资源的配置作用？这是在厘清自然资源的配置机制时最关键的问题。从生产角度而言，自然资源实则是一种生产要素投入；从资本角度而言，自然资源成了一种资产，但是其产权界定还存在较大争议，尤其是其开发利用的权利。尽管如此，无论是其要素投入还是资产属性，市场原则最基础的原则是同等回报率，这是研究和评价自然资源属性的基础原则。对于很多公共产品而言，其在市场体系中的经济属性并不强，投资回报率偏低，或其投资回报周期过长，因此需要借助政府的非市场力量保障其供给，但是对于以经济属性为主的要素和资产而言，其平均回报率的实现程度是其市场配置效率的基础。

对于自然资源而言，基于市场回报率的最优配置能否对自然资源起到保护作用？就实际情况而言，若能对其收益和成本进行科学界定，这样的最优配置就可实现其经济价值和均衡状态的保护。设想一个理想化的情景，有人故意压低其市场回报率，不计对环境的污染与危害，市场会出现过低的自然资源需求和供给，具体表现为自然资源价格的偏低，而由于其影子价格的存在，会加剧自然资源的滥用，形成一种对自然资源使用的恶性循环。同样地可以设想，如果有人故意抬高自然资源的回报率，自然资源的市场价格偏高，这样也可以在很大程度上保护生态资源环境，但是这样的保护却牺牲了市场部门的利益，也无法在市场体系中形成良性循环。

在市场经济中，若只让市场供求去决定自然资源价格，确实可以促进自然资源的利用效率，但是市场价格并不能完全反映自然资源的社会成本，且配置过程中弊端太多，只有市场机制远远不够，需要政府加以干预，让自然资源的市场价格能够反映其社会成本，还要兼顾效率与公平，方可实现自然资源开发利用的代际公平与合理补偿。综上，对于重构资源价格形成机制的总体思路是：坚持市场配置资源与国家宏观调控相结合，以市场形成价格为基础辅之以必要的政府干预。资源价格重构机制实现方式应为坚持价格改革的市场化方向，完善政府宏观调控制度，推进市场配套制度改革，同时要考虑各主体的风险承受能力，推进资源价格渐进式改革，重点做好自然资源的价格改革工作。在资源价格重构机制改革的过程中，竞争机制可以让价格成为反映对资源稀缺程度和供求关系的有效机制，可以充分发挥价格调节市场供求、优化资源配置的作用；而对于具有特殊性的自然资源，例如关系国计民生的短缺性资源、具有垄断特性的自然资源，实行政府定价是实现其价值、稳定其价格、提高其效率的最佳手段，同时要对价格监管、预警机制、应急保障等方面进行完善，确保经济市场效率与资源安全。

二、推动价格规制手段转向，调整各类资源之间的价格关系

价格规制是自然资源资本化市场建设中不能缺少的制度安排，传统的价格规制手段正在向以激励性规制为导向的新的价格规制转变。厘清自然资源的价格机制，即如何把握自然资源的特点来推进其价格机制的设计。基于对自然资源经济属性的分析，对自然资源进行最优配置和均衡需要通过引入价格机制来实现，并且需要通过规制手段将自然资源的某些特性体现在价格机制上。

首先，自然资源与劳动力等经济资源的比价关系。市场是进行自然资源配置的有效手段，但是受制于自然资源的某种外部效应，需要通过规制来影响价格，对配置过程中的扭曲情形进行纠正，使其价格接近于“影子价格”，从而实现与经济资源较为一致的市场地位。

其次，空间意义上自然资源的比价关系。自然资源在空间上具有明显差异性，表面看其地区间流动性较差，属于市场中的“非贸易品”，实际上其贸易程度受到服务对象和供给的影响。服务可以在不同区域间流动，但是需要一个统一化的市场体系来实现，提高市场的一体化程度来实现统一的比价关系。①

最后，自然资源在代际间的比价关系。自然资源作为一种跨期消费品，其

① 马承祖：《关于自然资源价格构成问题的思考》，《价格月刊》2007 年第 9 期。

提供的代际福利效应明显区别于一般消费品,这表明其最优定价水平的最大影响因素是时间。因此,在引入财税、金融等价格支持政策因素时要将时间因素纳入进来。

总之,在推进自然资源资本化运营过程中,必须充分考虑价格激励政策的重要性,自然资本化运营对价格机制的要求也体现了激励政策的重要性。在市场体系中的自然资源,其价格关系的合理程度会对不同产业、不同区域的发展协调性产生影响。形成合理的比价关系对于资源结构、行业稳定、市场流通都有较好的正向效果。基于我国自然资源的现实情况,要实现我国经济可持续与协调发展,就要理顺自然资源价格关系,调整原油、天然气、煤炭资源之间不合理的比价关系,近几年推行的煤电联动价格制度是实现合理比价关系较好的办法。①

三、认清自然资源资本化本质,完善自然资源税费制度

依据马克思主义基本原理,当自然资源具有给所有权主体带来收益的权利,能够进入市场流通并进行自由交易的时候,自然资源权利就被资本化了。这里所强调的并不是自然资源本身的资本化,这是由于自然资源并不是劳动产品,而仅仅是自然界的产物,其没有任何“劳动价值”,因此不能资本化。但是,当自然资源的产权变更,权利拥有者依靠地租、抵押等形式获取自然资源的未来价值时,自然资源便能顺利资本化。本书依据马克思主义基本原理,认为自然资源资本化实际上是自然资源产权的资本化,核心问题是如何实现自然资源产权的未来收益问题。自然资源资本化政策,能够影响到自然资源产权的未来收益分配,从而能够影响到自然资源资本化利益相关者的行为。②

---

① 冷淑莲、冷崇总:《深化自然资源价格改革的对策》,《粤港澳市场与价格》2007 年第 11 期。

② 杨红军:《从“权利”到“资本”的跨越——评〈知识产权资本化研究〉一书》,《公民与法(法学版)》2010 年第 11 期。

事实上，理论界在讨论自然资源产权本体与客体同化时存在悖论。在应当使用“自然资源产权”范畴的时候却以自然资源产权的客体——“自然资源”来指代，这经常会导致逻辑错误，易出现概念方面的混乱。甚至有部分西方经济学者认为，社会主义市场经济体制中，对商品的定义扩大到所有产权有权转让的物品，因此自然资源不只是商品，更是一种资本，且自然资源作为商品时的价值主要依靠其未来收益所决定。① 那么资本化的对象到底是自然资源产权还是自然资源产权的客体——自然资源？事实上，自然资源产权是一种可转让的财产权，而自然资源是与物质产品相并存的一种民事权利客体；自然资源交易双方看重的只是某种自然资源的“权利”归属，所以资本化的对象其实是自然资源产权而非自然资源产权的客体——自然资源。

第一，自然资源资本化并不等同于“自然资源私有化”，私有化是一个所有权概念，而自然资源资本化是一个经济学意义上的金融概念。也就是说，自然资源资本化并非是以改变自然资源所有制或者自然资源所有权关系为基础，而是以自然资源使用权或经营权作为操作对象，通过一定的融资方式，达到盘活和优化自然资源配置的目的。

第二，自然资源经营权的出资人并非一定是自然资源承包权人。自然资源经营权的出资人可以有多种情形，既可以是出资人以自然资源产权使用许可方式出资，又可以是自然资源承包权人在保留一定权利以某种形式和内容的自然资源使用权出资，亦可为非自然资源承包权人以获得他人的特定自然资源产权使用许可权出资，比如用流转来的某种自然资源产权再许可使用权出资。但是需要注意的是，出资人是对其特定自然资源产权的使用权拥有再次处分的权利，若无此项权利，则不能充当出资人。

第三，由自然资源资产转变为自然资源的产权资本，其自然资源资产必须以生产要素的形式投入到经济运行过程中，用于消费的自然资源资产不能称

① 陈学法：《城镇化进程中的土地资本化问题研究——以江苏省徐州市为例》，《徐州师范大学学报（哲学社会科学版）》2012 年第 6 期。

之为生产要素，其不能成为自然资源产权资本的原因是其无法为资产所有者带来收入和剩余价值。

第四，自然资源产权资本具有不同于实物资本的特性。资本的本质特征在于其增值属性，其在经济市场中可以创造利益，且形态多样化，其具有资本的物质形式和价值增值特征。相较于一般资本，自然资源产权资本不具有“投入与产出的对称关系”，不能独立地发挥资本的价值增值功能，所以自然资源产权的风险相对而言更大一些。

鉴于自然资源的产权资本化本质，完善自然资源的价格构成，就必须完善自然资源的税费制度。自然资源税收和开发的费用均是其价格构成的重要部分，目前我国只有七个税目是针对自然资源方面的，这就造成了大量自然资源被无成本无代价或低成本低代价利用掉。因此，需要扩大资源税的征收范围，借鉴西方发达国家在资源税方面的经验；适当调整资源税的标准，对于对非再生性、非替代性、稀缺性自然资源课以重税；将土地使用税、耕地占用税、土地增值税并入资源税中，共同调节开发利用自然资源行为，并在资源税法中严格减免标准。自然资源开发者和利用者对外部不经济行为不承担经济责任是造成自然资源浪费和生态破坏的主要原因，为遏制人为生态破坏，鼓励生态保护与建设，改善生态环境，构建人与自然和谐关系，应根据国家确定的“资源有偿使用”“谁破坏谁恢复”“谁利用谁补偿”的原则，建立生态保护补偿制度，通过经济手段将资源开发过程中的外部环境内部化，使得自然资源价格可以反映环境成本并得到合理补偿。

第四节　广西珠江流域碳汇价格激励政策的地方实践

在低碳经济时代，碳排放权已经成为一种在发达国家与发展中国家之间进行责任转移的资产，为了从碳排放权中获得能源效率和可持续发展的收益，全球正在建立碳资本市场体系。本质上,碳资本市场建设就是要开展碳汇资源的市场化和资本化运营,是我国自然资源资本化市场建设的重要领域之一。中国广西珠江流域治理再造林项目便是典型的自然资本化市场建设价格激励政策的地方实践。

一、实施背景

碳汇是指除了空气中清除二氧化碳的过程与活动,森林等自然资源利用森林植被吸收二氧化碳并固定和储存在土壤中,从而减少大气中二氧化碳的浓度。[①] 与碳汇相对应的一个名词叫碳源,顾名思义就是产生二氧化碳之源。只要条件具备,碳汇在现实生活中完全是可以交易的,通过碳汇冲抵碳源产生的碳排放被称为"碳中和"。不过,只有具有额外性、产权明晰的碳汇才能在现实生活中进行交易,而森林碳汇便属于可交易的一种方式。碳汇定价也就是为碳排放造成的外部性进行定价,通过要求碳排放者为其排放造成的福利损失承担成本,进而实现应对气候变化的管制目标。碳汇资源资本化市场建设价格激励对于控制碳排放起着重要作用,能够激励生产者将碳排放因素纳入要素投入与工艺技术选择的考量之中,能够激励消费者在选择商品和服务的过程中考虑碳排放,能够激励技术创新,诱发气候友好型技术变迁,并且能够为市场机制在气候变化领域发挥作用提供集约的信息基础。全国碳市场已于 2021 年 7 月 16 日正式启动上线交易,一年来市场运行总体平稳,截至 2022 年 7 月 15 日,碳排放配额累计成交量达 1.94 亿吨,累计成交额达 84.92 亿元。

林业碳汇不仅具有森林碳汇的自然属性,还具有碳汇交易的经济属性。[②]

---

① 苏蕾、李扬:《林业碳汇模式新思路——碳币全民市场信用体系》,《浙江金融》2018 年第 6 期。

② 刘铭、孙铭君:《我国林业碳汇项目供求与价格机制研究》,《中国林业经济》2020 年第 1 期。

目前,国内关于森林碳汇的资本化开发主要有两种方法:一种是森林经营碳汇项目的方法,通俗而言就是对已有森林进行养护的项目。这里的森林经营是特指通过调整和控制森林的组成和结构,促进森林生长,保持和改善森林生长和碳储存等生态服务功能,从而增加森林碳汇。① 另一种是碳汇造林项目的方法,即通过植树造林增加森林面积的项目。碳汇造林特指以增加森林碳汇为主要目标,对碳汇计量和检测有着特殊要求的项目,区别于一般意义上的植树造林活动。

1997 年通过的《京都议定书》承认森林碳汇对缓解全球变暖的作用,并且要求全人类加强森林可持续化经营,并允许发达国家向发展中国家提供资金和技术用于增加森林碳汇,从而抵消其国内的减排指标。② 可见,碳汇林的碳汇交易买卖,主要是用户通过平台购买林权(碳牌),拥有碳牌后将所拥有的林权出售给有碳减排放需要的其他企业,获得经济收益。有碳减排放需要的企业,通过平台购买碳排量,从而购买林权,获得企业碳减排资格。换言之,项目业主通过营造林产生碳汇减排量,然后通过政府部门核发的碳信用(即 CCER),在碳交易市场中供有减排需求的项目业主购买,从而抵消自身的碳排放量。倘若我国林业碳汇固定的二氧化碳量,比发展生产排放的二氧化碳量还要多,那么,这部分多出来的量,便能在国际市场上进行交易,从而能为我国额外创造相应的外汇收入。③

广西地处珠江中上游地区,历来是珠江流域生态保护的重点治理区域。为维系良好的生态环境,珠江流域不断退耕还林,牺牲当地发展工业的机会,但珠江三角发达地区却并未积极主动与滇桂黔地区建立碳交易市场和排污交易市场,致使广西珠江流域居民生活水平低下的情况一直没得到有效改善。

① 李国春:《黑龙江省林业碳汇项目开发重要意义的探讨》,《防护林科技》2016 年第 9 期。

② 李贤招:《福建国有林场森林资源生态服务价值与碳汇功能分析》,硕士学位论文,福建农林大学林学系,2014 年,第 8 页。

③ 林旭霞、张冬梅:《推进碳排放权交易下的林业碳汇交易》,《福建日报》2016 年 8 月 16 日第 8 版。

而在政策倾向性背景下,广西珠江流域又背负生态保护重任,经济发展必然很难保障,更别说生态环境保护的可持续性。[①] 因此,广西珠江流域勇开先河,创立了全球首例联合国清洁发展机制项目,通过出售碳含量创收,既维系生态平衡,也提高居民收入,通过自然资源资本化市场运营实现了生态平衡和居民收入两者之间的平衡。

二、实施过程与政策实施困境

(一) 实施过程

2003 年,广西首次单独向世界银行申请 1 亿美元贷款,用于中国广西珠江流域治理再造林项目,这是全球首例联合国清洁发展机制项目。该项目通过清洁发展机制实现森林碳汇资源的市场化和资本化,具体流程包括:(1)项目信息判别。项目信息判别是对项目的需求、目的以及实施手段的识别过程,判别项目的信息是否符合标准,判别项目是否符合联合国理事会批准的基准线和检测方法。(2)择优原则挑选买家与中介。在清洁发展机制(Clean Development Mechamim,CDM)项目的可行性与规范性符合条件的情况下,业主可以依照择优原则挑选卖家与中介,与其进行协议的签署。(3)项目设计文件编制。在签订协议之后,根据项目的自身特点与联合国清洁发展机制执行理事会的要求,按照科学的方法与程序进行项目设计文件的编制。(4)所在国政府对清洁发展机制交易双方进行批准。清洁发展机制项目在进行前必须经过所在政府的审批才能进入下一个流程。(5)设定独立经营主体。清洁发展机制项目实施方需要选择合适的独立经营主体签约,并委托其进行清洁发展机制项目的审定。可以看出,通过清洁发展机制实现森林碳汇资源的市场化和资本化,有着较为复杂的程序和严格的技术要求。森林必须按照碳汇造林的技术要求,要有明晰的产权和严格的额外性,其生产环节有完整的程序。

① 马晓红:《珠江流域民族地区生态补偿机制的构建》,《贵州民族研究》2014 年第 7 期。

《京都议定书》规定了发达国家到发展中国家实施清洁发展机制项目时，其项目土地必须是过去50年以来的无林地或是1990年以来的无林地，同时还需要制定项目方法准则，项目要经过政府部门批准，最后由联合国清洁发展机制执行理事会批准、注册，才可进行真正的交易。

自然资源资本化市场建设价格激励政策的初衷，是实行生态、经济、社会效益三统一的发展战略，在保护生态的前提下，通过流动、组合、优化配置等多种方式促进资源资本化市场建设，盘活当地僵化的森林资源资产，将潜在的森林资源价值转化为经济价值。以环江县川山镇乐依村建立屯为例，2007年屯集体出地与环江县兴环营林有限责任公司出资合作营造了村里世代未经耕种的800亩荒地。当时约定碳汇交易的收入以及林木采伐的木材，均按照6∶4的比例进行分成，而且兴环公司还优先雇请建立屯的村民进行种植和管理。所以，一片树林有劳务、碳汇和木材三层收入，这样便极大地激发了村民的热情。广西早在2006年就成功开发了全球第一个在联合国清洁发展机制理事会成功注册的碳汇造林项目——中国广西珠江流域治理再造林项目。截至2019年年底，已累计造林3100公顷，碳减排量为31.86万吨二氧化碳当量，碳汇交易额达138.57万美元，全部由世界银行生物碳基金购买，这也是全球第一个获得联合国清洁发展机制执行理事会（EB）批准并成功注册的清洁发展机制下再造林碳汇项目，取得了显著的社会效益、经济效益和生态效益。[①]

（二）政策实施困境

通过对广西珠江流域碳汇价格激励政策分析可知，森林碳汇交易还不是十分普遍，其价格主要取决于国际性的碳汇交易市场行情，这便导致森林碳汇的供给者和需求者之间存在较大的价格差，进而降低了碳汇交易市场效率。广西珠江流域碳汇价格激励政策实施的困境主要有：

① 易扬、罗述武、毛丽莉：《金融支持广西林业碳汇发展的路径选择探析》，《区域金融研究》2019年第1期。

1. 项目批复时间长,程序繁琐,风险较高

目前已经获批的清洁发展机制项目中,真正能够取得收益的公司仅占所有获得签发企业的35%。清洁发展机制项目在减排量核算方面有一套复杂的方法,开发清洁发展机制项目通常需要十几步流程:项目设定→晒出标的→寻求国外合作→商务洽谈→国内申报→国内审核→国际申报签发→项目的落实→核查确定减排量→计算收益。由于清洁发展机制项目需要经过国内以及国外两个方面的审批流程,并且需要多个组织和机构同时进行,因此清洁发展机制项目的审批时长一般需要一年左右的时间。复杂冗长的审批过程使得项目结果很难达到预期,且清洁发展机制项目前期投入至少要10万美元,这使得投资者在启动项目时阻力变大。另外,清洁发展机制项目受到项目时间、项目进程、合同制约等各方面条件的限制,项目的实施过程中不能直接产生利益,需要在先行投资、后期建设、官方评定三个阶段后,产出能交易的碳减排配额才可进行下一步市场行为,这进一步放大了清洁发展机制的项目风险:项目进展质量风险、国内外审批风险、CER的价格波动风险和合作方违约风险。

2. 精通清洁发展机制项目技术和知识的人才严重缺乏,卖方利益维护存在困难

国际上关于森林碳汇市场的交易准则、市场供需、认证标准建设等均由发达国家制定,由于我国在国际碳汇市场没有权力表达自己的想法,我国清洁发展机制项目的起草以及各类制度的制定上基本都是由发达国家主导制定,一旦出现法律争议,第三方仲裁所使用的法律也都是欧美法律。国内清洁发展机制项目虽然发展迅速,但是从国际市场来看,其仍然处在不利一方。调查研究发现,广西珠江流域的大多数造林公司都是以速生丰产林为主要经营项目,生产木材和其他林产品,为了控制成本,营造时很难也没有必要完全按照上述程序严格执行碳汇造林的技术标准,况且这类森林在生物多样性和改善环境等方面,也难以达到碳汇林的要求。故其生产的碳汇难以具备市场交易要求,且木材生产过程中的森林砍伐又会造成碳排放,“又卖木材、又卖碳汇”的目标就很难实现。

3. 国内碳交易市场体系仍有待完善

国内的碳汇要想进入国际市场交易，需要从造林开始阶段就按照买方的要求进行，且需要聘请有资质的评估和设计机构，还要进行核算、计量、认证、监测等步骤，其成本十分昂贵。如果企业是为了赚钱而造林出售碳汇，其可行性是很低的，因为其碳汇产值远远不能抵消造林成本。可以说，碳汇造林是一种达到森林效益最大化的公益项目，其目标是要实现森林生态价值的资本化。尽管国内已经有不少获得成功的清洁发展机制项目，但是由于缺乏对接国际碳排放交易市场直接关联且具有独立性的交易平台，导致国内清洁发展机制项目难以利用国际市场资源，长期在国际碳排放市场中处于不利地位。从某种意义上可以说，国内的清洁发展机制项目正慢慢转化为“国内低端生产，国外低价销售，且市场信息闭塞、交易渠道完全被发达国家垄断”的产业。在国际上，碳排放权已经是一种金融投资工具，但是国内金融机构的参与度不高，国内金融资本在碳市场上参与度较低，不利于国内碳市场规模的扩大以及碳配额流动性的提高，加重了企业业主进行项目筹划与实施过程中的资金压力与潜在风险。

三、政策优化与完善建议

以碳排权交易为核心的森林碳汇资源资本化市场建设源自于现实的需要，碳交易市场所提供的市场化机制是对政府环境规制手段的有力配合，充分调动了微观个体减排增效的积极性。广西珠江流域碳汇价格激励政策尽管作用对象是广西珠江流域，但对外关联的却是国际碳市场，为促进广西珠江流域乃至国内其他区域建设森林碳汇资源资本化市场，应当进一步优化与完善价格激励政策。

第一，提升我国在国际碳市场上的竞争力与话语权。随着国际碳市场的繁荣与兴起，我国是国际最主要的清洁发展机制注册国，但我国在国际碳市场的参与度与地位依然较低，缺乏一定的竞争力与话语权，在碳市场交易链条中处于靠后的位置。因此，我国需要提高对碳资源价值的重视程度，充分发挥自身清洁发展机制项目注册量大、配额出口量大等优势，扩大碳市场规模与交易范围，培育碳市场交易体系，从而提高我国在国际碳市场上的地位，逐步在国际碳市场上掌握主动权。

第二，设立碳价格风险预警机制。国际碳市场价格的波动会增加清洁发展机制项目的实施风险，从而造成清洁发展机制项目的数量不断减少，碳排放进程减缓。我国是主要的清洁发展机制的注册者与供给者，通过国际间清洁发展机制项目的合作与交易积极参与国际碳市场。欧盟等发达国家和地区是清洁发展机制项目的主要需求者，其价格波动会对我国碳排放价格产生直接影响。另外，我国的碳市场起步较晚，碳市场的各项规章制度尚不完善，碳交易的市场体系尚不健全，这也在一定程度上导致我国的碳排放权交易对国际主要市场的依附性较高，国际碳排放权价格对我国的碳排放价格的影响较大。国家有关部门有必要通过明确碳配额的法律属性、实施委托拍卖、发展碳金融市场等方式提升碳市场的活跃度，使碳价能够真实反映企业的边际减排成本，并且设立碳价格风险预警机制，将各类能源价格、碳排放权供给等相关因素纳入碳价格风险预警机制，及时向国内相关碳排放实体发布价格波动信息，降低碳排放实体的经营风险。

第三，在持有碳排放总量上进行控制。碳排放权的初始分配涉及到碳排放权的初始供给量，碳价格高低取决于碳排放权的供给量。因此，对碳排放权初始分配的设计需要高度重视，要同时考虑市场接受度和分配效率。具体来说，在碳市场运作前期，通过分配的方式提高碳排放主体的参与积极性，后期通过逐步提高碳拍卖比重，避免造成分配过度。一方面要控制清洁发展机制上报注册的频率。在当预期价格上涨时，国家可以增加清洁发展机制上报项目的数量；当价格下降时，减少清洁发展机制上报项目的数量。另一方面要建立健全碳排放配额的储备机制。碳排放权在国际市场发挥着类似“准货币”

的作用，国家可通过合理增减持有欧盟排放交易体系（EU-ETS）的碳排放配额储备，增加国家货币储备的多样性，实现风险对冲，降低碳排放权价格风险，同时储备还可满足国内企业的配额需求。

第四，成立专家咨询委员会，定期对碳排放权实体进行指导。对于拥有清洁发展机制项目的企业而言，一方面，要把碳排放权正式纳入企业风险控制和运营成本管理，在企业组织架构中设立专门管理碳排放权成本的部门，把碳排放权的风险防控纳入企业运营成本管理体系。另一方面，企业需要合理使用套期保值等金融工具，有效规避价格风险。套期保值是通过合理的"做空"与"做多"，把期货市场作为转移碳价格风险的工具，对现有的碳排放权进行保值或者成本控制。为了减少损失、增加利润，拥有清洁发展机制项目的企业可以通过参与国际碳排放权金融衍生产品交易活动来进行适当的期货管理。

总之，应该以碳排放市场为基础，设立以现有市场为基础，创新碳期货、碳期权、碳基金、碳保险等一系列碳排放权衍生产品，积极培育碳项目实施、碳风险防控、清洁发展机制测评等一系列碳资本中介服务项目。这不仅有利于完善碳资本市场，高效率传递市场价格信号，更能快速形成碳市场的均衡价格，促进市场平衡，推动市场规模和范围的扩大，改善处于碳市场交易链末端的现状，进而提升在国际碳市场上的竞争力与话语权。在充分保证碳定价成本有效性的前提下，碳汇资源资本化市场建设价格激励政策可以配合社会政策，补贴低收入人群，促进产业结构顺利转型，以及推进低碳创新的成果共享，兼顾到社会公平。

第七章　我国自然资源资本化市场建设的权益补偿政策

自然资源资本化市场建设的权益补偿是一种经济激励型的制度安排，这就需要调节好自然资源资本化各利益相关者之间的利益关系。本章从权益补偿政策支持自然资源资本化市场建设的作用机理入手，对我国自然资源资本化市场建设权益补偿政策的设计思路、重点问题与实践应用等问题进行了系统性归纳和总结。

第一节　权益补偿政策支持自然资源资本化市场建设的作用机理

一、自然资源权益范畴分析

（一）自然资源权益的内涵

自然资源利用具有自然性和社会性，一方面遵循自然生态规律，另一方面需要遵守经济社会发展规律。自然资源的自然性表现在一开始就被人类当作公共产品对待，森林、草原、海洋如同空气、阳光一样被人们肆无忌惮地开发与利用。但随着资源的稀缺性逐渐显现，自然资源的社会性凸显出来，使得资源的开发利用具有较强的外部性,其开发与利用再也不能像以前那样毫无代价了,自然资源权益应运而生。

自然资源权益是指法律、法规规定的在混合市场运行机制中进行配置的自然资源产权、自然资源行政管理权等各种权益的总称。这里需要说明的是,产权是经济学上的概念,来源于英美经济学家对制度的研究。我国物权法中谈到的物权概念基本上等同于产权这个概念。但是产权有其更广阔的含义,它是指一系列财产权的权利束。自然资源权益正是指一系列的权利束,而这些权利很多又不同于物权,如自然资源利用的债权、以行为为客体的自然资源权益、自然保护区权益等。如果用物权的概念将使得传统物权的思维对论述自然资源权益进行干扰,而运用产权却能更准确地说明问题,理解更方便。因此,本研究将产权的概念引入自然资源权益概念中,尽管它本身还需要更进一步研究,如同社会科学领域中的其他概念需要推敲一样。总之,自然资源权益包括自然资源所有权、自然资源使用权、自然资源利用的债权和其他权益,具体而言包括:矿产资源所有权、矿业权(采矿权、探矿权等)、土地资源所有权、宅基地使用权、农地使用权、林地利用权、水资源所有权、水权(汲水权、取水权、饮水权、排水权)、森林资源所有权、林业权(采伐权、造林权等)、渔业资源所有权、渔业权(捕捞权、养殖权等)、海洋资源所有权、海洋资源利用权、海域使用权、草原资源所有权、草原承包经营权、野生动植物所有权、狩猎权、采集权等。而不同类别的自然资源权益在产权和行政权、公产品市场和私产品市场间的配置不同,权益中的权利和权力成分不同,即公私权配置不同。

(二) 自然资源权益的性质

自然资源权益是公权与私权的有机结合,是法律、法规规定的在混合型市场运行机制中进行配置的自然资源产权、自然资源行政权等各种权益的总称。它具有私权兼公权性、集合性和附随义务性等特点。首先,自然资源权益具有私权兼公权性。民法中的物权经常被学术界争论是否具有公权性，但不论如何争论，都没有人会否认物权作为民法中的基本权利是以私权面貌出现的。然而，自然资源权益并非典型的私权，它还具有公权性，有时甚至这种公权性要超过私权性。自然资源权益实行的是实质性的审查制度、严格的行政许可制度、行政征收制度（税费、公共利益优先）。例如，自然资源权益的登记绝对不仅仅是为了公示公信，更有资源利用总量的控制和资源保护的作用。而获得自然资源权益的对价不仅仅是缴纳自然资源权益取得金，同时应当放弃或者消灭自然资源权益时（如征用草地或林地）要交自然资源补偿费，甚至要缴纳自然资源生态补偿基金。在自然资源权益中少了一些自治却多了很多强制性规定，如在水资源利用中，不仅要实行总量控制，对于用水量很大的个人或单位，实行超定额累进加价制度，以保护水资源。当然，自然资源产权交易制度和权利保护制度都遵循私权的交易和保护制度。其次，自然资源权益具有集合性。在民法上，所有权具有占有、使用、收益、处分各项权能，被称作完全物权，“在法令限制范围内对于所有物为全面的支配的物权”；而所有权这四项权能分离后而形成的物权，被称作定限物权，指“所有权以外的仅得于一定界限内对物进行支配的物权。定限物权依其所支配的内容为标准，可区分为用益物权与担保物权”。可以说，所有物权的内容是这四种权能的不同结合。但自然资源权益不仅仅是这四项权能简单的排列组合，其具有集合性。这是由自然资源权益私权兼公权性决定的，不仅要关注权益的界定，更要关注自然资源具有多重价值性，其具有生态环境、科学研究、保存等非人类利用的价值，是环境要素的一种。因此，除了对占有、使用、收益和处分权能排列组合外，还集合许多非人类利用的权利和义务。比如，《森林法》第三十一条第二款规定，“防护林和特种用途林中的国防林、母树林、环境保护林、风景林，只准进行抚育和更新性质的采伐”；第三十五条规定，“采伐林木的单位或者个人，必须按照采伐许可证规定的面积、株数、树种、期限完成更新造林任务，更新造林的面积和株数不得少于采伐的面积和株数”。对待林业权并非仅仅规定林业权人有采伐林木的权利，同时还有抚育和更新森林的义务，这已经超出了四项权能所赋予的仅仅利用森林的范围。另外，自然资源权益集合性还表现在其权利的复合性。例如，养殖权由三个部分组成：第一，权利人拥有占有的水域和占有的在水域中养殖的水生动物的权利；第二，占有水域的水体权利；第三，拥有自由支配的权利，即对水体和动植物的自由支配。同理，捕捞权涵盖这三方面的权利，对水生动物的自由支配权利。① 最后，自然资源权益还具有附随义务性。附随义务本是合同法上的概念，但这里强调的附随义务主要是指自然资源权益的内容所包含着一定的义务。之所以自然资源权益具有附随义务性，是因为自然资源权益具有公私权兼顾性，是产权和行政权相互配置的有机整体。行政权的配置意味着在规定自然资源权益的同时附有行政上的义务。这也是解决自然资源外部性内部化的法律手段。一方面，依法保护自然资源权益中的权利，当权利被侵犯时有救济的保障，如矿业权被非法剥夺或侵害，矿业权人有权利请求侵害人排除侵害、赔偿损失。只有权利得到很好保障时，人们才会有动力去节约和保护自己的产权，从某种意义上避免了“公地悲剧”的发生。另一方面，负有一定的义务，不仅仅是禁止权利滥用，更是为了合乎整体理性，保护自然资源经济价值以外的价值，通过附有的义务确保公权力行使的贯彻，使行政权有的放矢。例如，《矿产资源法》第二十二条规定，勘查、开采矿产资源时，发现具有重大科学文化价值的罕见地质现象以及文化古迹，应当加以保护并及时报告有关部门；第二十五条规定，矿床勘探必须对矿区内具有工业价值的共生和伴生矿产进行综合评价，并计算其储量。未作综合评价的勘探报告不予批准。但是，国务院计划部门另有规定的矿床勘探项目除外。《水法》第五十一条规定，工业用水应当采用先进技术、工艺和设备，增加循环用水次数，提高水的重复利用率。

① 崔建远：《论渔业权与水域》，《社会科学战线》2003 年第 6 期。

二、自然资源权益补偿的利益博弈分析

（一）自然资源权益补偿利益博弈分析的前提假设

在公共产品供给过程中，"搭便车"现象易导致资源供给不足与配置低效率的问题。自然资源具有公共产品或准公共产品属性，该属性决定了其可能面临供给不足、拥挤和过度使用的问题。

第一，博弈的局中人。在自然资源资本化及其市场建设的权益补偿实施阶段，博弈的局中人有所扩展，除政府外，还包括生态环境保护的受益者——居民。之所以将居民纳入进来，是因为居民所消费的生态产品以及优美的生态环境均与企业对自然资源的保护性投入密切相关。在实践中，虽然企业与居民的数量不计其数，且各个参与主体的目标函数也存在差异，但从理论上讲，同一类主体的目标差异不会太大，所能反映的问题基本上是一致的。因此，可以将企业与居民确定为该博弈中的决策主体。

第二，博弈的策略空间集合。局中人在博弈过程中有很多选择，在"理性经济人"的假设条件下，都会期望自身效用达到最大。在自然资源资本化市场建设权益补偿阶段，生态环境保护的实施者——企业有两种策略选择：保护或不保护。生态环境保护的受益者——居民也有两种策略选择：补偿或不补偿。

第三，博弈的行动次序。按照现阶段我国自然资源保护政策以及对自然资源资本化市场建设权益补偿的理论探讨，在自然资源资本化市场建设权益补偿实施阶段，是企业作出生态环境保护的决策在先，居民作出对生态产品的购买决策在后。

第四，博弈的得益分析。局中人的策略假设确定以后，会产生相应的收益，本部分的博弈分析围绕在自然资源资本化市场建设权益补偿阶段的范围中分析居民与企业的收益情况。

（二）居民与企业围绕自然资源收益分配的博弈关系分析

在自然资源资本化市场建设权益补偿实施以后，市场参与主体逐步扩展到全体社会居民。居民享受了自然资源产品质量提高带来的外部效益，按照受益者付费原则，居民需要为自然资源产品支付溢价。因此，在自然资源资本化市场建设权益补偿的博弈模型中，主要的局中人有两个：一是自然资源产品的提供者——企业，二是自然资源产品的受益者——居民。

企业与居民作为博弈中的供应方与需求方均为理性决策主体，都是在自身收益最大化的原则下进行决策，企业在博弈过程中的策略选择为采用（或不采用）生态型生产方式，居民在博弈过程中的策略选择为消费（或不消费）自然资源产品。① 而政府的目标则是实现社会福利最大化，在支持生态型生产和生活方式方面，政府可以通过对企业的补偿和对居民的消费补贴来影响博弈双方的决策（见表 7-1）。

表 7-1　补偿实施阶段居民与企业的博弈矩阵

		企业	
		采用生态型生产方式	不采用生态型生产方式
居民	消费生态型产品	$U_{c1}+U_{gc}, K_1+K_{gp}$	$U_{c2}+U_{gc}, K_2$
	不消费生态型产品	$U_{c2}, K_{gp}-C$	U_{c2}, K_2

表 7-1 中，K_{gp} 表示政府对企业采用生态型生产方式给予的补偿，U_{gc} 表示居民因消费自然资源产品而享受到的政府给予的补贴。K_1 为企业售出自然资源产品获得的利润，K_2 为企业售出普通产品获得的利润，U_{c1} 为居民认为由于消费自然资源产品带来的满足和效用，U_{c2} 为居民消费普通产品所获得的

① 杨顺顺、宋春艳、谢瑾岚：《绿色农产品产业生态补偿主体的博弈分析》，《生态经济》2012 年第 2 期。

效用。

从实际生活经验和调查结果来看，居民对等量的自然资源产品和普通产品的效用评价与该产品的市场价格密切相关。

按照完全信息静态博弈分析：

1. 当 $U_{c1}+U_{gc}>U_{c2}$ 时，即当居民考虑消费成本后，认为消费自然资源产品的效用高于消费普通产品时，有如下情况：

(1) $K_1+K_{gp}>K_2$

即生产方生产自然资源产品的利润（包括政府支付的补贴与通过市场交易得到的收益）比提供一般产品的利润高时，存在纯战略纳什均衡，即接受消费自然资源产品，且生产自然资源产品，这是一种理想的自然资源产品的生产状态。

(2) $K_1+K_{gp}<K_2$

即生产方生产自然资源产品的利润小于普通产品的利润时，有纯战略纳什均衡解（接受消费自然资源产品，不生产自然资源产品）。表现为市场中虽有对自然资源产品的消费意愿，但缺少相关自然资源产品的供给，处于供求失衡状态。其主要原因在于供给方认为利润较低，生产边际成本过高。

2. 当 $U_{c1}+U_{gc}<U_{c2}$ 时，即居民因消费自然资源产品而享受到的政府给予的补贴加上消费自然资源产品带来的满足和效用之和，小于居民消费普通产品所获得的效用。此类结果就会让居民认为消费普通产品的代价过高，转而消费原来的普通产品。

(1)假如 $K_1+K_{gp}>K_2$，会存在两种情况：

其一，若 $K_{gp}-C_e<K_2$。

当供过于求时，自然资源产品滞销，导致供给方在扣除沉没成本、生产边际成本后总利润仍小于普通产品的总利润，此时再考虑：$U_{c2}+U_{gc}>U_{c2}$。由该公式可知，市场上仍存在对自然资源产品的需求，因此在考虑混合战略纳什均衡条件下，需求方购买自然资源产品的意愿概率为 p_1，不接受的概率为

$(1-p_1)$，企业采用生态型生产方式提供生态产品的概率为 p_2，采用非生态型的概率为 $(1-p_2)$，故居民消费的期望效用函数为：

$$U_1(p_1,p_2)=p_1[p_2(u_{c1}+u_{gc})+(1-p_2)(U_{c2})+U_{gc}]+(1-p_1)[p_2U_{c2}+(1-p_2)U_{c2}]$$

企业的获得利益期望效用函数为：

$$U_2(P_1,P_2)=P_2[P_1(K_{gp}+K_1)+(1-P_1)(K_{gp}-C_e)]+(1-P_2)[P_1K_2+(1-P_1)K_2]$$

求解混合战略纳什均衡 (P_1^*,P_2^*)，得：

$$P_1^*=\frac{C_e-K_{gp}+K_2}{K_1+C_e}\ ;\ P_2^*=\frac{U_{gc}}{U_{c2}-U_{c1}}$$

当企业采用生态型生产方式的概率 $P_2=P_2^*$ 时，居民消费的效用为 $U_1(1,P_2)=U_1(0,P_2)$。

居民选择消费或不消费自然资源产品是无差异的，因此会选择混合战略或任意一个纯战略。

解 $U_1(1,P_2)>U_1(0,P_2)$，可知：当 $P_2<P_2^*$ 时，居民会选择接受消费自然资源产品；反之，当 $P_2>P_2^*$ 时，居民会选择不接受消费自然资源产品。可见，当 P_2^* 的值越大时，$P_2<P_2^*$ 的可能性越大，越有利于消费者选择消费自然资源产品。类似的，当居民接受的概率 $P_1=P_1^*$ 时，企业会选择混合战略；当 $P_1>P_1^*$，即 P_1^* 的值越小时，企业会选择生产。反之当 $P_1<P_1^*$ 时，企业会选择不提供自然资源产品。同样的，当 P_1^* 越小时，企业越倾向于选择提供自然资源产品。

其二，若 $K_{gp}-C_e>K_2$。

即政府给予自然资源产品的生产方高额补贴，此时存在纳什均衡解（不接受消费自然资源产品，提供自然资源产品）。自然资源产品提供完全由政府“输血”，这种情况不具有可持续性与稳定性，本书中不予考虑。

（2）若 $K_1+K_{gp}<K_2$，即生产方生产自然资源产品的利润低于生产普通产

品的利润,此时存在纳什均衡解(接受消费自然资源产品,不提供自然资源产品),反映的是供求市场中需求方虽有对生态产品的价值认同以及存在购买意愿,但在考虑到边际效用后仍拒绝其较高价格。即居民同时意识到($U_{c2}+U_{gc}>U_{c2}$)的事实存在,用于解释在实际市场调研中发现的普通居民虽认同自然资源产品的价值和效用,但在日常消费中占比较少的情况。

在上述纯战略纳什均衡分析中,只有消费者自愿消费自然资源产品,供给主体同时提供自然资源产品的情况才能保持自然资源资本化市场建设权益补偿中供需关系的稳定,这有助于实现供求平衡。在现阶段技术条件下,自然资源产品的边际成本下降的空间有限,而供给方生产产品的利润与需求方付出的成本成正相关,因此政府在市场调节中的作用就显得十分重要。政府要发挥宏观调控作用,在对自然资源产品供给主体全面了解的基础上,考虑其收益成本以及正外部性,制定相关扶持政策。除此之外,政府要发挥引导作用,制定政策宣传生态环境保护型自然资源产品,提升居民对该类产品效用的认知,从而减少政府补偿的力度,逐步过渡到以市场化补偿为主。

混合战略纳什均衡的情况较为接近当前我国的现状,即居民有意愿接受自然资源产品,但同时又认为购买成本偏高。

只要在 $U_{c1}+U_{gc}>U_{c2}$ 的情况下,即消耗普通品的效用大于其补贴和市场利润之和后,消费者就会广泛消费普通品。而在这种条件下,要想实现自然资源产品的供求关系稳定,需要在提高 P_2^* 的同时降低 P_1^*。如果此类生态产品的市场价格和成本是固定的,则更容易论证政府在生态环境保护初级阶段进行补偿的重要作用。结合上述分析可以看出供求双方的利益博弈情况,当自然资源产品利润(K_1)增大时,供给方会选择扩大生产自然资源产品规模,需求方则会因价格敏感而从普通产品中所获边际效用降低,因此选择不买该类产品。

从理论上看,对普通产品的购买需要财政补贴和居民自发购买组成,但鉴于我国居民、企业之间的碳汇交易等生态产品买卖机制还不完善,市场构建基本以政府为主导,因此政府调节买卖双方、监督交易是理所当然的,也是被迫的。具体来说政府应对产品供给方制定合理的补偿措施,支持行业健康发展;对需求方加强引导,适当减免消费税,提高其消费自然资源产品的边际效用。

（三）权益补偿政策的利益再分配机理

为了阐述自然资源资本化市场建设的权益补偿机理,可以借鉴谷树忠、姚予龙的研究成果,利用“压力—状态—响应”(PSR)模型,构建相应的指标体系来加以解释。“压力”(P)是人类社会发展过程中对自然界中的自然资源、生态环境、动植物造成的负面影响,在社会发展过程中过度损耗了资源和排放了大量污染;“状态”(S)是指人类社会和自然界的状态,即经济状态和资源状态,分析自然界的状态是本课题研究的核心点之一;“响应”(R)是人类社会针对高污染、高破坏、高耗能的状态采取积极向上的措施,旨在减少排放、污染,提高资源的可持续利用率。[①] 通过这一模型分析某一地区自然资源生态系统各个要素之间相互影响、相互作用的过程及其对当地所产生的社会、经济等影响,进而展现了自然资源资本化运营中的权益补偿机理(见图7-1)。

自然资源资本化市场建设的权益补偿机理的PSR框架,综合反映了自然生态系统各个要素与社会经济协同发展、资源要素统筹规划同自然资源资本化市场建设权益补偿间相辅相成、相互作用的关系。现代社会的快速发展、一些污染企业向农村迁移,给生态环境带来的压力与日俱增,人类无节制的消耗自然资源,以牺牲自然资本来换取经济社会的发展,却忽视了代际公平原则。由此造成的环境资源压力对自然资源资本化研究带来了新的挑战。一是全面评估并核算某一地区的自然资源情况,追踪自然资源市场供求关系变化趋势,对现行自然资源管理政策、当前技术水平以及社会经济相关指标进行科学评价;二是根据习近平总书记提出的绿色发展理念,推行自然资源相关保护政

① 谷树忠、姚予龙:《国家资源安全及其系统分析》,《中国人口·资源与环境》2006年第11期。

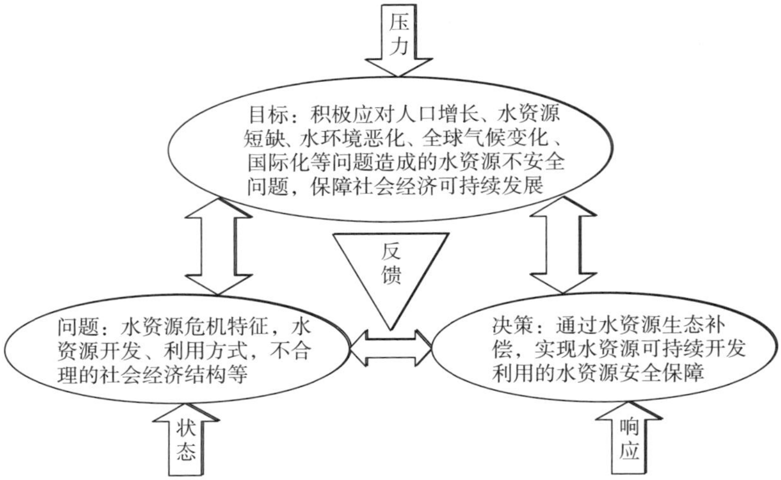

图 7-1　自然资源资本化市场建设权益补偿的 PSR 概念框架模型

策，谋求社会、经济、生态的协调发展；三是对政策进行后续监督，不断发现执行过程中存在的问题，有针对性地调整自然资源管理战略。

第二节　自然资源资本化市场建设权益补偿政策设计

一、纵向权益补偿政策的设计思路

（一）制定资源资本化市场建设权益补偿规划

生态补偿的对象范围较广，包括土地、流域、森林等自然生态系统诸多要素，鉴于我国国情，现阶段尚不能进行全方位、多层次、宽领域的生态补偿工程。在对我国生态保护重点区域评估的基础上，需要具体问题具体分析，科学建立补偿的优先顺序，有重点、计划地开展生态补偿工作，从时间和空间两个角度统筹规划自然资源资本化市场建设的纵向权益补偿政策，让有限的补偿资金实现效用最大化。具体而言,可将自然资源权益补偿分为优先补偿项目和可选补偿项目两个方向,逐步推进。将生态环境正外部性较强的且容易实施的项目列为优先补偿项目,起到一定的带头示范作用,为后续工作提供宝贵经验。例如,森林生态系统服务功能较强,其正外部性突出,对社会、经济、生态影响较大。因此,退耕还林(还草)项目可作为优先项目率先实施,通过试点积累大量经验,进而扩展到全国范围内。而对于可选补偿项目则要因地制宜,综合考虑到社会经济、技术水平、补偿资金等因素进行选择。综合研究表明,东部地区由于工业化程度和经济发展水平较高,污染问题成为制约地区高质量发展的关键因素,因此要把污染治理作为生态补偿的重点,而西部地区由于其生态功能和地位重要且第一产业占比较大,农业生产带来的污染问题较突出,生态补偿工作重心应放在退耕还草还林、流域综合治理等边际效用更大的项目上。

(二)提升财政纵向转移支付的绩效管理水平

一般性转移支付是政府间财政关系的重要组成部分,其目的是缩小不同地区之间经济发展水平的差距,努力实现城乡一体化、东中西部公共服务均等化。一般性转移支付资金指上级政府为平衡地区间基本财力,对有财力缺口的下级政府,按照规范的程序给予并由下级政府统筹安排的补助,以实现地区间公共服务一体化,经济社会协调发展。加强一般性转移支付资金的绩效管理。政府同社会各界建立一般性转移支付资金绩效评价公开制度,制度要规范化、标准化、程序化、可量化,可引用第三方监督和核算,充分保证资金使用透明化、科学化,把好钢用在刀刃上。财政部门应根据绩效评价结果,完善管理制度,改进管理措施,提高一般性转移支付资金使用效益。中央财政在规划下一年度财政预算时,应充分考虑中西部生态脆弱地区生态保护能力有限、资金不足等问题,通过提高地区转移支付系数等方式加大对重点生态保护区的资金倾斜力度,提高经济欠发达地区各项生态保护政策落实能力。

(三) 推行财政补偿资金使用的“项目管理”模式

经验表明,通过实施项目管理能够有效落实环境保护政策。在项目管理下,能够将有限的资源调动起来,对项目全程进行计划、组织、协调、控制和评价。目前,与自然资源资本化市场建设权益补偿有关的政策实施,如能源建设,也是采用“项目支持”的形式,但实施成本较高,而且以政府为主导的项目建设,仍存在资金有效利用率低、部门职责存在重复或空缺等问题。因此,生态环境政策的落实应坚持项目导向型,整合有限资金和其他资源,明确相关部门权责,降低行政冗余,提高生态环境政策运行效率。在项目运作方式上,坚持政府主导,鼓励市场主体进入。政府为成果付费,企业在前期承担生态补偿风险,以分散政府财政投资风险,进而提升自然资源资本化市场建设权益补偿资金的使用效率。

二、横向权益补偿政策的设计思路

(一) 因地制宜选取横向权益补偿方式

横向转移支付是指在不同区际政府财政之间发生的转移支付,是通过横向转移改变地区间已经形成的利益格局,以均衡地区间的公共服务水平。①我国生态补偿财政转移支付在设计思路和实践效果上存在一定差距,仅仅中央财政资金拨款具有一定的局限性。因此,需要建立跨区域生态补偿机制,生态环境受益地区通过直接的财政转移支付、一对一技术支持、人才援助等形式,对重点生态功能区因保护生态资源环境而限制其发展权所带来的经济损失进行补偿。横向生态补偿作为生态补偿的一种重要方式,以保护和可持续利用自然生态系统为目的,调节不具有行政隶属关系、但生态关系密切的地区

① 徐光丽:《流域生态补偿机制研究——以生产用水和经营用水为例》,博士学位论文,山东农业大学农林经济管理系,2014 年,第 69 页。

间的利益关系，可以在生态关系密切的区域之间建立起生态服务的交换关系，使得生态保护的经济外部性内部化，这主要适用于跨行政区域的流域、城市饮用水源地等的生态补偿。在具体执行方式上，生态受益者付费，一增一减模式保证了生态地区的经济利益。相比较原来的情况，不再存在下游地区无偿享受着上游地区保护环境的成果的现象，使得资源应用地区和资源生产地区实现“双赢”，缩小了双方的发展差距。政府可以直接向生态受益者收费用于筹集资金，也可以引导生态环境提供方和受益方之间达成协议完成生态受益付费。因此，亟待加快制定完善的生态补偿横向转移支付制度及配套政策体系，充分发挥横向转移支付的公平原则。在充分考虑补偿双方的意愿、能力后，因地制宜选择补偿方式，提高生态补偿的效率。

（二）发挥政策类补偿方式的引导作用

由于横向生态补偿对象一般为生态产品，因其具有公共产品的特征，要求政府主导制定相关政策来进行补偿，使得生态保护中的经济外部性内部化，削弱其负外部性。但在政策实际推行过程中，生态产品受益者往往是集体，不可单独分割，在面对该类现实问题时，生态受益区的政府、集体行政组织应该准备一定的财政资金和其他政策工具补偿生态功能区。①

一是财政资金直接补偿。这是中央财政部门下拨的具有专门指定用途或特殊用途的资金。这类资金要求进行单独核算，专款专用，不能挪作他用。财政专项资金由于其用途明确，利益双方权责清晰，因此在国内外横向生态补偿政策推行过程中所占比例较大。

二是经济帮扶型补偿。生态受益区可通过一对一经济帮扶的形式促使重点生态功能区能提高生态产品的供给能力，对口帮扶工作要达到“稳定有序、精准对接、统筹安排、人员齐全、资金充足、机制健全”的要求。稳定有序是

---

① 国家发展改革委国土开发与地区经济研究所课题组：《地区间建立横向生态补偿制度研究》，《宏观经济研究》2015 年第 3 期。

要长期给予对口帮扶，不能出现“人走茶凉”的情况；精准对接是要把好钢用在刀刃上，经济发达的地区要主动帮扶落后的生态功能区；统筹安排是要有统一、有计划的、有先后顺序的扶持生态功能区的经济发展；帮扶地区的干部、人才队伍要优先配足；财政专项资金、生态银行、政府金融政策工具要足；机制健全是指要完善帮扶机制、资金使用机制、科学决策机制。只有这样，经过稳定长期的被帮扶，欠发达地区才能够实现共同富裕。例如，新安江流域跨省生态补偿试点是由中央牵头，安徽、浙江两省支持，共同设立新安江流域水环境补偿基金，以促进新安江流域生态环境的修复和上游地区的全面发展。

三是技术援助型补偿。通过搭建跨区域技术援助促进生态补偿的平台建设和渠道畅通，即经济发展水平较高地区通过提供相关生态修复技术来支持生态脆弱地区，进一步促进其生态产品供应能力的提高。同时，要建立并完善技术资产评价制度，用切实的数据要素推广有效的生态修复技术，早日实现美丽中国的建设目标。

（三）促进生态市场建设的补偿

通过建设碳汇交易市场、排污权交易市场、水权交易市场、增减挂钩交易市场，为生态功能区提供横向的资金来源。第一，生态受益方与生态产品供给方在生态市场进行自由交易。双方经过自行商讨，制定补偿标准。目前，国内外常见的是水权交易制度，购买水资源，利用他国、他地的水资源获取经济利益，都需要补偿。第二，多方共同制定一个标准和总额限度，根据自身的经济实力、资源拥有量，协商配额，最后在市场上完成交易。目前建设的碳汇交易、排放权交易市场就是成功的例子。通过配额交易，使排放总量得到了一定的限制，而且还照顾到落后地区的经济发展，促进了生态环境的治理高效化，也实现了共同体的理念，发展了全国经济，乃至世界经济。

三、确定权益补偿标准的关键环节

（一）构建科学的自然资源环境质量评价体系

对相关主体的生态环境保护行为进行补偿的前提在于能够对自然资源环境质量进行精确量化，并基于自然资源环境质量的变化情况进行适当调整。但是，由于自然资源环境是一个复杂的生态系统，影响其质量的因素繁多冗杂，加之很多因素本身就不易使用数量形式进行准确评价，如果再运用这些因素去衡量其质量更是难上加难。对自然资源环境质量进行评价，需要从定量与定性两个角度进行综合分析。首先，从定性角度的研究来看，重点探讨自然资源环境质量的描述性指标。所谓描述性指标，是指不需借助实验分析仪器，仅仅通过感觉就可以感知到的，长期从事生产活动的主体凭经验就可以区分出自然资源环境质量的高低。本书认为，自然资源环境综合利用方式和强度息息相关，描述性指标有利于全面建立一套对自然资源环境质量进行评价的指标体系。其次，从定量分析的角度来看，重点探讨自然资源环境质量的分析性指标。定量化分析是对自然资源环境质量进行评价的趋势，对自然资源环境质量进行定量评价需要考虑各种属性的分析性指标，从物理、化学、生物等方面分析其质量，这些指标不同取值的组合共同决定了其质量水平。事实上，任何一项研究或评价工作都不能也没有必要将这些性质全部包括。应结合研究目标和数据的可获得性主要选取与主体决策行为有关的指标。

（二）设置合理的自然资源权益补偿等级系数

绩效考核模式可以以县级单位为对象，在对自然资源权益补偿进行设计时，可以由主管部门根据对各县级单位综合考核，得到结果，每个综合考核结果对应一个补偿等级系数，这个系数便是该县级本年度的动态补偿系数，由补偿系数再进行动态补偿资金分配。

（三）确定规范的自然资源权益补偿标准等级

根据地区实际发展水平不断调整自然资源资本化市场建设权益补偿标准，进而引导和激励各个地区努力开发、保护、管理好自然资源，动态调整各自的补偿标准等级。动态调整补偿标准包括自然上调和强制调出管理两个基本方面。自然上调管理是按照补偿绩效考评的结果和其重要性进行综合评估进而提升实际补偿标准等级的系数，对应地制定更高的动态调整补偿标准；强制调出管理是主要针对绩效考核后的实际补偿标准等级系数连续两年为零的情况，进行强制退出的管理，适用于极少数的生态资源保护效益弱、管理水平低、达不到动态调整补偿标准要求的自然资源地区。总体而言，权益补偿的动态调整与设计主要是以正面的动态调整补偿资金激励政策为主，通过生态保护地区之间的自然资源对比与竞争，加强生态保护与建设，达到提升其生态管理水平的战略目标。

第三节　权益补偿政策实施与完善应重视和注意的问题

一、协调自然资源公共利益与个体利益的关系，规范权力运行

自然资源是人类经济社会发展的物质资料基础，是建设生态文明的对象之一。为了保证人类社会永续发展，必须合理利用自然资源。在合理利用资源的过程中，会出现对个体权利的限制，因为只有这样公众利益才会得到保障。在维护公共利益、保证资源合理使用的过程中，要考虑到以下两点：一是界定好公共利益与私人利益、公共利益与所有者利益之间的关系。公共利益涉及的利益群体多，本身是抽象的概念，其判断标准带有主观色彩。因此，如果公共利益边界界定过宽，就会侵犯自然资源所有者和使用者权益；如果公共

利益边界界定过窄，则会使自然资源得不到合理利用，只能使少部分所有者、使用者获得利益，而多数人的利益得不到保障。二是公共利益的实施要因地制宜，不能照搬照抄其他地区的经验。公共利益既然是大家的利益，则要与当地的风土人情、科学技术、经济水平、历史文化等相关。[①] 例如，巴西的水量丰富，对水资源的管理不严格，而在以色列水资源却属于国家战略资源。

保障公众的自然资源权益的手段之一，是规范好国家机关和部门在管控自然资源方面的权利和义务。首先，坚持自然资源国家所有和集体所有的体制不动摇，要坚决防止自然资源私有化。如果稀缺性资源一旦被资本集团、组织、个人垄断，就会出现人民生活水平下降，暗藏经济危机、社会危机。资源私有化也违背了社会主义公有制的根本原则，资源私有化造成了国有资产流失，从根本上破坏了社会主义制度。在社会主义初级阶段，国有资源、集体所有资源的经营、占有是由国有企业、集体经济组织等主体完成的，但是在实际经营过程中出现了资产流失，所以多年来一直在完善经营监督管理体系。其次，清晰地划定国有资源与集体资源的界限，防止国家越位使集体资源国有化，损坏集体利益。我国宪法规定，自然资源分为集体所有、国家所有两种形式。随着时代的发展，我国法律还规定个人和组织在地块上创造的资源收益归其自身所有。在私人、集体、国家三者所有发生冲突时，国家占有则需要对私人、集体有所补偿。比如，修建公共基础设施（公路、电站、电网、铁路、机场）以便开发自然资源，就需要根据占用的农田、水塘、山林制定补偿标准。再次，建立监督国家自然资源所有权的机制。家底要知根知底，国土资源要做到三年重点排查，五年基本排查，十年全面排查。对已经开发完毕、正在开发、未开发的自然资源都需要建档立案。同时，国家拥有所有权的资源不可进行私有化，要防止国有企业、集体经济组织中的个人私自贩卖资源使资源流失，造成不可挽回的损失。但是，也不能因为国家所有权导致其他利益所有者的权利受到侵害。

---

① 施志源：《生态文明背景下的自然资源国家所有权研究》，博士学位论文，福建师范大学马克思主义基本原理教研部，2014 年，第 117 页。

最后,对自然资源的利益也要节制。可以建立第三方评估体系和国有资源企业内部监事会,从管理机制上确保能不断提高自然资源的利用效率。科技是第一生产力,发达的科技手段可以大幅减少资源的浪费,通过建立产、学、研体系,从设备、工艺上提高自然资源的利用效率。

二、发挥市场配置资源作用,建立健全自然资源权益交易制度

党的十八届三中全会强调了市场在资源配置中的决定性作用。相比较于指令性计划经济,市场使资源配置的效率明显提升。这也是新中国成立以来在经历了计划经济、改革开放、市场经济建设等阶段后,已经充分认识到了市场作为调节资源配置的主要手段。在理性"经济人"的手中,资源通过市场配置之后,能够大幅提高资源的利用效率。不过在国家战略性资源、公共资源面前,市场化是行不通的,这会造成垄断寡头的诞生,俄罗斯就是前车之鉴。

市场要起到配置资源的决定性作用,必须建立健全资源交易制度。例如,我国正在建立的水权、森林、碳汇交易市场,就是资源交易制度的具体实践。首先,自然资源要分门别类,分清楚无偿使用、有偿使用的资源。无偿使用的资源一般具有普遍性,取之不尽、用之不竭,如风能、水能、太阳能;有偿使用的资源一般是稀缺性资源,如煤炭、石油、天然气等。其次,对于有偿使用的资源,则要建立公开透明的价格制度。以市场为主导,减少命令式的行政干预,多以金融手段调节资源市场。切忌盲目扩大规模,应当建立高效、具有一定规模的交易场所,统筹协调经济利益、社会利益、生态效益。最后,与国际接轨是提高资源市场化程度的重要手段。美、日、英、德等国建立了完整的自然资源交易体系,如德国、日本建立了完整的森林资源交易体系,为全国的碳汇交易提供了便利。中国也要主动融入现有的国际交易体系,充分利用世界规则,与发达国家协定能源交易和排放指标确定,至少保证我国的排放权不受侵害,在此基础上履行《巴黎协定》的减排承诺。同时,尽量在金砖五国、上合组织、泛亚太地区成为规则制定的引领者,充分掌握资源主动权,保证我国的资源利益。

三、推动自然资源资产确权登记，确保自然资源权利顺畅流转

完备的产权制度是自然资源能够作为资产进入市场自由流转的前提条件，只有明确了产权归属，才能划清权责主体，实行有效监管，保障自然资源权益顺畅流转。2019 年，自然资源部、财政部、生态环境部、水利部、国家林业和草原局五部门共同制定了《自然资源统一确权登记暂行办法》，旨在响应党中央和国务院的生态文明建设部署，推动建立完善有效的自然资源资产产权制度，强化对自然生态系统的整体保护，加快生态环境的治理修复。《自然资源统一确权登记暂行办法》完善了试点实践中发现的资源类型划分和权责主体明确等问题，进一步明确了登记主体的职能和范围，有力推动了自然资源的确权登记工作。自然资源确权登记工作要借鉴不动产登记的方法，设立对应登记簿来完善自然资源信息资料，记录如地理位置、范围、数量、质量、所有权主体等关键信息，为明确产权价值提供依据。自然资源确权登记工作要充分利用国土资源调查的相关成果，有序开展自然保护区、国家公园、其他自然保护地、江河湖泊等水流、湿地、草原、森林、海域和无居民海岛以及探明储量的矿产资源的确权登记，做到自然资源确权登记全覆盖。自然资源确权登记工作要加强信息管理与应用，开发国家自然资源登记信息系统，纳入国家不动产信息管理平台进行统一管理；建立自然资源登记数据库，强化数据资料联网并及时更新公布；完善市场主体获取自然资源资产信息的渠道，助推自然资源资产权利顺畅流转。

我国自然资源的所有权多属于国家或集体，具有强烈的公共品属性，政府作为公共物品和服务的提供者无疑是自然资源权责的重要主体，自然资源的确权登记工作更是需要政府多部门的协调合作。在过去的实践中，自然资源的登记工作多为其对应的行政主管部门负责，如森林资源由林业部门负责，矿业权由矿产资源管理部门负责，但是这种分散的登记方式极可能出现范围边界不明确的情况，导致资源登记重复或者遗漏，严重阻碍登记工作的整体效

率。因此,在落实《自然资源统一确权登记暂行办法》时,必须注意加强组织领导、强化统筹配合、健全协调机制。加强组织领导就是要强调自然资源部和省级人民政府在自然资源确权登记工作中的领导地位,自然资源部要强化监督和协调,明确时间规划与排期,督促各省完成各自的确权登记工作,同时要收集总结具体实践中碰到的问题,及时与自然资源登记涉及的其他部门协调。各省级人民政府要根据中央文件精神,制定各自的自然资源确权登记办法,明确各部门、各级人民政府的权责,统筹协调,按照规划时间完成登记确权,配合党中央和国务院落实各项工作。强化统筹配合就是要加强各级自然资源主管部门的配合,减少推诿纠纷,提高组织效率,实时跟进,加强监督,及时解决问题。健全协调机制就是建立以各级自然资源主管部门为主导,生态环境、水利、林草等相关部门配合协调的组织管理机制,明确各部门的权责和协调途径,提前确定财政事权和资金支出责任,打破各部门的组织隔阂,充分调动所有行政资源推动确权登记工作的顺利落实。

第四节　陕西自然保护区矿业权退出权益补偿政策的地方实践

自然资源权益补偿原理在矿业权资本化市场建设中得到了广泛运用。在矿产资源资本化及其市场建设过程中,政府会对因消耗自然资源、破坏生态环境而获得直接经济利益的主体征税或收取相应费用,同时将由此获得的财政收入投入到生态环境保护中去。在矿产资源开发利用上,政府可以运用经济手段提高开矿者的成本投入,促使其提高资源开发效率,在保障矿产资源合理开发利用的同时,减轻对生态环境的破坏,促进自然资源的可持续利用。① 陕西省自然保护区矿业权退出的权益补偿便是较为典型的自然资源资本化权益

① 师红聪:《生态环境补偿机制下矿产资源价值评估与管理研究——以云南省矿产资源为例》,博士学位论文,中国地质大学(武汉)经济学系,2013 年,第 84 页。

补偿政策的地方实践。

一、实施背景

陕西省具有丰富的自然资源，是矿产资源和能源大省，尤其是秦岭地区的自然资源，具有非常重要的生态价值和经济价值。自1965年建立第一个自然保护区——太白山自然保护区以来，陕西已拥有类型丰富、功能多样的各级各类自然保护区61个，总面积1.15万平方千米，占陕西省国土面积的5.57%。在面积扩展的基础上，陕西持续加大自然保护地监管力度，严格自然保护区建设项目环评审批和生态红线划定，禁止在自然保护区核心区、缓冲区建设任何与保护无关的项目和设施，实验区内禁止建设对保护区生态系统有影响的工业及矿产开发等项目。

陕西省矿产资源能源勘查开发工作与自然保护区的重合度虽然并不是很高，但是依旧存在自然保护区开发矿产资源的现象。为解决这一问题，陕西省出台了自然保护区生态环境整治工作方案，依法依规对自然保护区范围内的采矿、采砂、开垦、旅游等项目予以取缔，有序开展自然保护区内环境修复工程，构建省级自然保护区常态化管理机制。但就具体实践而言，自然保护区矿业权退出工作将面临巨大挑战。

（一）政策性矿业权退出非常迫切

推动生态文明建设是我国的重要国策，习近平总书记在多个重大场合多次提到"两山"论断，地方政府积极响应并制定绿色高质量发展政策，建立了众多不同等级的自然保护区，禁止在自然保护区内开展建设项目。然而，经济发展离不开自然资源的支持，矿产资源的开发利用更是我国经济发展的重要组成部分，自然保护区建设与矿产资源开发存在一定程度重合。矿产资源的开发利用必然会破坏自然保护区的生态环境，是政府推进"五位一体"全面建设的巨大阻力。自然资源部于2017年出台了《自然保护区内矿业权清理工作方案》,要求各地方政府根据方案推进自然保护区的矿业权退出,以加强自然保护区的可持续绿色发展。

为了加强对自然保护区的保护,我国根据生态系统和濒危动植物的天然分布将自然保护区分为核心区、缓冲区和试验区三个区域,对三个区域有不同的限制要求。核心区禁止任何单位和个人进入,完全排除人类活动对自然环境的影响;缓冲区位于核心区外围,仅允许从事科学研究和观测;试验区在缓冲区外围,可开展科研实验和旅游等活动。[①] 可见,如矿产资源开发这类明显破坏生态环境的活动会被明令禁止,采矿权人只能按照规定强制退出。1994年颁布《中华人民共和国自然保护区条例》,2010年国务院出台《关于做好自然保护区管理有关问题的通知》,2015年印发《关于进一步加强涉及自然保护区开发建设活动监督管理的通知》,2017年开展自然保护区监督检查专项行动,并出台了《自然保护区内矿业权清理工作方案》,一系列政策的出台表明国家越发重视自然保护区建设和管理工作,各部门目标一致,力求解决自然保护区各类违规问题,加速推进其整改、修复工作。自然保护区内的矿业开发问题被各级组织和部门高度关注,政策性矿业权退出十分迫切,老矿权限期内退出,新矿权一律不得进入。这给陕西省自然保护区的矿业权退出以及相应的矿产资源资本化市场建设带来较大压力。

(二)矿业权退出长效机制有待完善

自然保护区矿产资源丰富,长期以来为地方经济发展作出了重要贡献。因此,很多地方政府没有站在政治和全局的高度深刻认识自然保护区生态环境保护的极端重要性,"唯 GDP 论"下地方政府过度关注短期经济发展而破坏了自然生态系统,自然保护区内的矿产开发不仅没被禁止,其规模反而越来越大,这严重危害了自然保护区生态环境,加速了一些濒危动植物的消亡。可

① 肖畅:《基于期限结构模型的政策性矿业权退出补偿研究》,博士学位论文,中国地质大学(北京)管理科学与工程系,2019年,第1—7页。

见，自然保护区的矿业权退出工作十分迫切。但是由于时间紧，任务重，自然保护区内矿业权的退出工作还存在很多问题。一是自然保护区边界不明确导致地方政府和相关部门难以确定该位置的矿业权是否应该退出；二是矿业权的退出方式尚不完善，矿业权自身价值难以明确，补偿标准也就无法确立，这极大地打击了矿权人退出的积极性；三是矿权退出后的修复治理工作难以推进，按照强制退出政策，矿山企业退出后有义务开展矿山环境修复和土地恢复，但是部分企业在矿权注销后未能履行该义务，有关部门也没能有效监管；四是部分需要由政府修复的生态环境由于财政资金缺乏等原因导致进展缓慢，自然保护区的环境治理与修复难以推进。① 种种问题表明，矿业权退出长效机制有待完善，地方主管部门需要不断健全矿业权退出程序，完善补偿机制，出台相关法律法规明确政府和矿业权人在退出过程中的权利和义务，加快推进矿业权退出，推动自然保护区生态环境修复。

（三）矿业供给侧结构性改革的现实要求

受新冠肺炎疫情等多重因素影响，当前世界经济增长乏力，我国经济增速放缓，矿产的需求不振，投资持续下降，价格长期在低位徘徊，经济下行压力巨大。值此供求不平衡、落后产能过剩的情况，国家提出大力推进供给侧结构性改革，淘汰落后产能，着力发展新动能。目前，我国对煤炭、铁矿石的需求已经接近峰值，短期内供过于求的局面难以改变，随着新材料、新能源的出现，传统矿产的需求进一步萎缩，急需向新型矿业转变。为贯彻国务院系列文件要求，矿产企业需加速推进“三去一降一补”，推动供给侧结构性改革，这都迫切需要依法规范矿业权退出程序。

矿业供给侧结构性改革的收益很难在短期内实现，但是随着落后产能的逐步淘汰，矿业产品的供给下降，逐步接近市场需求，进而使得矿产品价格回

---

① 吕建伟、王绍祥：《自然保护区内矿业权分类处置的几点思考》，《中国国土资源经济》2019 年第 4 期。

升，大中型矿山企业盈利好转，摆脱亏损局面，部分中小型矿山也开始恢复生产经营。但是，供给侧结构性改革调整了矿山资源的数量，可开发利用的矿山减少，中小型企业或生产率较为低下的企业在市场竞争中处于弱势地位，逐渐退出市场。这部分退出市场的企业在市场低迷时经营亏损，在市场回升时由于被迫退出，未能分享到行情恢复的利润，其矿产权退出伴随着巨大的成本损失，必将导致退出补偿纠纷。市场供给下降会导致退出企业职员的再就业也成为难题，这都给地方主管部门出台有针对性的矿产权退出政策和补偿标准带来挑战。

二、实施过程与成效

2017 年，陕西省修订了《陕西省国土资源厅矿业权审批工作规则》，简化了审批手续，减少了审批事项，规范了审批流程，从严管理采矿权，强化监管服务。随后针对自然保护区内的采矿采砂项目制定并出台了一系列政策，加速推动自然保护区内原有矿权的退出，禁止新矿权进入。随着文件的出台和落实，陕西省的自然保护区矿业权退出工作取得了不小进展。然而，陕西省自然保护区矿业权退出程序还有待进一步完善，行政机关执法随意性还不同程度地存在。这不仅影响市场的公平性，积累社会不稳定因素，也容易滋生腐败现象，降低政府的公信力。

2018 年上半年，西安督察局开展调研时发现，秦岭地区的自然保护区矿业权退出工作还面临两个方面的难点：一方面，退出不完全，补偿工作滞后。截至 2018 年 6 月，国家级自然保护区范围内的矿业权退出工作已全面完成，省市级及以下的自然保护区矿业权退出工作仍进展缓慢，但是受限于先退出后补偿的原则，很多依法退出的矿权企业没能及时获得退出补偿，围绕补偿标准也一直存在纠纷，因此地方政府执行效率不高，严重阻碍了矿业权的全面退出。另一方面，存在部分不能找到矿权人的矿产，其退出后的环境治理修复工作需由地方政府负责，而地方政府财政能力有限，难以承受太高的费用支出，修复工作进展缓慢。对此，西安督察局及时向上级反馈问题，由省政府收集整合各地存在的问题，统筹调配全省生态治理资源，提出整改意见，迅速解决问题，加快推进退出工作。

2018 年 6 月，陕西省政府针对上述问题，出台了《陕西省涉及保护区矿业权有序退出的指导意见》（以下简称《意见》），旨在建立和完善自然保护区合法矿业权主体有序退出的长效机制，明确补偿标准，规范退出程序。《意见》提出了自然保护区矿业权有序退出的四条基本原则：一是保护生态，应退尽退。秉承保护自然资源环境优先的原则，明确自然保护区边界，强制要求辖区内与自然保护区重合的矿产资源企业全部限期退出，公平对待，一个不留。二是依法依规，分类处置。明确各项法律范围，保障合法主体的合法权益，加强执法监管，推动各主体依法履行应尽义务。三是统筹协调，稳妥推进。完善退出工作组织体系，由地方政府牵头引导，各部门积极配合，明确各方权责，规范执行程序和步骤，稳步有序推进。四是严格要求，分步修复。完善法律体系和退出程序后，必须强化执行，加强监管，严格按照章程要求开展矿业权退出，杜绝各种违法违规行为，确保既定目标的实现，加速自然保护区生态环境治理与修复。

在退出程序上，根据企业所拥有的矿业权不同，采取自行废止等不同处理办法。企业矿砂许可证在有效期届满或者未按照规定办理手续的，应当自行废止；企业矿业权与自然保护区重叠范围按照避让办法处理；其余的按照整体注销办法处理，陕西省各级政府积极引导自然保护区内的采矿权退出，于 2018 年 9 月底前全面完成了自然保护区内采矿权整改工作。在此基础上，政府积极开展打击自然保护区内违法违规开发活动，按照习近平生态文明思想的重要论述和要求，进一步提高站位，牢固树立保护生态环境就是保护生产力、改善生态环境就是发展生产力的意识，坚持走高质量绿色发展之路。

在权益补偿方面，陕西省不断健全自然保护区内矿业权退出的补偿机制，依据企业所有矿业权的类别予以相应补偿。在探矿权方面，属于商业勘探探明储量的，按照储量核定和记录的有效工作量，按照配额标准予以补偿。在采矿权方面，根据矿产生产力水平及规模，参照国家煤炭减容政策进行补偿。探矿权和采矿权的价格遵循“谁收入谁退还”的原则，由省、市、县分别退还。补偿资金坚持“谁受益谁补偿”的原则，以市县补贴为主、省补贴为辅，中央政府积极扶持。

截至 2018 年 12 月，陕西省内国家级自然保护区内矿业权的清理核查整改工作已全面完成，涉及的 40 个矿业权全部退出保护区范围，相应保护区正在逐步进行恢复治理。省级以下保护区矿业权核查工作也全部结束，并建立了台账。

三、经验与启示

自国家发布一系列政策文件要求相关矿业权退出之后，各地也纷纷出台相关政策来规范保护区矿业权退出的差异化补偿措施和退出步骤，并开展积极的实践工作。然而，矿业权退出在任何国家都是一个非常严峻的挑战，需要综合考虑矿业权审批的决策权力机制、退出程序和补偿标准以及国家重点支柱型矿产的安全储备等问题，因此陕西省自然保护区矿业权退出的实现，对其他区域解决同类问题、推动自然资源资本化市场建设有着很重要的启示作用。

（一）探索多样化的退出方式，建立明确的权益补偿标准

首先，要探索建立多样化的退出方式，取长补短，避免遇到特殊情形导致退出工作无法继续推进。对于国家战略性矿产资源，可以由国家按照市场价整体收购，既满足生态环境保护的需求，又保留未来战略资源短缺时恢复开发的权利。对于不符合矿产权延续要求的矿权，依法注销，彻底退出。对于其他合法主体，可以予以适当补偿，鼓励其在限期内尽快退出。其次，要明确权益补偿标准，使因退出工作权益受损的主体都能得到合理补偿。先核算矿权的剩余开采量，根据市场价格折算剩余开采量的价款予以补偿。此外，可以考虑

采取不同的补偿形式，如现金补偿、置换补偿和产业补偿等。置换补偿是指根据价值对等原则在自然保护区外选择合适矿产资源交换矿业权，使其能在其他区域继续发展矿产业，尽可能减小矿权人因退出自然保护区带来的损失。产业补偿则是给予退出矿权人一定的政策优惠，鼓励其在其他产业领域发展，弥补其退出损失。同样地，在自然资源资本化市场建设过程中，对于因自然资源保护需要导致利益受损时，需要因地制宜，考虑多种补偿方式，明确权益补偿清算标准，给予受损方与受损成本对等的权益补偿，避免因为补偿不到位而打击市场主体参与矿业资源资本化市场建设的积极性。

（二）明确自然资源保护与环境治理的主体，避免权益补偿责任不清

自然资源资本化市场建设权益补偿，省级政府进行统一规划，市级政府承担主要责任，县级政府依据上级规划负责执行。县级政府根据市级政府出台的政策开展自然资源资本化市场建设。对于违背自然资源环境保护的项目或活动，可以借鉴陕西省矿业权退出工作的经验，由县级政府出面，负责与产权主体协商整改、退出和补偿工作。具体而言，就是能够进行绿色转型的由县级政府督促产权主体迅速整改，无法转型只能强制退出的由县级政府与产权主体确立退出程序，认定补偿额度。县级政府还需要负责退出之后的生态环境治理修复工作，明确治理修复工作的责任主体，强化监督，确保在限期内完成全部工作。按照“先退出后补偿”的原则，县级政府明确退出程序和补偿额度之后，先对退出工作进行验收，通过之后尽快给付补偿金，避免补偿不到位导致退出工作不彻底。补偿金与治理修复资金则需县级政府与责任主体市级政府积极沟通，拓展资金来源渠道，明确财政资金的支出责任划分，确保资金及时准确到位。

在划分权益补偿责任时，要按照国家环境标准对自然资源开发情况进行整体评估，确定生态环境的破坏程度，根据当时的市场经济环境，科学评估治

理恢复的费用。然后根据项目的开发利用情况确定费用的分摊比例，保障治理费用能够及时投入到治理修复工作中。明确了各种权益责任主体之后，市场就能按照运行规律自发调节主体的进出，如果分摊的治理修复成本过高，开发主体的收益难以承担时就会自发退出，如果项目主体的治理修复成本低于其经营收益，该项目就能够继续在市场内运营，这就形成了良性的进出机制，进一步推动矿业资源资本化市场建设。[1]

---

① 陈炜华、李小瑛:《自然保护区矿业权退出机制与权益保护》,《中国国土资源经济》2018年第10期。

第八章 我国自然资源资本化市场建设政策实施的制度保障

在自然资源资本化过程中,利益是把“双刃剑”。如果把自然资源资本化看作是政府的宏观经济行为的话,中央政府代表的全局利益应该是放在首位的利益,因为通过自然资源资本化实现的全局利益,能够保证地方经济、生态、社会的结构优化、协调发展,但中央政府的全局调整必然会触及地方政府之间的利益平衡,利益的积极作用和阻碍作用对中央政府和地方政府会产生双重影响。

第一节 自然资源资本化市场建设的利益主体关系

一、自然资源资本化市场的主体及其利益关系分析

在自然资源资本化市场的形成和调整过程中,各地方政府之间及各地方政府与中央政府之间实际上存在经济利益的多主体复杂适应性关系,即自然资源资本化的过程涉及不同主体的利益调整,因此,经济利益是影响自然资源资本化及其有效调整的深层原因。这样,自然资源资本化就是一个“复杂适

应系统”，而中央政府、地方政府及集体经济组织等都可看成是有活力的、适应性的主体。①

自然资源资本化涉及多个经济利益主体，而且这些主体代表了不同的利益层次，如中央政府代表全局利益（国家利益），地方政府及相关主管部门代表当地局部利益（经济利益），自然资源产权人代表私有利益。在开展自然资源资本化研究时，不应该忽视不同层次利益主体的主动性和适应性，正是各个不同主体的主动性以及主体与环境、主体与其他主体之间的相互作用，才真正驱动了自然资源的资本化。

（一）自然资源资本化过程中的利益表现

复杂适应系统理论的核心不完全是经济主体的行为来自被动的刺激，而是主要来自于自身的主体性要求。这种主体性是在主体主动追求自身利益的过程中体现的。可以说，作为自然资源资本化中的各层次主体，无不是在追求各自利益过程中的主体。

从自然资源资本化中的利益关系来看，主要涉及国家的全局利益与地方政府的局部利益以及地方政府之间、集体经济组织之间的利益关系。

（二）自然资源资本化市场主体间的利益关系

分析主体间的利益关系是理解自然资源资本化政策调整和升级的出发点，因为在自然资源资本化过程中所发生的各种主体间的关系，实质上是主体间的利益关系。在自然资源资本化过程中，国家从国民经济和社会发展的总体目标出发，通过制定自然资源资本化的宏观政策，实现自然资源利用和产业发展的结构优化和平衡推进的要求，这是国家全局利益的具体体现。

对于集体经济组织而言，其利益的表现就是追求利润最大化。无论是哪

① 张许颖：《中央政府和地方政府投资行为博弈分析》，《经济经纬》2007年第3期。

个具体产业中的集体，都通过市场来体现自己的利益追求，并利用一切可能的手段达到利润的最大化。

任何一个主体要实现自己的利益诉求，都离不开与其他经济主体的联系和相互作用，每个主体都是经济关系中的主体，进而是利益关系中的主体。联系到我国的实际，各种主体之间存在不同的经济关系和利益关系，而在各种经济利益关系中，国家利益与地方利益的关系是最重要的关系。

在集体与地方政府的利益关系中，集体经济组织作为地方经济的基础，地方政府与其发生的利益关系越来越像“父子关系”，集体利益的实现与地方政府的利益实现是难分难解的。一方面，集体的利益是地方利益的基础和组成部分，没有集体利益的实现，就没有地方利益的实现；另一方面，地方政府为集体提供的制度环境、基础设施、政策支持等，是保证集体在地方发展的必要条件，特别是在自然资源资本化运营过程中，地方政府对集体利益的实现提供强有力的保障。

二、自然资源资本化市场中的利益主体博弈分析

在自然资源资本化过程中，地方政府与中央政府以及其他经济主体之间的博弈总是在一定的体制约束下进行的。从博弈论的视角看，经济体制不同，博弈的局中人、策略、支付函数、信息传递方式等各不相同，从而也就有不同的策略组合、不同的行动选择和不同的行动结果。

中央政府是自然资源利用的安排者和调控者。地方政府在发挥其权限和职能过程中，围绕着政治、社会、经济等目标展开自己的行动。但由于传统体制下中央和地方的关系，以及地方政府地位的特殊性，其主体特征不明显，所以地方政府就自然地把政治目标放在了首位。地方政府对中央政府的适应行为就表现为：为了赢得中央政府和上级领导的信任，地方政府官员总是尽可能地使他们的所作所为与中央政府或上级领导的指示保持一致。与政治目标相联系，地方政府对中央政府下达的经济计划指标也非常重视，其中尤为重视的

是经济总产值及其增长速度。为了实现上述目标,在面对中央政府计划的时候,地方政府的理性反应是,尽量在中央政府的计划中争取最大的好处。在向中央政府争取最宽松的投资政策和条件时,地方政府选择那些能够较好体现其完成中央计划指标的产业。这些投资博弈充分体现了地方政府在传统体制下结构调整的适应性反应。其结果是,自然资源利用往往低效化,容易导致自然资源长期处于不合理的状态。

在自然资源资本化过程中,自然资源利用虽然在中央政府不断调整下有了改善,但对于结构优化和高质量发展的目标来说,还存在一定距离。比如,虽然在很大程度上扭转了自然资源的不合理利用状态,但自然资源的低效利用问题仍然很突出,支持政策的效果大大降低;各地区的发展各自为政,自成体系,大大降低了自然资源配置的效率。中央政府的政策不但遇到了越来越大的经济利益障碍,而且遇到了基于主体适应性的复杂局面,自然资源资本化政策的成效也容易打折扣。

总之,自然资源资本化是一个复杂适应系统理论的实践,也是一个多经济主体的博弈过程,必须充分考虑主体的主动性、适应性。① 主体与环境以及其他主体的相互影响和相互作用是自然资源资本化的直接原因,从不同利益的层次出发,经济主体会依据获取的信息作出适应性行为选择并相互作用;经济利益是导致我国自然资源长期低效配置的根本原因;中央政府在自然资源资本化中仅有支持政策是不够的,还需要建立具体的利益分享、补偿机制,并进行一系列的制度创新,只有这样才能够切实提高自然资源资本化政策的有效性。

三、自然资源资本化市场中利益障碍的形成机制

(一) 利益障碍对市场主体的影响

如果把自然资源资本化看作是政府的宏观经济行为的话,中央政府代表

① 赵桂梅、陈丽珍:《一类突变条件下的产业系统的演进研究》,《产业经济评论》2016 年第 2 期。

的全局利益应该是放在首位的利益，因为通过自然资源资本化实现的全局利益，能够保证地方经济的结构优化、协调发展。但中央政府的全局调整必然会触及地方政府之间的利益平衡，利益的积极作用和阻碍作用对中央政府和地方政府会产生双重影响。虽然自然资源资本化涉及的主体主要包括中央政府、地方政府和相关经济组织等，但其中最突出的利益关系是中央政府和地方政府的利益关系。作为我国宏观经济的重要调控主体，中央政府在发展中的利益体现主要是对自然资源资本化进行科学的政策安排与协调。具体内容包括：一方面，选择符合我国国情的自然资源资本化政策安排，依据我国的自然资源状况和社会经济条件，确立新时期自然资源资本化政策目标。另一方面，全面调整和推动自然资源资本化进程。中央政府要从根本上改变我国自然资源的低效化利用，必须制定相应政策在全国范围对现有自然资源利用进行战略性调整。

（二）自然资源资本化市场利益障碍的传递机制

在自然资源资本化市场建设中，无论是哪一层次的主体，为了各自目的所表现出来的对利益的追求过程，都是一个基于主体适应特征的适应过程。主体的适应过程使得自然资源资本化越来越复杂，但应注意，这里的适应概念与一般的适应概念不同，它的内涵更加丰富。“适应”表达了主体的动力学特征：它们可能是强大的、健壮的、健康的，是绝对的适应性，表明主体在内在的选择作用下的生存能力，即内生的稳定性和生产、再生产的能力；也可能是适合的、匹配的、相称的、相宜的，是一种相互的适应性，表明主体在外在选择作用下的生存能力，即克服特定的环境干扰、波动和利用外部资源的能力。对主体而言，适应既是来自自身的主体性或自主性的选择，也包括在外界刺激下的被动反应。首先，借助于进化论中的适应概念，所谓适应是指主体的特征，也即主体的结构。事实上，结构本身已经显示出主体对市场经济的适应，结构意味着自主性下的适应。其次，这里的适应含义，也包括主体在面对环境或其他主体行为时的反应。在自然资源资本化过程中，由于受到中央政府政策作用，地方政府与中央政府、其他地方政府之间，会基于自己的利益而作出适应性的反应。在经济过程演化中，主体采取适应的形式是不同的，但不论哪种形式，最终都要通过主体的行为来表现。

第二节　自然资源资本化市场建设政策的执行阻滞

自然资源资本化市场建设政策的执行可能会出现“政府失效”现象，表现为政府不能提高经济效益或是政府对资源配置不合理。当出现“政府失效”的情况时，则表示政府没有有效地将自然资源产品和自然资源有效配置给政府的服务对象。因此，政府作为自然资源资本化市场建设政策的制定者与执行者，为保障自然资源资本化政策顺利实施，需要抓好自然资源资本化政策执行问题，处理好政策体系的协同关系，构建政策实施的保障机制。

一、政策执行的现实困境

自然资源资本化市场建设过程中资源配置“政府失效”的表现形式是多方面的。一方面，政府在追求全社会的利益时，可能由于理解的错误，导致安排不当、考虑不周，通过行政干预，把本可正常运作的市场机制扭曲，从而对市场环境产生负的外部性。其中，表现最明显的是对自然资源产品价格机制的影响和破坏。在现实生活中，政府对自然资源产品价格机制的破坏也常常出现，比较典型的例子是一些地方政府出于自然资源产权人利益集团的压力，打着绿色生态环保的理念，抬高自然资源产品的价格，使区域自然资源产品过剩，从而使生产过剩，自然资源资本化就会产生扭曲。另一方面，政府对自然资源资本化过程中竞争开发的管制能够为自然资源产权人带来某种垄断利润。这种垄断利润和对垄断权力的追求，可以视为一种对“寻租”的需求，自然资源产权人为获得政府的某种“特殊保护”就是“寻租”。“寻租”活动也是需要成本的,即“寻租成本”,如自然资源产权人对官员的贿赂、“政治献金”等。政府或其官员为谋求自身利益,有意损害全社会的利益,采取“寻租”的形式实现自身目标,通过不正常的手段无偿从他人处获取利益。因此,“寻租”往往会导致政府官员的腐败,扭曲自然资源资本化市场体系。例如,在自然资源资本化过程中,相关主体可能需要通过修建道路设施才能有效开发利用自然资源,但修建道路等基础设施可能会破坏著名的人文和自然生态景观,需要政府部门予以批准。相关主体就会出于自身利益需要向政府部门行贿,主管审批的政府部门则会因此降低生态安全标准,没有经过科学论证就批准项目建设。随着工程项目的推进,虽然实现了自然资源资本化利用,但是因为政府的“寻租”行为,使自然资源系统受到威胁,对生态环境造成破坏,最终使整个社会利益受损。此外,自然资源资本化的支持政策执行阻滞的另一种典型表现是,自然资源资本化的支持政策虽然达到了其政策目标,但是由于政策执行方法或手段的问题以及各种时滞因素,可能造成自然资源资本化的支持政策执行成本大于其收益。

在自身利益驱使下,地方政府不断与中央政府、其他地方政府进行着利益博弈,尽可能实现自身利益最大化。从经济利益的积极作用看,一是对地方政府的制度创新有着积极影响。地方政府比中央政府更清楚制度创新的选择与当地利益的关系,当制度创新的收益大于其成本时,地方政府就会积极推进区域内的制度创新。二是地方政府对中央政府的宏观积极政策进行市场化调整的动力。实际上,在经济利益的独立化和差异越来越明显的情况下,中央政府也越来越难以代表地方的利益选择发展的趋向。

从地方政府在追求局部利益中体现的利益障碍来看,主要表现在:

第一,形成对宏观经济全面协调发展目标实现的极大阻力。一方面,在地方局部利益的驱使下,地方政府不再局限于本地区的比较优势和地区间的合作,而极力追求本地区自成体系的发展,这不仅大大减弱了中央宏观政策的协调作用，而且极大地降低了宏观经济效率；另一方面，为了地方的局部利益，地方政府不断与中央政府进行博弈，哪怕是明知会影响到宏观发展目标，只要能够实现局部经济利益，也不一定把顾全大局看作是第一位的选择。因此，地方政府在发展的选择偏好上就主要集中在那些短期能够获利的领域，而不是从自然资源资本化的要求上发展产业。利益障碍既强化了地方政府的短期经济行为，妨碍了中央政府对自然资源产业发展的整体布局和调整，也诱发了集体的“投机”行为。在地方政府的支持下，集体的利益与地方的利益绑在了一起，只要是对地方和集体有利的投资项目，不论是否在宏观发展中加以抑制的还是有所鼓励的，地方政府都会利用其权力与中央政府以及其他地方政府进行博弈，保护地方经济社会的发展。

第二，激化了自然资源短缺与生产过剩并存的矛盾。地方政府往往会为了本地区的局部利益，特别是地方政府官员为了自己的政治利益和经济利益，会竞相发展所谓“短平快”的项目，而不顾宏观经济发展对资源合理配置的需求，这就容易造成自然资源的短缺与低质自然资源产品积压并存的现象。

从公共选择理论来看，地方的局部利益对自然资源资本化的障碍作用还包括地方政府官员们的利益影响。在目前的干部任用体制下，干部的政绩主要是看他在任期间地方产值增加了多少，新上了多少新项目。当地方政府官员的利益函数受其任期长短的制约时，选择那些投资回报期短的、与自身利益相关的项目，自然就成了他们的首要选择。

二、政策执行阻滞的成因分析

（一）政策失范

自然资源资本化市场建设的支持政策一旦经由国家层面的审议通过，就形成了一项正式的制度，成为了政府部门管理社会经济活动的重要依据，也是宏观经济活动的重要调控工具。如果其政策过程偏失导致政策内容不当，就使得政策效果偏离应然目标，就会致使治理政策失范。在实际政策执行过程中，自然资源资本化政策失范可能体现在以下方面：第一，政策执行效果反复波动，这会使得自然资源资本化市场建设效果呈现出反复变化的情况；第二，在政策执行过程中，“人为意志”可能凌驾于政策文件之上，使得政策的执行效果出现失效甚至是“相悖”的情况；第三，在执行过程中政策没有与时俱进，变动不灵活，最终会随着外部情况变化而导致政策不能完全满足实际需要。在政策执行的每一个阶段所体现出来的特点和问题是不一样的，所以政策失范的情况在不同阶段形成的原因也不一样。

第一，自然资源资本化市场建设支持政策执行效果反复波动，治理效果不佳。政策是政府部门管理社会经济活动的重要依据，也是宏观经济活动的重要调控工具，是解决社会问题的重要手段。① 高效的政策供给，能够有效调节经济社会利益结构，缓解社会利益主体之间的矛盾与冲突，从而实现政策目标。一般而言，通过政策制定的现实经验可知，中央政府会根据国家宏观经济形势制定总方针、总纲略，而地方政府会在中央政府政策的引领下，根据当地具体情况，实事求是地制定具体措施，以满足中央政府的政治要求，同时也满足地方治理和发展中的现实需要。然而，政府的行政和管理资源是相对有限的，所以地方政府往往会采取选择性的供给策略。地方政府通常会投入更多的人力、物力和财力来解决当地矛盾冲突巨大，急需解决的问题。针对这类问题，地方政府会仔细研究中央政府的指导性意见，并细化当地政策条款，同时出台多种地方性法规，来保障和提高政策的执行力和可操作性。而对于不那么急迫的问题，地方政府的关注度会相对弱化，投入的人力、物力和财力相对来说会少很多，因此在政策制定的数量和质量上难以保证。从这个角度来说，在自然资源资本化过程中，政策供给波动体现了地方政府对该问题的重视程度具有阶段性特点，也体现了政府对于自然资源资本化支持意愿的波动。

① 温美荣：《论公共政策失范问题的发生机理与治理之道》，《中国行政管理》2014 年第 12 期。

第二，在自然资源资本化市场建设的支持政策执行过程中，"人为意志"可能凌驾于政策文件之上，可能出现政策"失效"甚至是"相悖"的情况。所谓"人为意志"指的是政府官员个人的意志和想法。一般而言，在政策执行过程中，政府官员个人意志替代政策文件主要体现在两个方面：上下级政府官员的口头承诺出现差异；不同的政府职能部门之间对政策文本的认知存在差异。出现这种情况的主要原因可能是政府官员并未对政策文本进行深入研读，对现实问题的解决并不精准。因此，在制定并下发自然资源资本化市场建设支持政策后，对政府官员必须进行全面培训，要保障政府官员对政策的精准理解。否则，一旦出现政府官员个人意志替代政策文件的情况，将致使治理政策失效，甚至可能出现治理结果"相悖"的情况，这就会极大削弱政策执行效力，严重浪费了公共行政资源。①

第三，自然资源资本化市场建设支持政策刚性与现实情境割裂。由于政策环境的变动和地方政府的政策偏好，政策在现实执行过程中可能会出现偏移。② 在利益的驱使下，地方政府在政策实施过程中会选择有利于自身发展的执行方式，其象征性或附件式执行方式会导致政策执行受到阻碍。在政策制定通过之后，在短时间内具有稳定性和权威性，但地方政府会采取灵活方式应对强制性政策，并且各地区实际情况也有所差异，而政策刚性特征可能会不适用于部分地区的实际情境。

（二）能力弱化

基层社会生态的变化催生出的治理需求，要求政府治理能力需要更上一层楼。自然资源资本化市场建设凸显了利益博弈的复杂性，利益主体之间的关系协调和提升自身治理能力，既是政府工作的重心，也是自然资源资本化市

① 张进铭：《论中国经济发展中的政府主导及其弊端》，《经济评论》2007 年第 6 期。

② 李凌方：《城中村违法建设发生逻辑及治理机制研究——以湖北省 H 市为例》，博士学位论文，华中科技大学行政管理系，2019 年，第 189 页。

场建设的重点。若政府治理能力被弱化，将无法对违规行为进行有效管控，从而使自然资源资本化陷入体制内合作困难、资源管理规划单向性、地方政府财力限制等多重困境。首先，“条块”体制是我国地方政府的结构特色。执行每一项政策需要各部门之间相互配合，但由于部门之间的信息不对称以及相互间存在一定的竞争关系，在部门利益的隔离下，往往会形成体制内合作困境。在实践中，多个部门协调不力主要表现在执行机构协调和府际关系协调两个方面。其次，由于地方政府兼具“经济人”与公共性双重属性，其在自然资源规划中容易表现出经济理性而选择单向规划。同时，在现实生活中，政治要求和经济收益使得地方政府很难在公共利益和局部利益、个人利益之间形成理性均衡，自然资源资本化市场建设效果难免出现不公平、不公正的情况。

（三）行为异化

行为异化主要是指执行人员的理念和能力带来的在政策执行过程中的对政策的贯彻程度不够，导致最终结果出现偏差。如果行为异化程度越大，说明执行人员的执行理念和执行能力越弱，容易扭曲相关法律法规和政策；如果执行人员行为异化程度越小，说明行法人员的执行理念和执行能力越强。执行人员是国家法律和政策的实践者，是连接静态法律法规政策与动态社会现实的“桥梁”。如果执行人员的理念和能力较强，那么一定会保障法律政策得到严格贯彻和执行，能够保障国家和地方的社会秩序、社会发展。但如果执行人员的理念有所偏差或者执行行为异化，必将对社会发展和相关规章制度建设造成不良影响，从而阻滞社会发展进程。制度经济学理论认为，由于人的认知能力限制和环境的影响，人的理性是有限的。因此，在自然资源资本化市场建设过程中，政策执行人员的行为异化会使得自然资源资本化市场建设过程出现困境。第一，执行人员理念偏差。执行人员容易被人情世故所牵绊，受人情资本的影响。执行人员分配区域具有一定的稳定性，确定之后短时间内不会发生变动，执行人员与政策对象彼此之间有较长时间的密切接触关系并随之加深。例如,农村作为自然资源资本化的主战场,村民之间的联系较其他地区更为紧密。在自然资源资本化市场建设过程中存在违规行为时,由于关系亲密且为共同的利益主体,村民之间并不会及时举报和纠偏。一些村干部基于熟人网络,在接受利益主体的行贿之后对其违规行为采取“视而不见”的处理方式。同时,自然资源资本化的利益主体利用各种贿赂手段将政策执行人员拉进自己的熟人网络,为自己的违规行为“埋沙铺路”,降低风险与障碍。政策执行人员中的一部分人员思想高度不够,偏离国家意志导向,职业素养低下,立场不够坚定,政策执行过程中行为散漫不严格,容易被社会舆论所误导。在调研中发现,部分违规执行人员甚至同情自然资源资本化的利益主体。第二,政策执行人员容易被舆论绑架。当前,有些媒体特别是网络自媒体,在进行新闻报道时主观地将公众归为弱势的一方。如果政策执行人员与公众发生了冲突,预设政府或者执行人员侵犯了公众的利益,因此常会出现新闻报道失实。一些政策执行人员由于立场不坚定受到不当舆论的误导,降低了政策执行认知力。再次,政策执行能力不足。自然资源资本化市场是一种动态的政策执行环境,动态性和复杂性是其典型特征,政策执行人员在这种情况下常常会面对许多不确定因素,最关键的是政策对象的多样性,加剧了政策执行的难度。

第三节　自然资源资本化市场建设政策实施的保障制度

自然资源资本化市场建设政策体系运行的保障制度,主要包括自然资源资本化的产权保障制度、生产保障制度、营销保障制度、组织保障制度、技术保障制度等多个方面。

一、产权保障制度

产权保障制度是自然资源资本化市场建设政策体系运行的前提和关键。

生态环境与自然资源的市场价格以及相应的价格、财政、投资和消费等政策的实施效果皆取决于其产权制度安排。自然资源资本化市场建设政策体系的产权保障制度包括产权界定、交易权安排、产权交易制度三个层次，针对其中存在的问题，从激励的角度建议采取以下路径及对策：

第一，实现环境与资源使用权与经营权的市场化。推进自然资源资本化市场建设要求必须具有稳定的产权制度安排。首先，明确生态环境和自然资源的产权主体，再界定其使用权和经营权，最终实现部分产权的市场化。对于市场化的措施应按照资源和环境的特征，技术性分离使用权与经营权，明确各自的权利职责，鼓励引进民营企业和外商投资企业，使非国有性质企业逐步成为环境和资源的经营领域中的重要主体，减少国企的占有比重，促进形成多种所有制结构构成的多元化环境和资源的经营体制。具体措施包括：过度利用导致不可再生的资源（如淡水、大气等）、具有生态保护作用的可再生资源（如生态林、草原）等公共性、公益性和外部性强的资源的使用权和经营权合一，由公共事业部门统一经营管理，或者由具有严格监管制度的企业经营；分离公共性和外部性较弱，排他性和竞争性较强的自然资源（如荒地、经济林、生产用水）的使用权与经营权，将经营权进行市场化交易，激发相关主体的积极性。当然，在这一过程中，首先应由国家出台相关法规政策，保障经营权与使用权相关交易的合法性，确保市场稳定。

第二，将部分环境和资源的产权多元化，促进混合产权体系的形成。引入健全的市场机制，完善自然资源资本化产权市场，需要根据自然资源多样化的特征建立多元化的产权体系。具体措施包括：对于产权界限明晰的自然资源（如矿山、草原），在权衡公共利益、所有者和使用者的利益之后，根据其公益性、公共性及外部性的强弱，将其所有权以行政分配或拍卖方式出售给不同产权主体；产权界限不明晰且公共性强的自然资源（如海域、大气），为提高其资源利用效率，应继续维持公共所有权主体，由政府机构作为所有者进行统一管理。

第三,完善环境纳污资源所有权交易制度。自然环境的纳污容量与净化能力是有限的。在环境纳污资源产权安排上,需要考虑自然环境的容量大小和其净化能力两个方面,有必要建立可"回收"的环境纳污资源产权制度。具体措施包括:首先,企业以购买或其他方式获得的排污权可以归企业所有,在规定期限内自行安排排污权分配,多余部分可出售给其他企业,以此鼓励企业努力达标排污,将社会排污控制在自然环境总容量与其净化能力的安全范围之内。此外,还可以实行间接纳污资源产权制度,鼓励企业投资建设排污工程和设施,以间接方式获取环境纳污产权,为各类企业处置污染废弃物,将降低排污发展为企业的一项业务。如果交易市场中有多个排污企业能够实现自由交易,则当排污权市场供需达到平衡点时,个体企业的治污成本将会降至最低点,最终实现社会总治理成本最小;同时,环境纳污资源产权交易还能够提高市场交易长期收益预期以及降低市场交易不确定性,有效提高交易双方的收益。因此,部分排污产权民营化,促进形成产权多元化的纳污资源产权结构,是完善我国排污产权市场的必要措施。

二、生产保障制度

自然资源产品交易是实现自然资源资本化的最终环节。自然资源产品只有以市场为载体,通过市场化才能实现其最终价值,这也是自然资源资本化市场建设的最终目的。由于自然资源和生态环境的独特性,自然资源产品(服务)市场化不仅受商品价值规律支配,而且还需要遵循生态规律。这就决定了自然资源产品的生产既是经济行为,也是生态行为。因此,自然资源产品的生产保障制度在自然资源资本化市场建设过程中就显得至关重要。首先,自然资源资本化的生产保障制度要从源头上削减污染,传统的末端处理模式效益远低于源头降污的环境效益,生产过程中避免污染及有害物质产生,强调降污措施的预防性和环境保护的彻底性。其次,自然资源资本化的生产保障制度要求绿色生产原料的质量较高,高效的原料能够保证生产过程中减少资源和能源的消耗,提高资源能源的利用率,降低生产成本。最后,在各行业生产的末端,自然资源资本化的生产保障制度要求消除污染废物的产生,要求产品对环境和人体健康没有威胁,并且使用后易于分解、回收和再利用,降低废物处理的消耗和成本。自然资源资本化生产保障制度的目的是实现经济效益的同时实现环境效益。

第一,建立和完善自然资源产品绿色化生产的相关制度。这包括绿色生产技术研发与评估制度、绿色生产审计制度、绿色产品标志制度、绿色产品生产补贴制度及相配套的税收优惠和信贷制度等,同时还需协调好排污收费制度与清洁生产制度的关系。

第二,提高全民的绿色生产意识。即通过宣传、教育、培训、处罚等手段,提高企业、消费者、地方政府及环境部门、技术开发部门以及社会公众的清洁生产意识。同时,我国法律法规应当强化消费者的义务和责任,引导消费者购买绿色清洁产品,并对使用后产生的废弃物进行合理分类和回收处置,树立绿色消费观念。

第三,积极引导技术开发部门开展绿色生产技术创新活动。要把以满足自然资源非减量要求为目标的绿色技术发明、绿色技术设计放到与其他技术发明、技术设计同等重要的地位。同时,应当尽快建立起一套系统完善的绿色生产咨询体系以及绿色技术信息创新和交流制度,进一步落实和加大对绿色生产技术创新的资金支持,鼓励民间资本向绿色技术领域流动,加大重点领域绿色生产技术创新、成果转化以及先进实用技术推广应用的支持力度。

三、营销保障制度

自然资源资本化理念下要求进行自然资源产品(服务)的绿色营销。自然资源产品的绿色营销是指自然资源产品市场主体为实现社会效益、经济效益、生态效益三者统一,在不破坏环境资源和不危害人体安全的前提下,通过与其他市场主体进行自然资源产品的交易从而创造价值,达到自我需求满足的一种社会管理过程。通过实施自然资源产品绿色营销，实现顾客、社会与生态、市场主体自身多方共赢的目标，在不损害当代人利益和满足后代基本生存需要的条件下，合理利用生产资源，以满足消费者需求、维护社会安全稳定为中心，进行清洁化、无害化自然资源资本化产品（服务）的生产与经营活动。

自然资源资本化产品绿色营销的特点主要表现在"绿色"的营销观念、营销环境、营销环节，以及营销的自然资源产品也是绿色的。自然资源资本化产品绿色营销以节约自然资源、保护生态环境为核心，从生产、包装、运输到消费各个环节要求具有良好的生态环境和人文环境，重点强调整体的社会效益与生态效益。同时，要求自然资源资本化产品应具有节约资源、安全、无污染、无公害的特性。

建立自然资源资本化产品的绿色营销制度，要求自然资源资本化产品营销必须做到：搜集关于产品的绿色信息；制定绿色计划；开发绿色资源；研制绿色产品；制定绿色价格；开辟绿色通道；鼓励绿色消费；弘扬绿色文化；培植绿色标志品牌；完善绿色法规。① 自然资源资本化产品的绿色营销是一种新理论、新观念和新手段。它要求经营主体在不破坏环境资源和不危害人体安全的前提下，通过向顾客提供自然资源资本化产品以满足自身经济需求，创造经济、生态与社会价值，实现社会效益、经济效益与生态效益三者统一。当然，与其他制度相同，载体是制度得以实现的关键要素，自然资源资本化产品则是其进行绿色营销制度的最佳载体。自然资源资本化产品的生产具有低能耗、清洁、高效等特点，相较于一般产品的生产更加有利于保护自然资源环境和民众的身体健康。针对自然资源资本化产品开展的绿色营销，经营者不仅可以满足人民日益增长的绿色消费需求，而且能获得较好的经济效益，还能兼顾社会与生态效益。

① 熊文、李秋洪：《论绿色营销与绿色食品》，《生态经济》2000 年第 10 期。

四、组织保障制度

著名经济学家西奥多·舒尔茨在对世界各国生产体系进行研究后指出，任何不能提供富有活力的市场经济组织都不能使企业家才能、生产和劳动达到最优，潜在生产力在许多国家没能实现的原因就是组织无效性。① 因此，市场经济条件下的生产，不是单个自然资源产权人的自组织行为。在自然资源资本化过程中，组织保障是必不可少的。

第一，要加强与自然资源资本化市场改革的衔接、协调。要推进自然资源资本化市场建设，则要切实加强与自然资源资产产权制度、自然资源资产统一确权登记制度、国土空间规划体系、自然资源资产管理体制、自然资源税费制度、生态保护补偿制度、创新政府配置资源方式、统一的公共资源交易平台建设、政府资产报告制度等相关领域制度建设与改革的衔接，协调好自然资源有偿使用制度、自然资源要素市场改革制度、自然资源核算制度，增强改革的系统性、整体性和协同性。②

第二，推进各组织部门的强化实施。首先，宣传部门应该加强宣传引导和政策解读，让各地区、各部门系统理解自然资源资本化市场建设的重大意义、基本思路和重点任务，能够高度重视，充分认识自然资源资本化市场建设对于生态文明建设的重要意义。其次，地方各级政府要结合实际，加强政策研究和实践探索，为自然资源资本化市场建设提供制度和实践支撑。各有关部门要按照职责分工，落实各自职责，部门之间密切配合，明确责任主体，严格控制时间进度，加强协调沟通，确保各项具体任务落到实处。最后，加强对公众环保意识和环保行为的宣传教育，进一步推动公众参与环保决策。通过对公众环

① 刘志文：《西部大开发中生态经济与可持续发展》，中国环境科学出版社 2005 年版，第 286 页。

② 《国务院关于全民所有自然资源资产有偿使用制度改革的指导意见》，《中华人民共和国国务院公报》2017 年第 4 期。

保意识和环保行为的宣传教育，推动公众参与环保决策，能够在充分了解民意的基础上因地制宜研究制定促进生态环境保护的政策。

第三，加强自然资源资本化市场建设的监督管理。首先，要加强纪检监察部门的纪律和法律监督，建立问责监督机制。加强对自然资源资本化市场建设涉及的权力机构和各行业主管单位履行职能情况的监督，维护自然资源资本化市场建设各个环节上的合法合规性和过程的公正公平性。严明法纪，对破坏自然资源资本化市场建设规则流程，损害国家、集体和群众利益的行为，要按照规章制度严肃惩处。其次，要建立自然资源资本化市场的交易相关方的互相监督机制。自然资源资本化市场建设就是要引入竞争机制，引入自然资源中介服务机构，完善相应中介制度，严格防控自然资源资本化市场交易中心代替中介服务机构而造成垄断的新问题。再次，要加强行业行政监督部门的外部监督。各自然资源行业主管单位对招投标活动的关键环节实行点对点监督控制，侧重对自然资源资本化市场交易的领域管理和行政执法监管。

五、技术保障制度

自然资源资本化市场建设政策体系的有效运行，要求建立完备的技术保障制度。

第一，建立自然资源利用规划信息系统。建立一个能对自然资源的类型、数量、质量、分布、开发和利用现状动态变化进行科学描述，对自然资源信息进行定性、定量、定时分析，具有规划图形和数据查询、规划实施检测以及目标预警等多功能的自然资源利用规划查询信息系统，向社会各界提供自然资源的基础信息和规划信息服务，①以便群众对自然资源保护和利用情况进行监督，提高规划的社会认知度，加大社会监督力度，确保自然资源规划能顺利实施。

第二，建立自然资源预警和动态监测系统。自然资源预警系统具有确定

① 刘艳中：《基于生态足迹模型的南阳市耕地保护战略环境影响评价研究》，博士学位论文，中国地质大学（武汉）土地资源管理系，2008 年，第 133 页。

警情、寻找警源、分析警讯、报警、排除警情等功能。自然资源监测主要是监测自然资源的数量、质量、环境变化。自然资源监测应当属于常规性监测，每年开展一次，内容包括针对土地、森林等特定自然资源类型，国家级政策或省级重大战略重点建设示范区、自然保护地、生态修复示范区等特定地区，以及“三区三线”等特定自然资源考核指标，开展高频次的专题性自然资源监测；针对突发自然资源事件开展不定期的应急监测；针对自然资源综合管理和国土空间用途管制的多方面需求，定期或不定期地开展评价分析，以期动态掌控自然资源和国土空间的现状与演变趋势。

第三，建立健全自然资源资本化市场交易平台。现行的自然资源交易平台一般挂靠在公共资源交易平台上，但是我国的公共资源交易平台以国有产权交易为主，同时包含工程招投标、政府采购、土地“招拍挂”交易。随着国家进一步放开自然资源使用权的交易，以自然资源使用权为主的个体或者群体逐渐成为自然资源资本化市场的交易主体，但现行的自然资源资本化市场交易平台很少将其涵盖进去，很难体现该平台在自然资源资本化市场交易的作用。同时，国内目前的公共资源交易平台建设仍然缺少统一的顶层设计，市场战略定位及经营管理不够完善，缺乏统一的市场管理制度，基本上处于“谁开办、谁管理”的状态。因此，应当搭建自然资源资本化市场交易的专门平台，强化考核管理，健全征信制度；不断规范运行机制，以科技手段防范人为因素的干扰，让交易过程更加透明化，以优质服务赢得交易各方的认可。

附　录　党的十八大以来我国自然资源资本化市场建设相关政策梳理

制定部门	文件名称	主要内容	发布时间
中共中央国务院	《中共中央关于全面深化改革若干重大问题的决定》	构建自然资源资产产权制度、资源有偿使用制度和生态补偿制度、生态环境保护管理体制	2013 年 11 月
中共中央国务院	《中共中央国务院关于加快推进生态文明建设的意见》	推进自然资源市场化、健全生态保护补偿机制、完善经济政策、严守资源环境生态红线、构建环境治理和生态保护的市场体系、自然资源资产产权制度和用途管制制度	2015 年 5 月
国务院	《建立国家公园体制试点方案》	突出生态保护、统一规范管理、明晰资源归属、创新经营管理和促进社区发展	2015 年 5 月
中共中央国务院	《生态文明体制改革总体方案》	自然资源资产产权制度、国土空间开发保护制度、资源有偿使用制度和生态补偿制度、生态环境保护管理体制	2015 年 9 月
国务院	《关于印发编制自然资源资产负债表试点方案的通知》	建立健全自然资源资产负债表编制制度	2015 年 11 月
国务院	《关于加强资源环境生态红线管控的指导意见》	设定资源消耗上限、严守环境质量底线、划定生态保护红线	2016 年 5 月
国务院	《关于健全生态保护补偿机制的意见》	建立稳定投入机制、完善重点生态区域补偿机制、以地方补偿为主、中央财政给予支持的横向生态保护补偿机制、健全配套制度体系、创新政策协同机制	2016 年 5 月

续表

制定部门	文件名称	主要内容	发布时间
国务院	《关于构建绿色金融体系的指导意见》	大力发展绿色信贷;推动证券市场支持绿色投资;设立绿色发展基金,通过政府和社会资本合作(PPP)模式动员社会资本;发展绿色保险等	2016 年 8 月
国务院	《关于印发控制污染物排放许可制实施方案的通知》	衔接整合相关环境管理制度、规范有序发放排污许可证、加强监督管理、做好排污许可制实施保障	2016 年 11 月
中共中央国务院	《关于创新政府配置资源方式的指导意见》	建立健全自然资源产权制度、健全国家自然资源资产管理体制、完善自然资源有偿使用制度	2017 年 1 月
中共中央国务院	《关于全面加强生态环境保护坚决打好污染防治攻坚战的意见》	重点治理水、土壤、空气、农村污染,改革完善生态环境的监管政策、经济政策、法治体系、保障体系和社会行动体系	2018 年 6 月
中共中央国务院	《关于统筹推进自然资源资产产权制度改革的指导意见》	健全自然资源资产产权体系、明确自然资源资产产权主体、开展自然资源统一调查监测评价、推动自然生态空间系统修复和合理补偿、健全自然资源资产监管体系	2019 年 4 月
中共中央国务院	《关于构建现代环境治理体系的指导意见》	健全环境治理领导责任体系,健全环境治理企业责任体系,健全环境治理全民行动体系,健全环境治理监管体系,健全环境治理市场体系,健全环境治理信用体系,健全环境治理法律法规政策体系	2020 年 3 月
国家发展改革委、自然资源部、科技部、财政部、生态环境部、水利部、农业农村部、应急管理部、中国气象局、国家林草局	《全国重要生态系统保护和修复重大工程总体规划(2021—2035 年)》	以“两屏三带”及大江大河重要水系为骨架的国家生态安全战略格局为基础,突出对国家重大战略的生态支撑,统筹考虑生态系统的完整性、地理单元的连续性和经济社会发展的可持续性,研究提出了到 2035 年推进森林、草原、荒漠、河流、湖泊、湿地、海洋等自然生态系统保护和修复工作的主要目标,以及统筹山水林田湖草一体化保护和修复的总体布局、重点任务、重大工程和政策举措	2020 年 5 月

续表

制定部门	文件名称	主要内容	发布时间
国务院办公厅	《自然资源领域中央与地方财政事权和支出责任划分改革方案》	自然资源调查监测，自然资源产权管理，国土空间规划和用途管制，生态保护修复，自然资源安全，自然资源领域灾害防治，自然资源领域其他事项	2020 年 6 月
国务院	《关于加快建立健全绿色低碳循环发展经济体系的指导意见》	健全绿色低碳循环发展的生产体系、健全绿色低碳循环发展的流通体系、健全绿色低碳循环发展的消费体系、加快基础设施绿色升级、构建市场导向的绿色技术创新体系、完善法律法规政策体系	2021 年 2 月
中共中央	《关于制定国民经济和社会发展第十四个五年(2021—2025 年)规划和 2035 年远景目标的建议》(第十一篇　推动绿色发展促进人与自然和谐共生)	坚持绿水青山就是金山银山理念，坚持尊重自然、顺应自然、保护自然，坚持节约优先、保护优先、自然恢复为主，实施可持续发展战略，完善生态文明领域统筹协调机制，构建生态文明体系，推动经济社会发展全面绿色转型，建设美丽中国	2021 年 3 月
中共中央 国务院	《关于建立健全生态产品价值实现机制的意见》	建立生态产品调查监测机制、建立生态产品价值评价机制、健全生态产品经营开发机制、健全生态产品保护补偿机制、健全生态产品价值实现保障机制、建立生态产品价值实现推进机制	2021 年 4 月
中共中央 国务院	《关于深化生态保护补偿制度改革的意见》	聚焦重要生态环境要素，完善分类补偿制度；围绕国家生态安全重点，健全综合补偿制度；发挥市场机制作用，加快推进多元化补偿；完善相关领域配套措施，增强改革协同；树牢生态保护责任意识，强化激励约束	2021 年 9 月
中共中央 国务院	《关于完整准确全面贯彻新发展理念做好碳达峰碳中和工作的意见》	推进经济社会发展全面绿色转型，深度调整产业结构，加快构建清洁低碳安全高效能源体系，加快推进低碳交通运输体系建设，提升城乡建设绿色低碳发展质量，加强绿色低碳重大科技攻关和推广应用，持续巩固提升碳汇能力，提高对外开放绿色低碳发展水平，健全法律法规标准和统计监测体系，完善政策机制	2021 年 9 月

续表

制定部门	文件名称	主要内容	发布时间
中共中央 国务院	《关于进一步加强生物多样性保护的意见》	加快完善生物多样性保护政策法规,持续优化生物多样性保护空间格局,构建完备的生物多样性保护监测体系,着力提升生物安全管理水平,创新生物多样性可持续利用机制,加大执法和监督检查力度,深化国际合作与交流,全面推动生物多样性保护公众参与,完善生物多样性保护保障措施	2021 年 10 月
国务院	《关于鼓励和支持社会资本参与生态保护修复的意见》	参与机制(参与内容、参与方式、参与程序),重点领域(自然生态系统保护修复、农田生态系统保护修复、城镇生态系统保护修复、矿山生态保护修复、海洋生态保护修复、探索发展生态产业),支持政策(规划管控、产权激励、资源利用、财税支持、金融扶持)	2021 年 10 月
国务院	《2030 年前碳达峰行动方案》	重点实施能源绿色低碳转型行动、节能降碳增效行动、工业领域碳达峰行动、城乡建设碳达峰行动、交通运输绿色低碳行动、循环经济助力降碳行动、绿色低碳科技创新行动、碳汇能力巩固提升行动、绿色低碳全民行动、各地区梯次有序碳达峰行动等"碳达峰十大行动";深度参与全球气候治理,开展绿色经贸、技术与金融合作,推进绿色"一带一路"建设;建立统一规范的碳排放统计核算体系,健全法律法规标准,完善经济政策,建立健全市场化机制	2021 年 10 月
中共中央 国务院	《关于深入打好污染防治攻坚战的意见》	加快推动绿色低碳发展,深入打好蓝天保卫战,深入打好碧水保卫战,深入打好净土保卫战,切实维护生态环境安全,提高生态环境治理现代化水平	2021 年 11 月

资料来源:中央人民政府网站 http://www.gov.cn/。

参考文献

[1]爱德华·戈德史密斯著,程福祜译:《生存的蓝图》,中国环境科学出版社 1987 年版。

[2]安增龙、姚增福、王乐玲:《黑龙江农业产业化金融支持体系构建的理论研究》,《时代金融》2007 年第 6 期。

[3]蔡秋玉:《新加坡绿色建筑财税激励政策研究及对福建省的启示》,《福建论坛(人文社会科学版)》2018 年第 11 期。

[4]曹耀:《要素分配理论视角下矿产资源资本化问题研究》,石家庄经济学院,硕士学位论文,2014 年。

[5]常媛媛:《大康牧业基于"PE+上市公司"模式的并购绩效评价》,兰州理工大学,硕士学位论文,2018 年。

[6]陈斌林:《德国的环境保护政策和环境管理制度》,《环境保护》1995 年第 11 期。

[7]陈光炬:《农业生态资本运营:内涵、条件及过程》,《云南社会科学》2014 年第 2 期。

[8]陈甲斌、王嫱:《弱市下的矿业发展趋势与建议——2015 年度能源和其他重要矿产资源形势综合分析》,《中国国土资源经济》2016 年第 2 期。

[9]陈庆、戴腾、汪应学:《自然资源资产负债表土地资源分类数据的编制方法》,《地理空间信息》2019 年第 6 期。

[10]陈书全:《海域资源市场化管理的问题与对策研究》,《山东社会科学》2012 年第 10 期。

[11]陈炜华、李小瑛:《自然保护区矿业权退出机制与权益保护》,《中国国土资源

经济》2018 年第 10 期。

[12]陈学法:《城镇化进程中的土地资本化问题研究——以江苏省徐州市为例》,《徐州师范大学学报(哲学社会科学版)》2012 年第 6 期。

[13]陈迅、赵锋、高远东:《中国自然资源利用效率与城市化关系的实证分析》,《资源科学》2013 年第 2 期。

[14]陈燕、姚佳威:《重庆地票继续试》,《决策探索》2011 年第 2 期。

[15]程建、朱道林、赵江萌:《中国土地资本化问题研究综述》,《资源科学》2022 年第 2 期。

[16]崔建远:《关于渔业权的探讨》,《吉林大学社会科学学报》2003 年第 3 期。

[17]崔莉、厉新建、程哲:《自然资源资本化实现机制研究——以南平市“生态银行”为例》,《管理世界》2019 年第 9 期。

[18]戴桂萍、田秋媛、邢昊:《集体林权资本化的探讨》,《吉林林业科技》2020 年第 5 期。

[19]德内拉·梅多斯著,于树生译:《增长的极限》,商务印书馆 1984 年版。

[20]邓锋:《自然资源分类及经济特征研究》,中国地质大学(北京),博士学位论文,2019 年。

[21]邓远建、张陈蕊、袁浩:《生态资本运营机制:基于绿色发展的分析》,《中国人口·资源与环境》2012 年第 4 期。

[22]董德利:《布罗代尔钟罩视角下的农村土地金融分析》,《山东行政学院学报》2018 年第 5 期。

[23]董捷:《坡耕地与林地价值比较研究——兼论退耕还林的效益》,《中国人口·资源与环境》2003 年第 5 期。

[24]杜明钰、石小亮:《森林碳汇生态服务市场交易解决方案及其经济学解析》,《林业勘查设计》2017 年第 1 期。

[25]范金、周忠民、包振强:《生态资本研究综述》,《预测》2000 年第 5 期。

[26]范振林:《天然气开采的耗竭性定价估算》,《中国人口·资源与环境》2018 年第 2 期。

[27]方发龙:《生态文明建设时期区域经济增长合理规模的探讨》,《求索》2008 年第 10 期。

[28]方令:《城乡统筹中的土地问题探索》,《中外企业家》2010 年第 19 期。

[29]房红:《财税政策支持资源型城市绿色转型的文献综述》,《会计之友》2020 年第 7 期。

[30]冯俏彬、雷雨恒:《生态服务交易视角下的我国生态补偿制度建设》,《财政研究》2014 年第 7 期。

[31]伏润民、缪小林:《中国生态功能区财政转移支付制度体系重构——基于拓展的能值模型衡量的生态外溢价值》,《经济研究》2015 年第 3 期。

[32]付剑:《山西资源型经济可持续发展的金融支持研究》,山西财经大学,博士学位论文,2019 年。

[33]付庆云:《德国的自然资源管理》,《国土资源情报》2004 年第 3 期。

[34]高博:《内蒙古自治区财政支农优化研究》,内蒙古农业大学,博士学位论文,2016 年。

[35]高吉喜、范小杉、李慧敏:《生态资产资本化:要素构成 · 运营模式 · 政策需求》,《环境科学研究》2016 年第 3 期。

[36]高吉喜、徐梦佳、邹长新:《中国自然保护地 70 年发展历程与成效》,《中国环境管理》2019 年第 4 期。

[37]谷树忠、曹小奇、张亮:《中国自然资源政策演进历程与发展方向》,《中国人口 · 资源与环境》2011 年第 10 期。

[38]郭媛:《资源税从价计征改革的收入分配效应研究》,内蒙古财经大学,硕士学位论文,2019 年。

[39]何桂梅、徐斌、王鹏、陈绍志:《全国统一碳市场运行背景下林业碳汇交易发展策略分析》,《林业经济》2018 年第 11 期。

[40]何江:《论环境规制中的法院角色——从环境公益诉讼的模式选择说开去》,《北京理工大学学报(社会科学版)》2020 年第 1 期。

[41]何琪:《农村生态文明建设中女性环保参与研究——基于湖北农村地区的调查》,华中农业大学,硕士学位论文,2017 年。

[42]何修猛:《习近平生态文明思想的政治意蕴》,《治理现代化研究》2020 年第 1 期。

[43]贺小燕、何学伟:《自然资源产品价格市场化改革研究》,《价格月刊》2014 年第 6 期。

[44]贺义雄:《我国海洋资源资产产权及其管理研究》,中国海洋大学,博士学位论文,2008 年。

[45]洪大用:《经济增长、环境保护与生态现代化——以环境社会学为视角》,《中国社会科学》2012 年第 9 期。

[46]洪昊、孙巍:《基于自然资源资产负债表的绿色金融支持研究》,《南方金融》

2016 年第 9 期。

[47]洪旗、陈华飞:《差异化产权制度　多元化生态管护——国外自然资源管理模式概览》,《资源导刊》2018 年第 6 期。

[48]胡滨:《生态资本化:消解现代性生态危机何以可能》,《社会科学》2011 年第 8 期。

[49]黄爱宝:《生态型政府构建与生态市场培育的互动关系》,《河南大学学报(社会科学版)》2007 年第 2 期。

[50]黄爱民、张二勋:《环境资本运营——环境保护的新举措》,《聊城大学学报(自然科学版)》2006 年第 2 期。

[51]黄国良、许之前、朱学义:《矿产资源资本化问题的研究》,《煤炭学报》2002 年第 6 期。

[52]黄鹂、严立冬:《生态资本运营构成要素研究:功能论视角》,《河南社会科学》2013 年第 3 期。

[53]黄铭、白林:《生态资本价值的计量》,《特区经济》2008 年第 12 期。

[54]黄如良:《生态产品价值评估问题探讨》,《中国人口·资源与环境》2015 年第 3 期。

[55]黄涛珍、商波:《生态优先的公共资源开发多主体合作博弈及利益共享研究——基于水电能源基地建设的分析》,《河海大学学报(哲学社会科学版)》2019 年第 6 期。

[56]黄文军、刘春香:《各地海域使用权市场化管理制度比较及完善对策》,《当代经济》2016 年第 19 期。

[57]黄兴文、陈百明:《中国生态资产区划的理论与应用》,《生态学报》1999 年第 5 期。

[58]贾若祥、高国力:《地区间建立横向生态补偿制度研究》,《宏观经济研究》2015 年第 3 期。

[59]江爱良、卫林、刘允芬:《自然资源的转化效率和土地承载力》,《自然资源》1990 年第 5 期。

[60]蒋正举、刘金平、杨贺:《基于物—场模型的采石废弃地生态环境影响评价——以徐州市辖区为例》,《资源科学》2014 年第 8 期。

[61]焦思颖:《深化改革为生态文明建设夯实基础性制度——自然资源部综合司负责人解读关于统筹推进自然资源资产产权制度改革的指导意见》,《国土资源》2019 年第 4 期。

[62]焦之珍:《矿产资源资产的确认与计量问题研究》,首都经济贸易大学,硕士学位论文,2018 年。

[63]赖刚:《宁波对口帮扶贵州案例研究》,贵州大学,硕士学位论文,2016 年。

[64]冷淑莲、冷崇总:《深化自然资源价格改革的对策》,《粤港澳市场与价格》2007 年第 11 期。

[65]李秉祥、黄泉川:《基于可持续发展的环境资源价值与定价策略研究》,《社会科学》2005 年第 7 期。

[66]李国春:《黑龙江省林业碳汇项目开发重要意义的探讨》,《防护林科技》2016 年第 9 期。

[67]李国平、张文彬、李潇:《国家重点生态功能区生态补偿契约设计与分析》,《经济管理》2014 年第 8 期。

[68]李国祥、张伟、王亚君:《中国矿产资源资本化进程评价及实证分析》,《资源开发与市场》2016 年第 8 期。

[69]李宏伟:《中华人民共和国成立立 70 年来生态文明制度体系建设的探索和启示——庆祝中华人民共和国成立 70 周年系列党课之八》,《党课参考》2019 年第 24 期。

[70]李金昌:《自然资源价值理论和定价方法的研究》,《中国人口 · 资源与环境》1991 年第 1 期。

[71]李金华:《未观测经济测定与核算理论的一个新范式》,《数量经济技术经济研究》2009 年第 8 期。

[72]李京梅、张国庆、陈尚:《罗源湾海洋生态资本对区域经济贡献度的实证分析》,《中国海洋大学学报(社会科学版)》2012 年第 1 期。

[73]李军洋、郝吉明:《生态经济经营的结构和运行机制》,《中国人民大学学报》2019 年第 1 期。

[74]李科:《中国网络媒体政策研究》,华东师范大学,博士学位论文,2019 年。

[75]李璐:《森林生态服务市场化及资产组合研究》,中南林业科技大学,硕士学位论文,2015 年。

[76]李平衡:《农业生态资源资本化运营及其政策需求研究》,中南财经政法大学,博士学位论文,2018 年。

[77]李萍、张雁:《论西部开发中的环境资本》,《社会科学研究》2001 年第 3 期。

[78]李世聪、易旭东:《生态资本价值核算理论研究》,《统计与决策》2005 年第 18 期。

[79]李双海:《国有土地资本化经营研究》,西南财经大学,博士学位论文,

2007 年。

[80]李贤招:《福建国有林场森林资源生态服务价值与碳汇功能分析》,福建农林大学,硕士学位论文,2014 年。

[81]李小玉、孟召博:《基于外部性视角的生态资本运营》,《南通大学学报(社会科学版)》2014 年第 4 期。

[82]李晓西、刘一萌、宋涛:《人类绿色发展指数的测算》,《中国社会科学》2014 年第 6 期。

[83]李兆亮、罗小锋、张俊飚:《基于能值的中国农业绿色经济增长与空间收敛》,《中国人口·资源与环境》2016 年第 11 期。

[84]李志起:《"丽水山耕"品牌建设之我见》,《农产品市场周刊》2018 年第 7 期。

[85]林存友:《自然资源价格改革的路径选择》,《商业时代》2008 年第 15 期。

[86]林旭霞:《推进碳排放权交易下的林业碳汇交易》,《福建日报》2016 年 8 月 16 日。

[87]林宣佐:《基于绩效评价的我国森林碳汇支持政策体系研究》,东北农业大学,博士学位论文,2019 年。

[88]刘贺:《人与自然关系的理论意蕴及实践价值探析》,《中共郑州市委党校学报》2010 年第 4 期。

[89]刘红林:《发展循环经济中的金融支持作用与优化机制问题研究》,河北大学,博士学位论文,2010 年。

[90]刘纪鹏、刘彪、胡历芳:《中国国资改革:困惑、误区与创新模式》,《管理世界》2020 年第 1 期。

[91]刘加林、周发明、王晓军:《"四化两型"视角下湖南水资源资本化运营机制探讨》,《生态经济》2013 年第 5 期。

[92]刘加林:《生态资本运营最低安全标准探析》,《统计与决策》2013 年第 12 期。

[93]刘立京:《自然资源价值补偿管理问题研究》,《价格月刊》2014 年第 2 期。

[94]刘尚希:《资源税改革应定位在控制公共风险》,《财会研究》2010 年第 18 期。

[95]刘思华:《对可持续发展经济的理论思考》,《经济研究》1997 年第 3 期。

[96]刘西友:《治理环境、股权特征与控制权私有收益》,新疆财经大学,硕士学位论文,2008 年。

[97]刘欣:《中国矿业资本市场的发展与完善》,《中国矿业》2016 年第 1 期。

[98]刘艳中:《基于生态足迹模型的南阳市耕地保护战略环境影响评价研究》,中国地质大学(武汉),博士学位论文,2008 年。

[99]刘耀彬、黄梦圆、白彩全:《自然资源与经济增长——基于金融发展门槛效应用》,《自然资源学报》2015 年第 12 期。

[100]陆强:《城镇化进程中的农业政策性金融支持研究》,江西财经大学,博士学位论文,2014 年。

[101]罗君名:《民族旅游资源资本化研究》,《贵州社会科学》2019 年第 2 期。

[102]吕刚:《绿色农业生态补偿对策研究》,西北农林科技大学,硕士学位论文,2013 年。

[103]吕建伟、王绍祥:《自然保护区内矿业权分类处置的几点思考》,《中国国土资源经济》2019 年第 4 期。

[104]马承祖:《关于自然资源价格构成问题的思考》,《价格月刊》2007 年第 9 期。

[105]马健:《浅议我国自然资源资本化管理》,《发展研究》2002 年第 11 期。

[106]马克思:《黑格尔法哲学批判》,人民出版社 1962 年版。

[107]马克思、恩格斯:《马克思恩格斯选集》第 3 卷,人民出版社 1995 年版。

[108]马晓红:《珠江流域民族地区生态补偿机制的构建》,《贵州民族研究》2014 年第 7 期。

[109]马晓旭、杨军芳:《加快我国自然资源管理市场化的对策探讨》,《生产力研究》2006 年第 4 期。

[110]马永欢、吴初国、曹庭语:《对我国生态产品价值实现机制的基本思考》,《环境保护》2020 年第 1 期。

[111]马兆良、田淑英、王展祥:《生态资本与长期经济增长——基于中国省际面板数据的实证研究》,《经济问题探索》2017 年第 5 期。

[112]麦瑜翔、屈志光:《生态资源资本化视角下农业双重负外部性的治理路径探讨》,《湖北师范大学学报(哲学社会科学版)》2018 年第 2 期。

[113]麦瑜翔:《农业生态资源资本化支持政策研究》,中南财经政法大学,博士学位论文,2018 年。

[114]梅怡明、邓远建:《民族山区农业生态资本运营式扶贫机制构建研究——以湖北省恩施州为例》,《荆楚学刊》2018 年第 1 期。

[115]孟俊红:《集体建设用地使用权物权法建构研究——以“同地同权”为基础》,华东政法大学,博士学位论文,2012 年。

[116]孟宪忠:《论生态市场经济》,《社会科学战线》2001 年第 3 期。

[117]孟祥松:《环境成本内部化的政府激励政策研究》,河北大学,博士学位论文,2016 年。

[118]莫张勤:《生态红线法律制度的障碍及对策研究》,《生态经济》2016 年第 12 期。

[119]慕卫东:《重庆地票制度的功能研究:制度经济学视角》,西南大学,硕士学位论文,2016 年。

[120]穆红莉:《环境资源定价及其实现途径——基于边际机会成本定价理论》,《价格理论与实践》2012 年第 12 期。

[121]潘玉洁:《苏州市吴中区生态文明制度建设研究》,北京林业大学,硕士学位论文,2017 年。

[122]潘哲琪:《生态资源资本化是转型的重要选择》,《浙江经济》2014 年第 10 期。

[123]彭斯震、孙新章:《中国发展绿色经济的主要挑战和战略对策研究》,《中国人口·资源与环境》2014 年第 3 期。

[124]钱红玉、李余生、张怀国:《用层次分析法评价自然资源利用的效率》,《科技进步与对策》2003 年第 1 期。

[125]乔佳妮:《陕西省国家级自然保护区内矿业权全部退出》,《中国矿业报》2018 年 4 月 24 日。

[126]屈志光:《生态资本投资收益研究》,中国社会科学出版社 2015 年版。

[127]任龙:《以生态资本为基础的经济可持续发展理论研究》,青岛大学,博士学位论文,2016 年。

[128]桑士达:《重庆“地票”交易改革的经验和启示》,《浙江经济》2015 年第 16 期。

[129]沈大军、梁瑞驹:《水资源价值》,《水利学报》1998 年第 5 期。

[130]沈满洪:《水权交易与政府创新——以东阳义乌水权交易案为例》,《管理世界》2005 年第 6 期。

[131]沈振宇、王秀芹:《自然资源资本化研究》,《生态经济》2001 年第 3 期。

[132]师红聪:《生态环境补偿机制下矿产资源价值评估与管理研究——以云南省矿产资源为例》,中国地质大学(武汉),博士学位论文,2013 年。

[133]施志源:《生态文明背景下的自然资源国家所有权研究》,福建师范大学,博士学位论文,2014 年。

[134]苏蕾、李扬:《林业碳汇模式新思路——碳币全民市场信用体系》,《浙江金融》2018 年第 6 期。

[135]孙才志、姜坤、赵良仕:《中国水资源绿色效率测度及空间格局研究》,《自然

资源学报》2017 年第 12 期。

[136]孙冬煜、王震声:《自然资本与环境投资的涵义》,《环境保护》1999 年第 5 期。

[137]孙美娇:《生态旅游经济区旅游资本运营研究——以鄱阳湖为例》,《度假旅游》2018 年第 3 期。

[138]孙庆刚、郭菊娥、安尼瓦尔·阿木提:《生态产品供求机理一般性分析——兼论生态涵养区"富绿"同步的路径》,《中国人口·资源与环境》2015 年第 3 期。

[139]唐大龙:《德州市公共资源交易平台建设研究》,山东财经大学,硕士学位论文,2018 年。

[140]唐丁丁:《绿色经济是可持续发展重要手段》,《中国环境报》2012 年 6 月 4 日。

[141]田智宇、杨宏伟:《完善绿色财税金融政策的建议》,《宏观经济管理》2013 年第 10 期。

[142]涂娟、肖建武:《森林生态服务市场化模式探讨》,《现代商贸工业》2012 年第 2 期。

[143]王代敬:《论我国土地资源开发的资本化之路》,《开发研究》2005 年第 1 期。

[144]王德良、苏莲芳、郭守云:《大通县农村环境污染的现状和整治对策》,《青海环境》2009 年第 4 期。

[145]王海滨、邱化蛟、朱万斌:《以生态服务的价值观浅析生态补偿和生态资产经营》,《中国生态农业学报》2007 年第 3 期。

[146]王海滨、邱化蛟:《实现生态服务价值的新视角(二)——生态服务价值的相对性》,《生态经济》2008 年第 7 期。

[147]王海滨、邱化蛟:《实现生态服务价值的新视角(三)——生态资本运营的理论框架与应用》,《生态经济》2008 年第 8 期。

[148]王海滨、邱化蛟:《实现生态服务价值的新视角(一)——生态服务的资本属性与生态资本概念》,《生态经济》2008 年第 6 期。

[149]王海滨:《生态资本及其运营的理论与实践》,中国农业大学,博士学位论文,2005 年。

[150]王立彬:《深入理解自然资源资产"归谁所有、为谁所用"》,《中国自然资源报》2019 年 4 月 16 日。

[151]王立彬:《为谁所有、归谁使用——自然资源资产产权制度改革要点解读》,《国土资源》2019 年第 4 期。

[152]王俐、陶小马:《基于自然资源要素的珠三角城市效率评价研究》,《中国人口·资源与环境》2016 年第 2 期。

[153]王石、冯宗宪、王华:《自然资源对地区收入水平的效应研究》,《价格理论与实践》2014 年第 6 期。

[154]王舒曼、王玉栋:《自然资源定价方法研究》,《生态经济》2000 年第 4 期。

[155]王西琴、高佳、马淑芹、刘子刚:《流域生态补偿分担模式研究——以九洲江流域为例》,《资源科学》2020 年第 2 期。

[156]王曦、谢海波:《美国政府环境保护公众参与政策的经验及建议》,《环境保护》2014 年第 9 期。

[157]王艳龙:《中国西部地区矿产资源资本化研究》,北京邮电大学,博士学位论文,2012 年。

[158]温芳芳:《信息资源配置协同制度的价值取向》,《图书馆建设》2014 年第 11 期。

[159]温铁军、罗士轩、董筱丹、刘亚慧:《乡村振兴背景下生态资源价值实现形式的创新》,《中国软科学》2018 年第 12 期。

[160]肖畅:《基于期限结构模型的政策性矿业权退出补偿研究》,中国地质大学(北京),博士学位论文,2019 年。

[161]肖锐:《财政支农对农业绿色生产率的影响研究》,中南财经政法大学,博士学位论文,2018 年。

[162]谢地、邵波:《论我国自然资源价格形成机制的重构》,《学习与探索》2005 年第 6 期。

[163]谢贵勇:《我国矿产资源资本化改革探索》,《南通大学学报(社会科学版)》2018 年第 1 期。

[164]谢贵勇:《赵鑫基于森林定价机制的森林资源资本化研究》,《郑州大学学报(哲学社会科学版)》2018 年第 3 期。

[165]邢丽、赵录:《财税制度绿色化思路》,《中国金融》2015 年第 10 期。

[166]徐成峰:《我国耕地保护经济补偿机制研究》,首都经济贸易大学,硕士学位论文,2018 年。

[167]徐秀英、李朝柱、崔雨晴:《集体林区生态公益林产权市场化探讨》,《生态经济》2011 年第 9 期。

[168]许景婷、张兵:《促进企业绿色技术创新的财税政策研究——基于循环经济的视角》,《科技管理研究》2011 年第 9 期。

[169]严立冬、陈光炬、刘加林、邓远建:《生态资本构成要素解析——基于生态经济学文献的综述》,《中南财经政法大学学报》2010 年第 5 期。

[170]严立冬、陈胜、邓力:《绿色农业生态资本运营收益的持续量:规律约束与动态控制》,《中国地质大学学报(社会科学版)》2015 年第 5 期。

[171]严立冬、何伟、乔长涛:《绿色农业产业化的政策性金融支持研究》,《中南财经政法大学学报》2012 年第 2 期。

[172]严立冬、刘加林、陈光炬:《生态资本运营价值问题研究》,《中国人口·资源与环境》2011 年第 1 期。

[173]严立冬、刘加林:《生态资本运营与相关资本运营的关联性分析》,《吉首大学学报(社会科学版)》2009 年第 4 期。

[174]严立冬、麦琮翎、屈志光、李立:《生态资本运营视角下的农地整理》,《中国人口·资源与环境》2012 年第 12 期。

[175]严立冬、孟慧君、刘加林、邓远建:《绿色农业生态资本化运营探讨》,《农业经济问题》2009 年第 8 期。

[176]严立冬、屈志光、方时姣:《水资源生态资本化运营探讨》,《中国人口·资源与环境》2011 年第 12 期。

[177]严立冬、张亦工、邓远建:《农业生态资本价值评估与定价模型》,《中国人口·资源与环境》2009 年第 4 期。

[178]颜瑾:《财政支持农业生态资本运营的需求调查及政策设计》,中南财经政法大学,硕士学位论文,2018 年。

[179]阳盼盼:《基于劳动价值论的自然资源价格构成研究》,《价格月刊》2017 年第 2 期。

[180]杨充霖、文先明:《自然资本的起因、含义及问题》,《求索》2006 年第 4 期。

[181]杨红军:《从"权利"到"资本"的跨越——评〈知识产权资本化研究〉一书》,《公民与法(法学版)》2010 年第 11 期。

[182]杨帅、温铁军:《经济波动、财税体制变迁与土地资源资本化——对中国改革开放以来"三次圈地"相关问题的实证分析》,《管理世界》2010 年第 4 期。

[183]杨顺顺、宋春艳、谢瑾岚:《绿色农产品产业生态补偿主体的博弈分析》,《生态经济》2012 年第 6 期。

[184]杨文进、柳杨青:《论市场经济向生态市场经济的蜕变》,《中国地质大学学报(社会科学版)》2013 年第 3 期。

[185]杨文选、李杰:《我国自然资源价格改革的理论分析与对策研究》,《价格月

刊》2009年第1期。

[186]杨焱:《现代合作性金融制度的产生、变迁及功能研究》,辽宁大学,博士学位论文,2016年。

[187]易扬、罗述武、毛丽莉:《金融支持广西林业碳汇发展的路径选择探析》,《区域金融研究》2019年第1期。

[188]于翠芳:《黑龙江省森林资源资产化管理的探讨》,《学术交流》2006年第6期。

[189]于广琳:《推进海域资源市场化配置,从源头防治腐败》,《海洋开发与管理》2010年第2期。

[190]于志鹏、谭荣建:《耕地资源自然质量核算的探讨——基于农用地分等成果和估价方法》,《中国国土资源经济》2020年第8期。

[191]袁凯华、张苗、甘臣林:《基于碳减排目标的省域碳生态补偿研究》,《长江流域资源与环境》2019年第1期。

[192]袁一仁、成金华、陈从喜:《中国自然资源管理体制改革:历史脉络、时代要求与实践路径》,《学习与实践》2019年第9期。

[193]臧宏宽、胡睿、郝春旭:《自然资源资本化运行市场建设框架建立与实施路径》,《生态经济》2021年第12期。

[194]张惠远、郝海广、范小杉:《我国自然资源资产管理存在的问题与对策建议》,《环境保护》2015年第11期。

[195]张伟、侯延爽:《资源权益金融对经济增长和资源节约的作用机理》,《经济研究参考》2018年第42期。

[196]张伟、郑婕、李磊磊:《金融业支持节能减排的国际实践与借鉴》,《武汉金融》2019年第5期。

[197]张文明、张孝德:《生态资源资本化:一个框架性阐述》,《改革》2019年第1期。

[198]张英、成杰民、王晓凤、鲁成秀:《生态产品市场化实现路径及二元价格体系》,《中国人口·资源与环境》2016年第3期。

[199]张竹君:《鄱阳湖地区生态资本及其运营问题研究》,南昌大学,硕士学位论文,2012年。

[200]赵全厚、黄蓉:《中小企业政策性融资担保国际经验借鉴》,《地方财政研究》2019年第6期。

[201]赵瑞霞、胡黎明:《生态资本经营:案例及理论诠释》,《湖北经济学院学报

（人文社会科学版）》2009年第3期。

[202]赵越、王海舰、苏鑫:《森林生态资产资本化运营研究综述与展望》,《世界林业研究》2019年第4期。

[203]郑晓曦、高霞:《我国自然资源资产管理改革探索》,《管理现代化》2013年第1期。

[204]《中共中央办公厅　国务院办公厅印发〈关于统筹推进自然资源资产产权制度改革的指导意见〉》,《中华人民共和国国务院公报》2019年第12期。

[205]《中共中央关于全面深化改革若干重大问题的决定》（2013年11月12日中国共产党第十八届中央委员会第三次全体会议通过）,《求是》2013年第12期。

[206]钟成林、胡雪萍:《自然资源禀赋对区域生态效率的影响研究》,《大连理工大学学报（社会科学版）》2016年第3期。

[207]钟若愚:《自然资源价值及其效率问题研究》,《求索》2008年第5期。

[208]周斌之:《陕西探索建立保护区矿业权退出补偿机制》,《中国自然资源报》2018年9月14日。

[209]朱婷、薛楚江:《水资源资产负债表编制与实证》,《统计与决策》2018年第24期。

[210]朱小会、陆远权:《美国与欧盟环境保护财税政策经验及启示》,《环境保护》2018年第14期。

[211]朱晓杰:《自然资源及其产品价格改革研究》,《价格月刊》2014年第8期。

[212]朱学义、张亚杰:《论中国矿产资源的资本化改革》,《资源科学》2008年第1期。

[213]朱学义:《供给侧改革下煤炭矿区土地资源资本化运作研究》,《会计之友》2017年第12期。

[214]朱学义:《煤炭资源资本化高质量发展理论框架的构建——基于凝聚子群分析法的应》,《资源与产业》2021年第6期。

[215]朱艳春、邹长新、刘冬:《资源环境承载能力纳入自然资源产品价格形成机制研究》,《环境生态学》2019年第1期。

[216]邹富良:《土地资源商品化与土地资源资本化——对失地农民社会保障效果的比较》,《调研世界》2009年第5期。

[217] Anderson T. L., Leal D., *Enviro-capitalists: Doing Good while Doing Well*, Rowman & Little Field Publishers, 1998.

[218] Barbier E. B., "Natural Capital and Economic Development", *Nature and*

Wealth, No.2, 2015.

[219] Chiesura A., Groot R., "Critical Natural Capital: A Socio-cultural Perspective", *Ecological Economics*, No.2, 2003.

[220] Coase R. H., "The Problem of Social Cost", *Journal of Law & Economics*, No. 3, 1960.

[221] Costanza R., "The Value of the World's Ecosystem Services and Natural Capital", *Ecological Economics*, No.1, 1997.

[222] Daily G. C., "The Value of Nature and the Nature of Value", *Science*, No. 2, 2000.

[223] Ekins P., Simon S., "A Framework for the Practical Application of the Concepts of Critical Natural Capital and Strong Sustainability", *Ecological Economics*, No.4, 2003.

[224] Fenech A., Foster J., "Natural Capital in Ecology and Economics: An Overview", *Environmental Monitoring & Assessment*, No.1, 2003.

[225] Freeman M. R., Hiebert W. K., *Stroboscopic Microscopy of Magnetic Dynamics*, Spin Dynamics in Confined Magnetic Structures, 2002.

[226] Goodland R., Daly H., "Environmentally Sustainable Economic Development Building on Brundtland", *World Bank Working Paper*, 1989.

[227] Graham A. Davis, John E. Tilton, "The Resource Curse", *Natural Resources Forum*, No.3, 2005.

[228] Niccolucci V., Galli A., "Towards a 3D National Ecological Footprint Geography", *Ecological Modelling*, No.16, 2011.

[229] Odum H. T., "Environmental Accounting: Emergy and Environmental Decision Making", *Child Development*, No.4, 1996.

[230] Paul Burkett, *Marx and Nature: A Red and Green Perspective*, St. Martin's Press, 1999.

[231] Pearce T., "Observations of Plagioclase Zoning Using Interference Imaging", *Earth Science Reviews*, No.1, 1990.

[232] Pigou A. C., *The Economics of Welfare*, Macmillan, 1920.

[233] Pirard, Romain, "Classifying Market-based Instruments for Ecosystem Services: A Guide to the Literature Jungle", *Ecosystem Services*, No.9, 2014.

[234] Rees W. E., "Ecological Footprints and Appropriated Carrying Capacity: What Urban Economics Leaves Out", *Focus*, No.2, 1992.

[235] Simon J. L., Steinmann G., "Population Growth and Phelps' Technical Progress Model: Interpretation and Generalization", *Research in Population Economics*, No.2, 1981.

[236] Snitker S., Macdonald I., "The Sympathetic Nervous System and Obesity: Role in Aetiology and Treatment", *Obesity Reviews*, No.1, 2000.

[237] Wackernagel, Mathis Rees, "Our Ecological Footprint", *Green Teacher*, No. 5, 1997.

[238] Whitten, Stuart M., "Designing Conservation Tenders to Support Landholder Participation: A Framework and Case Study Assessment", *Ecosystem Services*, No.6, 2005.

责任编辑:吴炤东
封面设计:石笑梦
版式设计:胡欣欣

图书在版编目(CIP)数据

我国自然资源资本化市场建设的政策体系构建研究/严立冬,邓远建,屈志光 著.—北京:人民出版社,2023.5
ISBN 978-7-01-025598-9

Ⅰ.①我… Ⅱ.①严…②邓…③屈… Ⅲ.①自然资源-市场建设-研究-中国 Ⅳ.①F124.5

中国国家版本馆 CIP 数据核字(2023)第 066797 号

我国自然资源资本化市场建设的政策体系构建研究
WOGUO ZIRAN ZIYUAN ZIBENHUA SHICHANG
JIANSHE DE ZHENGCE TIXI GOUJIAN YANJIU

严立冬 邓远建 屈志光 著

人民出版社 出版发行
(100706 北京市东城区隆福寺街 99 号)

北京中科印刷有限公司印刷 新华书店经销

2023 年 5 月第 1 版 2023 年 5 月北京第 1 次印刷
开本:710 毫米×1000 毫米 1/16 印张:19
字数:260 千字

ISBN 978-7-01-025598-9 定价:86.00 元

邮购地址 100706 北京市东城区隆福寺街 99 号
人民东方图书销售中心 电话 (010)65250042 65289539